中国传媒大学广播电视新闻系列教材

新闻专稿教程

（修订二版）

曹 璐 吴 缦 著

图书在版编目（CIP）数据

新闻专稿教程／曹璐，吴缦著．—2 版．—北京：中国广播电视出版社，2008.12
（中国传媒大学广播电视新闻系列教材）
ISBN 978-7-5043-2772-7

Ⅰ．新… Ⅱ．①曹…②吴… Ⅲ．新闻写作—高等学校—教材 Ⅳ．G212.2

中国版本图书馆 CIP 数据核字（2008）第 078156 号

新闻专稿教程（修订二版）
曹 璐 吴 缦 著

责任编辑 刘跃钊
封面设计 丁 琳
责任校对 谭 霞

出版发行 中国广播电视出版社
电　　话 010-86093580 010-86093583
社　　址 北京市西城区真武庙二条 9 号
邮　　编 100045
网　　址 www.crtp.com.cn
电子信箱 crtp8@sina.com

经　　销 全国各地新华书店
印　　刷 河北省高碑店市鑫宏源印刷包装有限责任公司

开　　本 787 毫米×1092 毫米 1/16
字　　数 230（千）字
印　　张 14.5
版　　次 1995 年 9 月第 1 版　2001 年 1 月修订 1 版
　　　　 2008 年 12 月修订 2 版　2008 年 12 月第 1 次印刷
印　　数 5000 册

书　　号 ISBN 978-7-5043-2772-7
定　　价 29.00 元

目录

第一章 新闻专稿的概说

第二章 提炼主题与创新思维

第四章 专稿的结构

第五章 专稿的表达

第六章
人物专稿

第七章
事件专稿

第一章 新闻专稿的概说

传播学者罗杰·菲德勒曾说："大众传播媒介始终充满不确定因素，其中变革是唯一确定因素。"互联网为代表的现代传播技术，使文字传媒和电子传媒面临着新的机遇和挑战。"新媒介并不是自发地和独立地产生——他们从旧媒介的形态变化中逐渐产生。当比较新的媒介形式出现时，比较旧的媒介形式通常不会死亡——它们会继续演进和适应"[①]。网络传播时代，现代传播技术促使传统媒介走上与新媒介兼容互动的媒介新格局。但是，无论传播媒介形态怎样变化，决定媒介生存和发展命运的还是受众对传播内容的选择。"任何电脑也无法帮助他们懂得事件发生的情况与区别轻重。传播手段的背后是社会因素和综合素质。人类利用技术超越时空，更需超越自身。"[②] 从这个角度讲，培养新闻人的社会责任意识和创新思维品质、成熟驾驭媒介规律和新闻体裁的呈现规律是提升新闻队伍专业素质的重要课题。

第一节 新闻理念和新闻报道变革

一、关于新闻定义与内涵

定义是事物本质特征的概括，指某一事物必须具有的并与其他各类事物区别开的基本属性。随着社会进步和媒介环境的变迁，新闻界对新闻定义的理解也不断变革和拓展。新闻界曾提出数以百计的新闻定义，有的大同小异，有的迥然不同。以下是具有代表性的观点：

（一）美国新闻界新闻理念的变化

1. 18 世纪70 年代至19 世纪30 年代，政党报纸、理论报纸是政党和政客们争夺

---

① 罗杰·菲德勒：《媒介形态变化》（华夏出版社）

② 贝欠纳·法耶纳：《当代新闻学》（新华出版社）

政治经济权利的新闻工具，报纸内容以政论为主，[①] 即“政论模式”的办报时代。

2. 19世纪30年代，工业革命兴起，工商界人士和工人阶层壮大，出现了廉价报纸“便士报”。这一时期提出“报纸要客观地报道每天发生的任何一种消息”[②]。“便士报”代表的信息模式，确立了新闻的主体地位，确立了客观性理论的萌芽——事实。

3. 随着媒介市场竞争日渐激烈，19世纪70年代有些通俗报纸以赢利为目的，提出猎奇煽情的新闻观。如《纽约太阳报》编辑部主任约翰·博加特说：“狗咬人不是新闻，人咬狗才是新闻。”

20世纪30年代，《纽约先驱论坛报》采编部主任斯坦利·瓦利克尔认为：“新闻是建立在三个W基础上的”，三个W是：女人（Women）、金钱（Wampum）和坏事（Wrongdoing）。煽情主义走向极端，出现“黄色新闻主义”泛滥。

4. 随着后工业化社会到来，新闻业“监视环境”功能的重要作用更为突出。新闻业提出“公共服务理念”和“新闻专业主义”等理念。然而，在政治力量和市场力量的强大压力下，20世纪80年代美国新闻业出现“市场驱动新闻主义”（market - driven - journalism），用尽量小的成本制作新闻，吸引最大系数对广告商有价值的目标受众。20世纪80年代后出现的新闻娱乐化倾向，不同程度上也是市场理念泛滥的后果。

（二）从“事实说”看辩证唯物主义新闻观

1944年陆定一提出的新闻定义：新闻是新近发生事实的报道。

这个定义主要包含以下四个层面的含义；

1. 新闻所报道的内容是事实。事实是第一性，新闻报道是第二性。先有事实，后有新闻报道，新闻报道必须忠实于事实，不可虚构和曲解，也不可以用判断代替事实。新闻要真实，从而划清了新闻报道与文学创作的界限。

2. “新近”是对新闻报道的时效界定。事实与报道之间时间差越小，传播效果越好，“新近”的时间限定也划清了新闻报道和历史的界限。随着传播手段的进步，新闻的“时效”理念在不断更新。

3. 新闻报道的事实必须具有新闻价值。重要、鲜活、接近、有趣等。并非所有事实都能成为新闻，记者要独具慧眼，善于发现、捕捉有新闻价值的事实。

4. 新闻必须公开发布，通过大众传播的渠道，进入千家万户。新闻媒介对具有

---

① 张隆栋、付显明《外国新闻事业史简编》，中国人民大学出版社。

② 李良荣：《西方新闻事业概论》，复旦大学出版社1997年版。

新闻价值的事实进行筛选整合，针对媒介自身的文本规律和优势，进行编码、有序化、符号化处理，从而实现新闻信息的有效传播。

（三）电子媒介对新闻定义的拓展

电子媒介时代的到来对“新闻”的定义带来了新的理解和深化。广播电视界提出：“新闻是正在发生的事实的报道”。从中体现了广播电视界对“新闻”与媒介自身潜能开发的规律性把握。

电子传播时代，广播的即时性和现场直播的共时空效应，使新闻对“时效观念”的定义有了新的拓展。

拓展一：新闻是对正发生（包括即将发生）的事实的报道。广播传播的即时、同步效应使新闻报道与事实进展的时间差几乎为零，直播状态下的现场同步和纵深滚动使广播新闻潜能有了新的空间。

拓展二：随着社会变革的急剧和复杂，受众对诸多新闻事实感到陌生与困惑，20 世纪 30 年代西方世界经济大萧条时期，受众对信息深度解读的需求使西方报道进入深度报道时代，即：“为什么”和“是什么”同样重要的时代。报纸面对广播的即时性传播优势，曾将深度报道视为报纸“专利”。随着电子媒介对媒介自身潜能的开发，包括对新闻事件同步跟踪、滚动播出等优势的开发，广播可以成为“随时出版的报纸”，从而在信息内涵的深度层次有了新的拓展和质的提升。作为电子时代广播电视新闻的定义似可概括为：对正在进行（包括即将发生）的新闻事实，通过听觉信息符号或视听信息符号的有序性组合，进行及时、有效的报道和解读。

以上广播电视新闻定义的内涵强调了广播电视新闻的现在进行时态和广播电视听觉信息或视听信息的传播规律，提出了对广播电视人驾驭现场报道和深度解读能力的素质优化要求。

（四）网络时代的新闻观

进入网络传播时代，网络传播的全时性、互动性、纵深性、个性化、非线性链接等特点，使新闻定义的内涵更为丰富和多元。

网络传播时代的新闻可概括为：受众在任何时间、任何地点、通过多元信息符号有序性组合，有效选择自己需要的新闻信息。

CNN 的口号是：“需要时获得信息。”上海东广新闻台的口号：“听新闻不用等。”这些提法都不同程度上包含了网络传播时代的新闻理念。

纵观新闻传播手段和新闻理念的变革，从中反映了一条基本规律：作为意识形态的新闻报道，始终体现了新闻媒介和从业者的价值观。

二、新闻专稿

随着社会进步，人们对信息的需求更为多元。受众不仅需要了解自己身边乃至世界发生了什么新闻，还期望了解事实是“怎么样发生”的、“为什么”、乃至对事实发展的分析预测等。从新闻体裁规律来讲，新闻专稿可以从“怎么样”、“为什么”、“意义是什么”等更丰富、更生动、更深刻的信息层次上展现事实、解释和分析事实。新闻专稿不仅要求用事实说话，还要求用形象说话。因此，优秀的新闻专稿（或专稿类节目）往往有较强的感染力、冲击力。改革开放以来深刻的社会变革，为新闻报道提供了从未有过的丰富题材。当代新闻记者不仅“人人要学会写新闻”，还应成熟驾驭新闻专稿等多种体裁与样式的报道规律。古人说：“文无定法”，驾驭新闻体裁确实没有现成的公式，然而，从新闻写作的规律和技巧来讲，应该是“大体则有，定体则无”。重要的是深入民众、深入采访，精心写作（制作），以超越自我、乃至超越前人的创造性劳动，拿出更多更好的新闻精品，奉献给伟大的人民、伟大的时代。

第二节　新闻专稿的特点

过去在谈论新闻写作时，一般都是按消息和通讯来划分。但是随着社会生活的丰富和发展，新闻写作形式也在不断创新和变化。近年来，国内新闻界开始将“通讯”这种新闻体裁纳入“新闻专稿”（简称专稿）的范围。在“中国新闻奖”与“中国广播电视新闻奖”的评奖活动中，也将通讯作品归入“新闻专稿”类或“专稿类节目”。至于国外新闻界，本来就没有“通讯”与消息的区分，而只有简体新闻与繁体新闻之别，往往把详尽、生动的新闻报道称为“新闻专稿”（Newsfeature）或“专稿”。

什么是新闻专稿？严格地说，新闻专稿其实是一个集合概念，是在报刊、广播、电视中运用的、除消息以外的所有报道性新闻体裁和报道形式的总称。也就是说，新闻专稿既不是某种体裁或形式，也不是所有新闻报道体裁和形式，它属于新闻报道范畴，以提供具体的新闻事实为主，从而有别于新闻评论；而在新闻报道体裁和形式中，它又不像消息那样强调迅速及时、简明扼要，而比消息更加详细、具体、生动，更注重深度，表现手法也更为多样，因此被人们看作繁体新闻。所以，新闻专稿这个概念所涵盖的，是与消息相对应的其他各种报道性新闻体裁和报道形式。

随着社会生活日益丰富多彩和新闻媒介自身的发展，新闻专稿的种类日渐增多，并且不断有新的体裁和报道形式出现。目前大体可分为两大类：一类是各种媒介共用的体裁和形式，如专稿（通讯）、特写、调查报告、专访，以及提供新闻背景材料的解释性报道，阐明事件因果关系、预测事件发展趋向的分析性报道等。它们虽然都脱胎于报刊新闻体裁和报道形式，但在适应广播、电视的过程中，逐渐形成了便于口说、耳听、目视的表现特点。另一类是广播、电视在实践中从媒介的传播特点出发创造的现场直播、广播（电视）专稿、广播（电视）访谈、专访等。这两类体裁和报道形式，构成了新闻专稿的涵盖范围或外延，至于它的内涵，则是下面将要阐述的、与消息相比较而显现出来的基本特点。

新闻专稿与消息同属于新闻报道范畴，因此它的特点多数是新闻报道共性的特殊体现。换句话说，新闻专稿的特点大多是相对特点，而不是具有排他性的绝对特点。这些特点，大致可以概括为以下四个方面：

一、真实性

真实是新闻的生命。新闻专稿作为新闻报道体裁和形式，也必然坚持真实性原则，确保事实真实。与消息不同的是，专稿的真实性是与形象性并存的。因此在事实取向上既重视基本事实，也十分注重情节和细节的真实。这样，新闻专稿就不仅要在基本事实方面，尤其在情节和细节方面，自觉地、不折不扣地实践“从总体上、本质上和发展趋势上把握事物的真实性，坚持现实的真实和历史的真实的统一”[①] 的原则。

在新闻专稿的采写实践中，有的人往往有意无意地把真实性与形象性对立起来，甚至认为恪守真实性原则就会妨碍形象、生动地反映客观事物，于是不惜合理想象，以至于虚构情节、细节，人为地给事件或人物“添彩”，这是专稿失实的重要原因。如果说专稿也如同消息一样贵在真实，那么，它的真正的难点则在于确保情节和细节的真实。为什么有些优秀的专稿能够催人泪下？重要的在于它们从基本事实到情节、细节都是真实的。听众、观众、读者与专稿所反映的事件、所表现的人物处于相同的时代、社会环境里，他们或者耳闻目睹，或者亲自经历类似的事件，从而有着许多共通的感受和体验，在思想上、感情上很容易产生联想和共鸣。他们对于事实真实与否，也具有特别敏锐的鉴别力。所以，真正激动人心的是真实的事实，包括真实的情节和细节。离开真实这个基本前提，一切人为的“添彩”都只能适得其反。

---

① 转引自《中外广播电视百科全书》（中国广播电视出版社）。

另外，我们对当代受众的心理和水平应该有充分的了解和估计。如果专稿写作有意无意地过分渲染、夸大以至于歪曲事实，其影响绝不只是一稿的得失成败。“假作真来真亦假”，它的影响所及将是不信任心理的强化，甚至导致“信任危机”。例如2007年发生的“纸馅包子事件”，不惜无中生有，捏造事实乃至出现团队造假，其负面影响相当恶劣。新闻媒介与受众的关系，正如人与人相处一样，真正取得信任很不容易，而失去受众的信任则可能是刹那间的事。所以，只有真实才能获得受众的信任，这是新闻报道的生命所在。

二、时新性

时新性是新闻价值和新闻时效性在专稿中的体现。消息需要讲究时效，这已经成为人们的共识，新闻专稿是否也需要强调时效？在不少人中还有疑问。例如有这样一种看法，以为新闻专稿的时效性本来就不如消息，甚至认为专稿注重的是深度而不是时效。而在实践中，也的确存在着把专稿写得像是历史故事或人物传记的现象。这既是对于专稿时效性的误解，也是对于专稿特点的误解。

新闻时效性，包括时间和时机两个侧面。新闻专稿既然是新闻报道体裁和形式，它也必须如同消息一样重视时效性，否则就将失去活力，失去作为新闻报道体裁和形式存在的价值。在时效性方面，如果说它和消息有什么不同，那主要是侧重点的不同。消息强调尽量缩小新闻事件进展与报道之间的时间差，要求尽快地向受众提供最新的新闻事实。而专稿则更加注重时效性的时机这一侧面，也就是新闻价值内涵的新与深。要求记者准确把握时代脉搏，深入实际，深入民众，及时反映社会政治、经济生活和人们精神世界的变化，包括对社会阴暗面的批评监督，以建设意识担当大众传媒的社会责任。专稿在报道速度上，可能不如消息，却往往具有更为强烈的现实针对性，赋予报道一定的前瞻性和较强的社会传播效果。

三、形象性

专稿要求用事实说话，还要求用形象说话，尽可能给人以形象感受。因此它既重视基本事实，更加重视发掘和表现情节和细节，通过具体、生动的形象展现主题，呈现事物的内蕴或人物的精神境界，以形象感染受众，加深受众的印象和理解。

专稿对于形象性的要求不同于文艺作品。为了与文艺创作的“典型环境中的典型形象”相区别，我们称专稿的形象为“采写形象”。采写形象是生活中真实的形象，不允许“合理想象”和任何虚构，也不允许移花接木、张冠李戴。采写形象是记者在采访、选材、提炼主题、表现主题以及反复修改的过程中深化并完善的。这就要求记者在采访中深入实际，调查研究，认真发掘、核实事实，同时注意获取形象化的材料。不仅善于观察、思索和敏锐捕捉形象，而且善于储存、调动和驾驭形象化材料；在构思尤其在提炼主题中，充分调动逻辑思维、形象思维能力，精心分析、组织各种材料；在表达中，则要善于运用形象的手法描绘事实，选择恰当的文本符号表现主题。21 世纪，中国进入以建设和谐社会为目标的改革开放新的历史时期。随着进一步解放思想，新闻界提出“解放思想先要解放表达”。新闻写作不仅要摒弃假、大、空，还要摒弃空话、套话。要用事实说话，还要善于用形象说话。要求记者从时代高度驾驭主题，用质朴形象生动的文字展示主题。

四、倾向性

专稿的内容趋于具体翔实，具有思想深度。它不仅报道内容具有新闻价值，而且注重反映事物和事件的发展变化过程、原因和影响。不仅审视事实的一般新闻价值，尤其注重从体现社会脉搏和时代精神的高度选择材料、提炼主题。可以说以具体翔实的事实，鲜明地表现深刻的思想内涵，是专稿内容取向的基点，也是检验专稿社会价值的标准。

专稿拥有为体现内容取向服务的多种表现手法。它不仅可以运用叙述、描写手法记录、描述事实，通过事实的选择、剪裁和组合，不着痕迹地表现记者对于事物的认识、见解、观点以至于评价；还可以运用抒情和议论，直接表达自己的思想感受，深化主题。恰当运用多种表现手法，发掘事实的内蕴，从而增强作品的思想性，增添作品的感情色彩。合众社记者梅里曼·史密斯的《历史就在我们眼前爆炸了》，就是成功地运用多种手法表现自己思想倾向的力作。这篇专稿不仅向人们报道了美国总统肯尼迪遇刺——抢救——身亡——约翰逊接任等一系列事实，而且力图表现在总统遇刺这一震惊国内外的突发事件面前，在“历史爆炸”的紧急关头，美国社会处变不惊，国家机器照常运转、政局基本稳定的社会反应，也就是他所要强调的美国是一个健全、民主、法制的国家。记者在这里有他明显的立场和观点，有他鲜明的倾向性和写作意图，即通过自己的报道给悲痛中的美国人民注入信心和力量。

第三节 新闻专稿的渊源与拓展

专稿这类新闻体裁出现于近代新闻事业产生以后，是新闻事业发展和新闻活动范围扩大的产物。没有近代新闻事业，就不可能有新闻专稿这种报道形式。当然，没有日益拓宽的新闻实践活动，没有新闻工作者的开拓和探索，它也不会自然产生。

如果说社会需要促使人们尝试新的表现形式，那么历史文化积淀则是新形式的重要渊源。

一、报刊专稿的由来

就我国目前运用的主要专稿类型来说，它源于中国的记叙文体，明显受到古代记叙性散文的影响。从先秦的诸子散文中，可以看到专稿的胚芽。如《庄子·匠石斫垩》，仿佛就是一篇描述匠石绝技的生动专稿（或特写）。《左传》中更有不少类似通讯的独立、完整的篇章，如记载晋、楚战争的《城濮之战》，它用不到200字的篇幅，绘声绘色地记述了战争全貌，并揭示了晋胜楚败的原因，颇像一篇战地报道。除了具备新闻诸要素外，材料十分丰富，状物叙事，具体形象，绘声绘色。且运用了叙述、描写、抒情、议论等多种表现手法。所以，是否可据此认为一种类似现在的新闻体裁，在传统文章形式的基础上萌发、孕育。当然，像这种文字形式，在中国古代报纸上并不多见，远不能说是一种独立的新闻体裁。

19世纪初期，出现了近代中文报刊。主要刊登朝廷的公告及本地、外埠消息、船期、行情等，简体新闻在报纸上逐渐多了起来。随着社会的发展，人际交往的密切，简短的消息报道已不能完全满足社会的需求。19世纪80年代初期，电报传入我国。1882年1月16日，上海《申报》驻京记者首次用电报拍发新闻稿，这是我国新闻史上的第一条“电讯”。过去，外埠新闻大都用邮政信件传递（称为“通信”），远不如电报迅速及时，但当时电报费用昂贵，一般只用来拍发重要的、时效性强的简短新闻稿。不过，这也促使记者把电讯稿写得简明扼要，尽量突出主要的新闻事实，这样消息也向比较符合现代新闻文体的写作要求靠拢。至于那些详细报道新闻事件来龙去脉、发生发展全过程的稿件，由于篇幅较长，仍然通过邮政传递。也许是为了与电讯相区别和相对应，人们改称这类稿件为“通讯”或“航讯”。辛亥革命前后，著名记者黄远生、邵飘萍作为《申报》驻京特派记者在京采写新闻，既发专电，也发特别通讯。他们的“北京通讯”、“北京特别通讯”，由于多为独家新闻，且具有独特的文字风格，曾经风靡一时，成为读者喜爱的一种表现形式。“通讯”一词也成为这一体裁的名称，并逐渐为人们所接受、所熟悉。

综上所述，专稿这类体裁，特别是早期的纪实性通讯、旅游考察通讯、战地通讯等，在它形成的过程中，既从古典文学、尤其古代丰富多彩的散文作品中吸取养料，又努力适应新闻事业和通讯手段的发展，从而逐渐发育、成熟起来。本世纪初以来，我国新闻界出现了像黄远生、邵飘萍、瞿秋白、邹韬奋、范长江、刘白羽、周立波、华山等一批优秀新闻工作者，他们以自己的写作实践和优秀作品为专稿体裁的形成和发展奠定了基础，同时给予其他专稿体裁和样式多方面的影响。建国以后，特别是改革开放以来，新闻工作者创造性的实践与探索，使新闻专稿从报道题材到思维方式和报道风格都取得了长足的发展与突破。出现了穆青、郭超人等以新闻专稿写作见长的大手笔，在报纸、广播、电视媒介中也涌现了相当一批具有思辨风格和创新精神的记者、编辑。历届中国新闻奖、中国广播电视新闻奖新闻专稿（专题类）作品涌现出一批具有时代精神的优秀力作。应该说，新闻专稿已经成为报刊、广播、电视不可缺少的，受众喜闻乐见的新闻报道基本体裁。

二、广播专稿——新闻专稿的听觉文本

广播专稿在新闻性广播中，是出现最早、运用最多的一种体裁。广播专稿脱胎于报刊通讯，但不是报刊的简单搬用，而是在移植的同时不断做适应性改造的结果。报刊专稿是供“读”的新闻体裁，它形诸文字，通过印刷媒介向读者传播信息；广播专稿是供“听”的，它诉诸声音，经由电波传送给听众，如果没有一系列的适应性改造，怎么可能成为人们喜闻乐听的广播体裁？从报刊通讯到广播通讯，嗣后又被运用于电视，这是专稿体裁适应媒介的传播特点而日趋个性化、多样化的演进过程。这个过程虽然还远未结束，但现代意义上的专稿，已经不仅仅是供读，而且也是供听、供看的新闻体裁了。

从通讯到广播通讯是怎样走过来的？由于许多播出稿件没有保存下来，我们难以详尽地了解它的演化轨迹。据恽逸群同志说，1927 年“四一二”之后，国民党的广播电台“每天除了放唱片，就是读报，使人听了腻得慌”。如果说国民党电台曾经照猫画虎搬用报刊体裁，甚至照本宣科读报，那么人民广播却在它的初期阶段，就已经十分注意避免简单搬用报刊体裁。从保存下来的延安新华广播电台的广播稿中，我们可以看到老一辈广播新闻工作者在使通讯适应广播的传播特点方面所做的努力。温济泽同志在为延安台《广播稿选》一书所写的“序”中说：

> 本书所选的文稿，都注意广播的特点。广播稿的根本特点，就是它是给人听的，而不是给人看的，而且是给广大听众听的。给人听的文字和给人看的文章，不能用完全相同的写法。听众是不可能像读者那样留心和边阅读边思考的。因此，一般广播稿，都应该写得简单明了，短小精悍，有时候又应当做些必要的解释和适当的重复。在文字上，必须注意通俗易懂，避免用那些不易听懂和听起来会把意思弄错的字。更要运用广大群众所熟悉的，或虽不熟，但能听懂的、生动活泼的语言，使人们不仅能听得懂，

而且喜欢听。本书所选的许多通讯稿，在口语化、通俗化方面是下了工夫的。有一个时期，有的领导同志不仅审阅，而且还要审听，严格注意通俗口语，这也是值得我们学习的。

他还说当年延安台播出的稿件，虽然相当一部分是新华社提供的，但在播出之前，“也都按口语广播的要求，做了一些口语化和通俗化的加工”。“特别是通讯，包括著名的通讯，都有不少删节和修改，因而已不完全是原作了”。

这里讲的是单纯运用有声语言的口播专稿的情况。随着广播器材的改善和技术的发展，又出现了录音专稿，即除了运用记者的描述语言，还运用讲话录音和现场实况音响来报道新闻事实。它增强了新闻报道的现场感、可信性、感染力，具有很强的传真性和听觉形象性，在新闻传播中显示出很强的表现优势。

广播专访（广播访谈）也是从报刊专访脱胎而来的。为了对一些新闻人物和人们普遍关心、具有共同兴趣的问题进行较深入的报道，广播又通过移植和改造发展起了另一类广播专稿——广播专访。广播专访有两种：一为人物专访，它以表现人物为主，访问对象多为新闻人物、知名人士或在某一领域有成就、有影响的人物；一为专题访问，它围绕某一主题访问有关人物，一般根据问题的性质选择访问对象，如与问题有关的主管部门负责人或对有关问题有研究、有见地的权威人士。在专访中，记者往往直接面对听众，或介绍，或转述，或提问，或与访问对象交谈，或穿插交代有关背景，因此有较强的纪实性、交流感和感染力。

广播讲话（广播谈话）是在广播实践中创造和发展起来的专稿形式。早在1945年，延安台就利用广播讲话向国民党统治区的听众，系统地讲解和分析解放区的形势。虽然当时的广播讲话是由播音员播讲的，却为这种专稿的形成和发展打下了基础。今天的广播讲话，一般由有关人士自己播讲，有时也可由有关人士以个人名义写稿、由播音员代播，或者运用讲话人讲话和播音员同声翻译混合播出的方式。就内容性质分，大致有新闻性、政论性和知识性三种类型。政论性的广播讲话，主要用于讲解党和国家的重大决策和方针、政策的精神，动员、部署重要的社会活动，分析某种社会现象、社会问题和社会思潮等，它将长期保持主导地位。由于广播讲话针对当前群众关心的问题，紧跟时代的脚步，紧扣社会脉搏，能够帮助听众洞察形势、理解政策，澄清认识、消除疑虑，具有很强的舆论导向和指导作用。同时也有利于密切党和政府与人民群众的联系，密切电台与听众的联系。这是一种有多方面价值和发展潜力的专稿形式。

新闻性现场实况直播与录音剪辑也是广播在实践中创造的专稿形式。1949年的开国大典，以及其后持续多年的“五一”、“十一”庆祝游行，直到近年的香港回归、澳门回归、国庆五十周年等，都成功地运用了这种形式。实况广播也称现场直播或实况转播，是一种与新闻事件或活动同步的、利用专用设备从现场播出的报道形式。它主要运用现场实况音响和记者（主持人）的现场描述，能够给予听众有如置身现场、参与其事的亲切感受，因此被认为是“时效最快、感受效果最真切的新闻广播形式”。录音剪辑多数是在实况广播的基础上，经过必要的删节、加工而成的，它在时效方面不如实况广播，但可以机动地安排播出时间。

新闻性专稿广泛运用于广播专题节目、对象性节目和板块节目。它往往与其他稿件（如广播消息、广播评论）相配合，形成综合表现优势，满足听众的多方面需要。目前，专稿也时常出现在早晨的《新闻与报纸摘要》和晚间的《新闻联播》等重要新闻节目之中，在编排中占有重要地位，并呈现增多的趋势。

从近年来的情况看，广播专稿有两个值得重视的发展趋向：

一是系列报道日渐增多。如：1999 年中国广播新闻奖获一等奖的纪念西藏民主改革四十周年系列报道《雪域新纪元》，由十篇专稿类报道组成：（1）西藏自治区主席列确谈民主改革；（2）走向新生；（3）托起民族的希望（教育）；（4）吉祥之路（交通）；（5）归国藏胞话沧桑；（6）走出山沟的农民企业家；（7）爱的丰碑（援藏）；（8）孤儿出身的藏学家；（9）拉萨人家；（10）金珠玛米的情谊（中央台 1999 年 5 月 26 日起播出）。《雪域新纪元》通过全方位、多视角的系列报道，形成“累积式”传播效果，深刻反映了西藏四十年的巨变和改革开放带来的新貌。系列报道是由若干同一题材或同一主题的专稿组成的报道形式。这些稿件各自保持相对的独立性，但彼此又相互联系、相互补充，成为一个有机整体，从而可以在广播节目容量有限的条件下，更充分地表现重大题材，更深入地体现主题。这实际上是一种运用化整为零的手段，争取集零为整的效果的报道形式。如果运用得恰当，有利于解决节目的信息容量与报道深度之间的矛盾。当然，运用不当也可能助长“长风”，降低节目的有效信息量。

二是解释性、分析性专稿正在崛起。近年来出现的《凋零与崛起的背后——从海尔、海信、澳柯玛三大家电集团的崛起看青岛产业结构调整》（青岛台 1998 年 11 月播出），在内容取向、思维方式及表现手法等方面有所创新。这些作品的出现，标志着专稿正“由‘反映型’向‘研究型’、‘探索型’转变，由表面的、平面的报道向立体的、透视的方向转变”。

三、电视专稿——新闻专稿的视听文本

电视专稿也是专稿这种新闻体裁与电视媒介的传播特点结合而来的适应性改造的结果。电视以声画同步、影音结合的方式传播信息，具有信息表现的直观性、传播符号的多元性、与受众更强的接近性等特点，在对重大新闻事件和社会问题的深度报道中具有独特的优势。适应当前观众对深度报道需求的增长，电视新闻在注重迅速及时的动态信息发布的同时，也逐步转向提供重大新闻事件的深层解读。当前，电视新闻专稿（或专题节目）得到较大发展，成为电视新闻中重要的一种节目类型。

在电视媒体中，新闻报道体裁依附于栏目或者节目而存在。从结构形式和内容构成来看，那些以重大新闻事件为由头，以提供新闻事件或社会热点问题的深层解读为目标的电视栏目或节目，都应该隶属于新闻专稿的范畴。但实际上，对于电视新闻专稿的概念与范围界定，在实践中一直都有多种不同的认识，甚至称谓也多种多样，例如电视新闻专题、电视专题新闻、新闻类电视专题等等。为了统一认识，中国电视界就此曾召开过三次专门的研讨会予以确认。根据全国电视新闻分类研讨会的划分，电视新闻类节目分为综合新闻消息类节目、分类新闻消息节目、新闻专题类节目、新闻谈话类节目、国际新闻类节目和大型新闻节目六种类型，其中新闻专题类节目又分为新闻专题节目和新闻杂志节目两种亚类型。这个分类基本上包含了当前电视新闻类节目的类型。本书最后一章的“电视新闻专题”即是电视新闻类专题节目中的新闻专题节目，可以看作是电视新闻专稿。

从概念的角度来看，电视新闻专题由“电视”、“新闻”、“专题”三个关键词组成：“电视”规定了它的外在特征，即它的表现与传播形式是视听符号，与报纸、广播等其他媒介形式相区别；“新闻”则规定了它的内容性质与社会功能，与社教、体育、文艺等其他类型专题节目相区别；“专题”规定了他的内容构成与结构方式，与消息类新闻和杂志型新闻相区别。

电视新闻专题以其电视特色、新闻内涵、专题属性构成其主要特征，以提供具有一定内容取向的深度报道为存在形态，主要包括三种类型：纪实性新闻专题、分析性新闻专题和调查性新闻专题。

纪实性新闻专题是一种选取社会生活中的真人真事作为表现对象，从现实生活中选取典型，提炼主题，直接反映现实生活的电视新闻专题。其题材取向主要有两类：一类是新闻性题材，这类题材是电视新闻专题的主要内容，现实社会生活中发生在各个领域的重大新闻事件和重要发展变化都是其选题范围。例如，焦点访谈：《中国传销第一大案告破》、《直击考研作弊》；新闻调查：《虎照疑云》、《一只猫的

非常死亡》、《被开除的女大学生》《厦门远华特大走私案》，都是纪实性新闻性题材。二是文献性题材，即从重大历史事件或阶段性历史发展进行中发掘出来的题材，例如《毛泽东》、《让历史告诉未来》、《军国的背影》等。与新闻性题材不同，文献性题材向“过去”取材，讲究契合当前的形势需要进行报道，因此尤其重视报道的时宜性。

分析性专题是针对人们普遍关心的新闻事件、社会热点问题或新出现的重要社会现象进行分析和解读的电视新闻专题，它旨在通过展示事件之间的联系寻找其背后的发展动力与原因，并从中得出规律性的认识，以引导社会舆论。例如央视《焦点访谈》中《煤监大楼何处来》、《原始森林在哭泣》，《新闻调查》中《长大未成人》、《谁动了我的隐私》。

调查性新闻专题是当前运用最为广泛的一类新闻专题，也是电视深度报道的主要形式。选题针对新闻热点和广大观众所关注的重大事件、社会现象进行全面深入的调查分析，为观众提供详细、客观、系统、权威的信息，引导观众对新闻事件作出客观理性认识的报道类型。强调调查的过程、对关键事实的挖掘和展示、对疑惑的不懈追问等特色。例如《新闻调查》栏目《天价医药费》、《范李之死》、《高招迷局》等作品。

适应电视媒介特色，电视新闻专题除了强调一般专题新闻的重大性、时宜性、深刻性等特点以外，尤其强调题材的故事性特色。以生动的现场画面和声音为主要表现素材，通过精心构思节目结构来设置悬念，展现冲突，增强节目的吸引力。作为视听综合的媒体，电视新闻专题节目需要综合利用电视的多种表达元素和手段。记者可以采用各种采访手段，还可以有效运用图片、字幕、特技、动画以及配乐，增强节目的感染力和深度。

随着社会和媒介环境的变迁，电视新闻专题也一直处于变化之中。从媒体自身角度说，电视媒体对自身社会功能的认识已日渐理性，从单纯的宣传和教育功能走向信息保障和提供公共话语空间的功能。从观众角度说，当今的电视观众日趋成熟和理智，对于媒介内容不再盲从和轻信，他们更多地是借助获取的信息作出自己的思考。因此，当前的电视新闻专题也发生显著的变化：一方面，在节目定位上，电视新闻专题节目开始从揭露批评向理性、建设性转变，在对问题进行披露的同时，更加看重找出对问题的妥善解决方式；另一方面，电视新闻专题的视角也开始转移，从居高临下的社会正义的捍卫者的姿态，转向社会事件的忠实记录者和思考者的姿态，根据理智而不是情感来处理新闻，体现更多的理性色彩和人文精神。

思考题：

1. 明确新闻性专稿这一概念的内涵。
2. 谈谈对新闻专稿发展趋向的看法。

作业：

对比《肯尼迪遇刺丧命》和《历史就在我们眼前爆炸了》，分析消息与专稿的体裁特点和各自优势。

消息：肯尼迪遇刺丧命　约翰逊继任美国总统

［路透社达拉斯1963年11月22日电］急电：肯尼迪总统今天在这里遭到刺客枪击身死。

总统与夫人同乘一辆车中，刺客发三弹，命中总统头部。

总统被紧急送入医院，并经输血，但不久身死。

官方消息说，总统下午1时逝世。

副总统约翰逊将继任总统。

专稿：历史就在我们眼前爆炸了

合众国际社1963年11月23日电（记者：梅里曼·史密斯）

这是一个气候宜人，阳光明媚的下午，我们驱车紧跟在肯尼迪总统的座车后面驶入达拉斯市中心。车队穿过商业中心区，拐上一条像是环绕一座公园的漂亮的高速公路。

我乘坐的是所谓白宫记者团专用汽车，这是电话公司的汽车，车上装有无线电话。我坐在汽车前排，两旁是电话公司的司机和马尔科姆·吉尔达夫——总统在得克萨斯旅行期间的代理白宫新闻秘书。记者团的另外三名记者则挤在后座上。

突然，我们清清楚楚听到三声响亮得几乎有些震耳的爆裂声。第一声像是放爆竹的声音，而第二声和第三声则毫无疑问是枪声。

总统的专车大约在我们前方一百五十到二百码，它似乎突然停了片刻。紧跟在总统防弹轿车后面的是特工人员专车，我们看见，这辆车里一片混乱。

林登·B. 约翰逊副总统的座车跟在特工人员专车后面，再往后是副总统的警卫车，我们这辆车在这辆警卫车后面。

我们的汽车大概只停了几秒钟，可这几秒钟却像一辈子那样难熬。我们眼见历史在我们面前爆炸开来。即使是一个最训练有素的观察家，也难以一下子判断出了什么事情。

我朝着总统座车那个方向看去，却看不见总统和陪同他的得克萨斯州约翰·B. 康纳利州长。他们两人一直坐在从华盛顿调来的防弹轿车的右排座位上。我似乎看见那辆车里有个粉红色的身影闪了一下——那大概是杰奎琳·肯尼迪夫人。

在我们这辆车里，大家都冲着司机大喊大叫，要他把车开到总统专车跟前去。说时迟，那时快，只见那辆巨型防弹轿车和警卫车马达轰鸣，飞速向前开去。

我们冲着司机大叫："跟上，快跟上。"我们的汽车一个急转弯，绕过约翰逊的座车及其警卫车，沿着公路猛开下去，即使是这样，也只能勉强跟上总统的座车和紧跟在后面的特工人员和警卫车。

这两辆车拐过一个弯后便消失了。我们的车也拐过这个弯时，才发现前方是一家医院——帕克兰医院。这是一座大型砖结构建筑，坐落在公路干线的左侧。我们的汽车急速左转，驶上医院的车道，没等车停稳，我们便纷纷从车里跳了出来。

我飞跑到防弹轿车跟前。

总统脸朝下倒在轿车后座上。肯尼迪夫人把胳膊垫在总统的头下，朝着总统弯下腰来，像是在轻音呼唤他。

康纳利州长躺在汽车的地板上，头和肩膀靠在他夫人奈丽的怀里。奈丽在啜泣，已经哭不出眼泪，只是在摇头。鲜血从州长的前胸衬衣里不断流出来。我看不见总统的伤口，可是看得见溅在轿车前座椅背上的大片鲜血；我还看见，总统深灰色外衣被鲜血染黑了，这块污痕在不断扩大。

我已经从装有电话的记者团专用车里把三颗子弹袭击总统车队的情况向合众社达拉斯分社报告了。现在，看到停在医院入口处的轿车里鲜血淋漓的场面，我意识到必须马上找到一部电话机。

负责照料肯尼迪夫人的特工人员克林特·希尔正要躬身钻进轿车。我问他："总统的伤势有多重?"

他只说了一句话："他死了。"

我记不清楚当时车道上的情景了，只记得我耳中充满了人们急切、紧张的话音："担架到底在哪儿……叫医生到这儿来……他正往这儿跑呢……快，这儿好走。"以及什么人神经质的呜咽声。

我三步并作两步沿一小段过道跑进医院的走廊。首先映入我眼帘的是一小间办公室——与其说是办公室不如说是个公共电话间。在这里，一个戴眼镜的男子正站着整理一堆医院登记表之类的材料。这间办公室的窗口很像银行出纳员窗口。我瞧见窗口搁板上有一部电话。

“这电话往外怎么打?”我气喘吁吁地说，“总统受伤了，我得赶紧打电话。”

“拨9,”那男的说，并把电话机推给我。

我拨了两次才接通合众社达拉斯分社。我赶紧汇报了总统的情况：在总统乘车从达拉斯大街经过时，有刺客向他开枪。总统伤势严重，很可能是致命伤。

我打电话的时候，运送总统和州长的轮床正从我身边推过：但是，由于我背向走廊，直到它们被推到75至100英尺之外的急救室门口时我才看见。

窗口内那个男人的表情突然变了，这时，我才下意识地感觉到有人把他们从我背后推过去了。

我站在刷着单调的淡黄色油漆、直通急救室的走廊里，心里打着腹稿，想把这次总统遇刺事件用电话汇报给合众社编辑，同时又得留心急救室发生的情况。就在这时，我面前突然乱成一团。

白宫新闻官员吉尔达夫在走廊里奔来奔去，警官大声叫嚷：“把没事儿的人都轰出去!”两位神父跟在一个特工人员身后匆匆走来，手里拿着一团卷得紧紧的法衣披肩。一个警官捧着一大瓶输给伤员用的鲜血跑了过去。又来了一位医生。他说，有人通知他“所有神经外科医生”立即到这儿来。

两位牧师走出急救室，说总统已经接受了天主教的临终圣事。他们说总统还活着，但是昏迷不醒。这时，肯尼迪的随行人员也陆续赶到医院。在车队里，他们的汽车紧跟在我们后面，刚才发生了交通混乱，所以他们来迟了。

这会儿，医院里的电话机身价陡高百倍，我拼命护着我的那一台，不敢撒手片刻。我不敢离开小窗口一步，生怕跟外界失掉联系。

可没过一会儿，我就改变了主意。吉尔达夫和另一位白宫官员韦思·霍克斯跑到我跟前，边跑边喊，说吉尔达夫要在医院另一头二楼的护士室发表简短声明。

我丢下电话听筒，追上了他们俩。当我们来到开会地方时，只听见人们在叫：“肃静!”吉尔达夫竭力抑制自己的感情，他宣布说：“约翰·菲兹杰拉尔德·肯尼迪总统大约于1时去世。”

我冲进附近的一间办公室，这时，医院的电话总机忙得不可开交，外线打不出去。我突然发现合众社西南总分社社长的夫人维吉尼亚·佩耶特——她本人也是个经验丰富的记者——于是我让她赶紧上楼去试打付费电话。

我费了九牛二虎之力也没叫通医院电话总机，万般无奈，只得求一位护士帮忙。这个护士领我穿过一个由弯弯曲曲的走廊和楼梯组成的迷宫，来到另一层楼上，找到了一个付费电话间，用这儿的电话，我接通了达拉斯分社，不过维吉尼亚在我之前就把电话打通了。

一放下电话机，我就穿过整个医院飞跑回会议室，白宫交通处官员吉格斯·福沃一把抓住了我，说吉尔达夫请三名记者立即乘总统座机“空军一号”返回华盛顿。

“他要你下楼去，他要你现在就去。”福沃说。

我赶紧跑下楼，来到大门口，只见吉尔达夫刚刚乘记者团的专车走了。

于是，《新闻周刊》的查尔斯·罗伯茨，威斯汀豪斯广播公司的西德·戴维斯和我只得央求一位警官用警车送我们去飞机场。特工人员要求我们在机场附近不得鸣警笛，然而这位达拉斯警官技术高超，驾车穿过我平生见到的交通最为混乱的大街，把我们顺利送到机场。

我们在跑道边距总统专机二百码的地方下车。刚跨出警车，吉尔达夫一眼见到我们，向我们打手势，要我们快过去。我们一溜小跑来到他跟前。他对我们说，这架飞机可以带白宫记者团的两名记者飞回华盛顿；约翰逊将在飞机上宣誓就任总统。随后飞机就起飞。

我看见跑道旁有不少电话，就问吉尔达夫我是否有时间给合众社打个电话。他说：“看在上帝的份儿上，你可快点儿打。”

这次打电话也费了好大的劲儿。达拉斯分社的电话占线，我就往华盛顿分社打，可所有线路全占线。最后我总算要通了合众社纽约分社。我把新总统即将在飞机上就职的消息通知了他们。

这时，吉尔达夫跑出飞机拼命向我打手势。我砰地放下电话听筒，几步就跨过了跑道。一名便衣叫住了我：“您的小梳子掉了。”

我登上了“空军一号”，只见所有主舱的窗帘都拉上了。舱内很热，光线很暗。作为专门采访总统的各新闻单位联合记者团记者，我曾多次乘坐这架飞机。

吉尔达夫推着我们来到位于机身2/3处的总统专用舱。这是个用来开会和休息的地方，可以坐8、9个人。

我挤进舱门，数了数舱里竟有27人。约翰逊站在正中央。他夫人伯德女士站在他身旁。面容慈祥，67岁的美国地区法院女法官萨拉·休斯手拿一本黑皮《圣经》站在一边，等着领读誓词。

机舱里越来越热。看到还有不少肯尼迪班子的成员进不得舱来，约翰逊心里很焦急。他要大家再往前挤挤。可是站在旮旯里一张椅子上的通信兵摄影师塞西尔·斯托顿中尉说，如果约翰逊再让大家往前挤，那就不可能拍下这个具有历史意义的场面了。

原来，约翰逊在等肯尼迪夫人，她正在飞机后部的一个小卧舱里设法使自己平静下来。最后肯尼迪夫人孤零零地出现在舱口，还穿着那件粉红色的羊毛衫。就是在今天上午，她穿着这件羊毛衫同丈夫一道同聚集在机场的欢迎者热情握手。

她面色苍白，眼中已没有了眼泪。她脚步略带蹒跚地走进舱来，朋友们的手都向她伸了过去。约翰逊握住了她的双手，让她站在自己的左边。伯德女士站在约翰逊的右边，脸上带着一丝僵硬的微笑，显得很紧张。

约翰逊向休斯法官点头示意，她是约翰逊一家的老朋友了，是肯尼迪任命的法官。

女法官对约翰逊说："请举起右手，跟着我宣誓。"

飞机外，一架喷气式飞机正在降落，隆隆之声清晰可闻。

休斯法官把捧着《圣经》的手伸了出去，约翰逊把他巨大的左手放在《圣经》上。他的右臂缓缓伸向半空，法官开始用舒缓的语调宣读宪法誓词："我庄严宣誓，我将忠实地履行美国总统的职责……"

约翰逊以低沉、坚定的语调跟着法官念到最后一句："……愿上帝给我以帮助。"简短的仪式到此结束。

约翰逊先转向他的夫人，拥抱她的双肩，吻她的面颊。随后，他又转向肯尼迪的遗孀，用左臂拥抱她，吻她的面颊。

机舱里的人们——其中有几位得克萨斯州的民主党议员——都拥到新总统的跟前，但是新总统一看到谁要表示祝贺，便不由自主地往后缩。

两分钟的仪式于东部标准时间下午3时38分结束。几秒钟后，总统坚定地下令道："现在起飞。"

驾驶员詹姆斯·斯温代尔少校立即发动了这架银光闪闪的喷气式飞机的右舷引擎。这时有几个人下了飞机，其中包括威斯汀豪斯广播公司的西德·总戴维斯。白宫只允许两名记者乘坐这架飞机。这两个人是罗伯茨和我——不过到这时候了，我们还没有找到座位。

东部标准时间3时47分，“空军一号”从跑道拔地而起。斯温代尔驾着这架隆隆轰响的巨型飞机盘旋上升，直达4万1千英尺的巡航高度，随后，便以每小时625英里的地面速度朝着华盛顿郊外的安德鲁斯空军基地飞去。

在总统座机飞平之后，肯尼迪夫人离开卧舱来到飞机后舱。这是总统家庭专用舱室，在这儿，她曾经和肯尼迪、其他家人和朋友们一道谈笑风生，共同进餐，度过了许多快乐的空中旅行时光。

肯尼迪的灵柩就放在这个舱室里，是由几名特工人员抬到飞机上的。

肯尼迪夫人来到后舱，搬过一把椅子坐在总统的棺木旁。在整个飞行途中，她一直坐在那儿。总统的4位亲信幕僚不时进来陪她守护她遇刺身亡的丈夫。这4个人是总统的挚友和私人秘书戴维·鲍尔斯、总统的负责人员任命事务的秘书和重要政治顾问肯尼·P. 奥唐奈，总统同国会的主要联系人劳伦斯·奥布赖恩和总统空军副官戈福雷·麦克休空军准将。

肯尼迪的侍从武官切斯特·V. 克利夫顿少校在飞行的大部分时间里都在前舱忙碌，他传达各种命令，安排飞机抵达机场后的仪式和将总统遗体送往贝瑟斯达海军医院事宜。

飞机在飞行，约翰逊回到了主舱。我把手提打字机丢在帕克兰医院的什么地方了，只好用肯尼迪私人秘书伊夫林·林肯用来起草总统讲演稿的特大号电动打字机写稿。

罗伯茨和我正在埋头写作，把我们刚刚目睹的历史记录下来，这时约翰逊走到我们的桌子前，对我们说：

“几分钟后，我将发表一篇简短声明，我会把声明副本交给你们每人一份。到飞机着陆后，我要把声明再宣读一遍。”

这是新任最高行政长官首次对公众讲话，既简短又激动人心。全文如下：

“对全国人来说，这都是一个悲伤的时刻。我们遭受了无法估量的损失，就我个人而言，这是一个极大的悲剧。我知道，全世界人都在分担肯尼迪夫人和她的全家所承受的悲哀。我将尽全力履行我的职责。也只能这样。我恳请你们帮助，也恳请上帝帮助。”

再过45分钟，飞机就要到达华盛顿了。新总统拿起一架专用无线电话听筒，给已故总统的母亲罗斯·肯尼迪夫人打了电话。

他说："要是上帝给我起死回生之术就好了。我只希望您了解我的心意。"

随后，约翰逊夫人也要跟老肯尼迪夫人说几句话。

"我们此时此刻的感觉，就像心被挖掉了……"说到这儿，约翰逊夫人哽咽得说不下去了。过了一会儿她才控制住自己的感情，接着说："我们爱您，为您祈祷。"

飞机离华盛顿只有30分钟航程了。约翰逊夫人给身负重伤的得克萨斯州州长的夫人奈丽·康纳利打电话。

新总统夫人说："我们正在为你们祈祷，亲爱的，别害怕，一切都会正常的，对吗？请代我拥抱他，吻他。"

当"空军一号"掠过灯火辉煌的华盛顿市区上空，准备在安德鲁斯空军基地着陆时，天已经黑了。飞机于东部标准时间下午5时59分着陆。

我向为我装好电动打字机的飞行小姐道了谢，随后穿上雨衣沿前梯走下飞机。罗伯茨和我站在机翼下，只见一队担架兵把总统的棺柩从飞机后梯抬下来，放在一辆早已等候着的灵车上。我们看见肯尼迪夫人和总统的弟弟、司法部长罗伯特·F. 肯尼迪登上灵车，坐在棺木旁。

新总统通过广播电台和电视台的麦克风又读了一遍他上任后的首次声明。在同迎接他的政府领导人和外交官一一握手，他率先向总统专用直升机走去。

有人把罗伯茨和我安排在另一架将在白宫草坪降落的直升机上。机舱里，在舷窗边的大椅子上坐着西奥多·C. 索托森，他是肯尼迪最亲密的助手之一，头衔是总统特别顾问。他没有陪总统去得克萨斯州，却到这个空军基地来迎接他的遗体。

面容憔悴的索托森坐在大椅子里低声哭泣。他那深切而庄重的悲痛，似乎概括了前6个小时中发生的悲剧和由此引起的哀伤。

当我们的飞机在宜人的夜空中盘旋，准备在白宫南草坪降落的时候，我们简直不敢相信，就在6小时之前，约翰·肯尼迪还是一个声音洪亮、面带微笑、不时向人们挥手致意的活生生的人。

（附：梅里曼·史密斯在肯尼迪被刺事件中连续报道了数次新闻，并在当晚上写了长达六千多字的目击记，这篇作品获1964年普利策奖。史密斯从1941年起任合众社采访白宫记者，三十年间采访过6任美国总统。1970年4月13日开枪自杀身亡。）

第二章 提炼主题与创新思维

“创新是一个民族进步的灵魂，是国家兴旺发达的不竭动力。”① 新闻报道不仅体现了记者艰苦的思维劳动成果，更重要的还体现了新闻媒介的社会责任。面对开放的社会，受众的观念、思维方式也经历着从未有过的深刻变革，对新闻报道的质量提出了更高要求。这就要求新闻工作者树立科学的世界观和辩证唯物的思维方法，培养创新品质和成熟驾驭新闻报道规律的能力。

专稿要求更丰富、更深刻的信息内涵。因此，专稿采写提炼主题环节更具难度。专稿成功的关键主要靠两条：一是提炼主题；二是表现主题。而提炼主题是表现主题的基础。

第一节 提炼主题——专稿采写的重中之重

一、明确与主题相关的几个概念

主题是专稿的中心思想，是记者对所报道的事物在充分掌握材料的基础上，对事物深层内涵的认识与把握。专稿采写的主体是记者。主题不是记者对采写事物机械照相或被动反映，而是记者通过深入采访，占有材料，深入思考，分析提炼，对材料能动认识的思想结晶。

有的作者对主题的重要性认识不够，在专稿写作中忽视了提炼主题这个重要环节。往往满足对掌握材料的表象或浅层认识，以致将主要精力放在文字雕琢或情节渲染上，从而直接影响专稿的质量。某些专稿所以出现浅、散、平、旧、华而不实、片面拔高以致出现导向偏颇等毛病，与记者驾驭主题直接有关。如：有的记者混淆了主题与问题、主题与题材、主题与情节的关系，采写中发现某个问题或掌握某些

---

① 江泽民：《在全国科技大会上的讲话》。

材料和情节，自认有了主题，实际是把问题、题材、情节等某些与主题有关的认识替代了主题的提炼，以致影响了专稿的质量。因此，这里有必要明确与主题相关的几个概念：即：主题与问题、主题与情节、主题与题材的关系。

（一）主题与问题

问题是专稿揭示的矛盾，也可以说是产生主题的向导，问题的答案往往是作者所要阐明的主题。主题并不等于记者在作品中所提出的主要问题，而是记者对作品中提出的问题所持的观点或评价。

（二）主题与情节

情节是指事件的演变过程。多数专稿题材有故事，有波澜，有高潮。采写专稿需要掌握生动的情节，通过开展情节来展现主题。也可以说通过生动的情节或故事来揭示事件的内涵，从中体现记者对事件独到的观点、见解和感受。

（三）主题与题材

记者在采访中所收集到的原始材料称为素材。记者把采访得到的素材经过分析、选择，最后写入专稿的那部分材料称为题材。题材是构成专稿的基本内容，是实实在在的支撑主题并受主题制约的具体材料。主题是记者通过题材所反映的思想或见解。主题依靠题材来表现，题材靠主题统率。所以说主题与题材二者不可分割又有所区别。特别要强调的是不可用题材来代替主题。有的同志掌握了某些生动的材料，于是略加概括，以为有了主题，这样做的结果是把分析、提炼主题的创造性思维过程简单化了。有些专稿题材不错，却陷入了就事论事、一般化的模式，这些都和作者对主题的思考不够深入直接有关，以致不同程度上影响了作品的质量。记者采写专稿不仅要掌握生动、感人的材料，还要有对材料新颖、深刻的思考，独到见解，也就是新颖、深刻、具独到见解的主题。

二、主题是专稿的灵魂

古人说“纲举目张”，主题是统率全篇的纲。从这个角度讲，提炼主题在专稿采写过程中居重中之重的地位。

只有主题明确，面对纷繁的材料才有取舍标准；安排结构、开展情节才有依据；选用语言词汇才能紧贴主题行文；安排开头、结尾、标题等才有恰当尺度。所以说主题在专稿采写过程中须臾不可偏离。采写专稿的过程是发现主题、分析提炼主题、表现主题以至深化主题的过程。提炼主题在专稿采写过程中占有全局性、战略性地位。专稿的主题不仅反映了记者对采写事物认识的水平，也反映了记者的思想修养、价值观念、思维方式等方面的综合水平。自觉确立“主题意识”，是记者成熟的标志。

强调树立“主题意识”，是指记者在采写实践中，自觉重视提炼主题这一重要环节。记者应具有较高的理论和政策水平，较为丰富的社会经验和知识储备。记者通过深入扎实的采访，对所掌握的材料经过认真分析，反复梳理和感悟，提炼出观点正确、见解深刻、思想新颖的主题。记者在构思以及写作时，以主题统率选材、构思以及文字表达，在写作（包括电子媒介的视听符号呈现）过程中，主题逐步得到深化。采写过程中往往有这类情况：记者在采写中改变了原来的主题。这种情况说明随着记者对采写事物认识的深化，察觉了原先设想的主题不尽合理、不够确切之处，在不断修正和调整中使主题思想更加接近事物的本质和客观实际。所以说，“主题意识”和“主题先行”是截然不同的两种概念。它反映了辩证唯物主义与主观唯心主义在新闻专稿采写实践中两种不同的观念和做法。

当代中国处于一个伟大的变革时期，人们的视野更为开阔，思维更为活跃，价值观取向也更为多元。任何社会总有一种处于支配地位的价值观，也称主流价值观。主流价值观反映一个国家的意识形态和社会道德的基本取向。新闻媒介特别是主流新闻媒介承担着舆论引导的社会责任。面对激烈的媒介竞争，受众拥有更为个性化的媒介选择方式。作为当代新闻人的责任是如何满足受众对新闻事实深层内涵的多元需求。当代受众对专稿内涵的新颖深刻、丰富多彩提出了更高要求。记者要主动适应社会变革，在采访方式、思维方式、写作风格、工作效率等方面向求新、求深、向精品化、高效率方向努力。在成熟驾驭专稿主题的能力上，不断有所创新，有所突破。

第二节　专稿提炼主题的要求

专稿的体裁优势首先是它的思想力量，受众在接受人物与事件的形象展示后能够引发不同程度的感动和思考。专稿由于具有更丰富、更深刻的信息层次，从而有着较强的感染力。中国的现代化建设是以经济建设为中心，社会主义市场经济、社会主义民主政治、社会主义精神文明共同发展的历史进程。面对社会转型期出现的新观念、新经验、新问题，记者理论和政策的思维方式、工作方式也经历着深刻变革。变革的难点首先体现在记者如何培养创新思维采写和提炼出具有新意的主题。从这个角度讲，记者的创新思维品质决定主题的品质和作品的质量。

一、主题正确，经得起实践检验

如何衡量专稿的质量？首先是从它的社会效果出发。具体来讲要靠记者出色的新闻报道，起到振奋精神，凝聚人心，激发社会活力的作用。专稿的主题首先要求正确，要准确把握党的政策，有利于社会的进步和发展。有人称新闻作品为“易碎品”，这是指新闻作品的传播时效而言。优秀的新闻作品同样可以流传久远，深入人心，经得起时间和实践的检验。特别是优秀的专稿，它的思想力量不仅当时引起社会强烈反响，甚至可以影响一代人、几代人，成为某个时期、某个方面历史发展的一面镜子。

1966 年穆青、冯健、周原采写了《县委书记的榜样——焦裕禄》，这篇力作发表后引起社会强烈反响。当时正值困难时期，干部群众以焦裕禄为榜样，成为战胜困难、凝聚人心的精神动力。当然，四十多年前的优秀新闻作品有着深刻感人的思想内涵，其中也必然存在时代的烙印与局限。《县委书记的榜样——焦裕禄》其经典性在于共产党人与群众关系的角色定位：“我是你的儿子”。这种朴素的表述是一种真理性的概括。四十多年来风云变幻，而焦裕禄这位好书记的形象仍然深入人心。榜样的力量可以跨越时空，成为人们的精神财富。

26 年后，穆青、冯健、周原重访兰考和黄河故道。他们看望了当年采写《县委书记的榜样——焦裕禄》时采访过的老相识，访问了当年走过的农舍、田间，听取了方方面面的意见，最后写出了《人民呼唤焦裕禄》（新华社新闻稿 1990 年 7 月 8 日）。《人民呼唤焦裕禄》可以说是跨越 1/4 世纪后《县委书记的榜样——焦裕禄》的续篇。这篇优秀的专稿发表后牵动了千万人的心，作者收到了大批来信。来信中说这篇作品“喊出了人民群众的共同心声——回来吧，焦裕禄；回来吧，党的好传统，好作风”。读者来信用质朴的语言概括了《人民呼唤焦裕禄》的主题。记者在作品中满腔热忱地展示了兰考和黄河故道发生的天翻地覆的变化和今天这里一代新人的精神风貌。同时对当前存在的某些腐败现象，脱离群众、玷污党的形象等消极面不乏针砭。① 专稿的结尾：“‘我是你的儿子。’焦裕禄的这句话，表达了一个伟大真理。这是一个震撼历史的声音。他喊出，中国共产党人对人民的全部忠诚。历史将永远铭记这位人民的儿子的英名。”这段饱含激情与哲理的文字，对纠正党风，消除腐败，发扬党与群众血肉相连的作风有很强的针对性，犹如警钟长鸣。这一主题无论现在乃至将来都是关系着我们的国家和我们的党盛衰兴亡的大问题。《人民

① 成一：《卓识炬明今古——读〈人民呼唤焦裕禄〉有感》。

呼唤焦裕禄》获1990年中国新闻奖荣誉奖，其中不仅是记者激扬的文采，更可贵的是记者的历史性眼光和主题的高瞻远瞩。

二、把握全局，弘扬时代精神

提炼主题的依据是什么？一是对所采写事物的深入剖析；二是对全局的宏观把握，二者缺一不可。

有的记者把采访得到的材料当成提炼主题的唯一依据。从而忽略了对全局的研究，往往造成就事论事，一般化。数学家阿基米得曾说："给我一个支点，我可以撬起整个地球。"全局好比这个"支点"，记者只有对全局宏观把握，才能找到提炼主题的"参照物"，才能恰当判断被采访事物的意义和分量。提炼主题，记者既要深入探析采访对象的深层内涵，又要跳出被采访的人与事的圈子，把采访对象放在整个形势的大背景下，放在时代的天平上"称一称"，真正把握采写对象的时代特征。

中央人民广播电台《新闻纵横》节目从2002年4月22日起播出了连续报道《寻找小良》。第一集中讲述了一个贫困家庭的父亲卖血供儿子上学，后与儿子失去联系，通过广播寻找大学生儿子的故事。节目围绕寻找"小良"为主线，连续播出六期：《一个卖血父亲的希望》、《你认识"小良"吗》、《关注"小良"现象》、《说给所有的"小良"》、《"小良"找到了》、《反思"小良"现象》。《寻找"小良"》选题的初衷是对西北贫困地区卖血群体命运的关注。小良的父亲顺老汉卖血供儿子上大学，儿子却弃学不知去向，顺老汉苦苦寻找儿子的悲剧式经历引起各方关注。《新闻纵横》报道组没有将报道重点置于父子复杂的感情纠葛与冲突的情节之中，而是将"小良"扩大为"小良现象"，探析这一沉重社会现象背后的普遍意义和社会伦理道德冲突。从而将寻找"小良"的过程深化为寻找亲情、寻找良知的过程。将"小良现象"置于社会转型的时代背景之中，节目的《关注"小良"现象》、《说给所有的"小良"》、《反思"小良"现象》，从多元视角由点及面，由表及里，深刻解读了"小良"和"小良们"的生存状态和心理冲突。正如报道中说："到后来，'小良'是谁，'小良'的个人命运已经不很重要了。给听众留下的思考是如何帮助千千万万个'小良们'走出困惑和困境。"呼唤社会为"小良们"创造一个公正和谐和良性发展的环境。这一主题突破了一人一事的局限，具有强烈的时代精神和现实针对性，从中也体现了新闻媒体的建设意识和以人为本的情怀。

三、深入分析，探索事物本质内涵

人们对事物的认识要经历由浅至深的过程。记者对采访事物最初的认识往往停留在感觉和表层上，也可以说停留在事物的表面联系上。我们不否认事物的表象或表面联系，因为这是认识的过程，属认识的初级阶段，也可以说是感性认识阶段。值得引起重视的是：记者提炼主题不能习惯或满足于感性认识阶段，更不能“跟着感觉走”。因为人们观察分析事物常常受到诸多局限，只是凭感觉、凭印象，得出的结论往往是表面现象，或是片面认识，甚至是假象。事物的本质或深层内涵往往藏匿在复杂表象的背后，记者只有经过深入调查，掌握科学的、辩证的思维方式，才能对主题较为科学、正确的把握。特别在新的历史条件下，社会发生巨大变化，出现了许多过去从未有过的新矛盾、新问题。面对新旧交替、新旧并存的变革时代，记者“不仅工作态度必须是认真负责的，而且工作方法也必须是科学的、严谨的”。①

改革开放初期《渤二》事件已成为新闻报道史上具代表性的新闻佳作。1979 年 11 月 25 日凌晨，石油部海洋石油勘探局渤海二号钻井船在渤海湾迁移井位的拖航作业途中翻沉。事故发生以后，《工人日报》记者前往采访。当时，事故发生部门的某些人搞了所谓的“大表扬”、“大评比”，声称要把“丧事当成喜事办”，借此来掩盖事实的真相。记者没有被这些轰轰烈烈的表面文章所迷惑，经过深入采访，反复核实，终于弄清了问题的真相。大量事实说明“渤二”事件不是偶然的，更不是无法避免的事故，而是完全可以避免的恶性的人为事故。记者冲破重重阻力，写出了《渤海二号钻井船翻沉说明了什么?》(《工人日报》1980 年 7 月 22 日)。透过“渤二”事件这个典型，反映了工业战线左的流毒的严重性。这其中不仅涉及经济体制、官僚主义作风等问题，还涉及一些更重的、阻碍四化建设的根本问题。把搞四化要尊重科学和民主这一重要问题阐述得较为透彻，使人更加意识到改革已到了迫在眉睫的程度。《渤二》事件的报道在改革初期引起社会舆论相当强烈的反响。通过“渤二”事件的处理，群众反映说：“这么干中国有希望、四化有希望。”因此，透过现象看本质并非轻而易举，它不仅需要记者有相当的眼光和能力，还要有对党、对人民负责的勇气和胆略。

进入 21 世纪，新农村建设成为新闻媒介报道的热点题材。怎样把中央有关新农村建设的政策切实落实到农民切身利益的层面上，是当前新农村建设报道的方向性

---

① 郭超人：《写作技巧背后》。

问题。《别让新农村卡在细节上》(《四川日报》2006 年 5 月 9 日) 对新农村建设中忽视农民切身利益的"形象工程"提出警示和质疑。记者原本打算反映农民迁入新村后第一个黄金周的生活感受。当记者进村入户采访却发现村民对迁入新村有不少埋怨和意见。怀金村曾是四川省新农村建设示范村。记者通过深入采访发现在基层政府规划与农民生产生活的细节衔接上出现问题。政府规划片面追求集中居住率,不考虑农民生产、生活的实际需要,实际上是"形象工程"的另一种表现形式。当时全国新农村建设正值"大拆大建"热潮。该报道见报后引起本地政府和有关部门重视,并采取了改进措施,该报道为深入扎实地落实中央的新农村建设政策起到良好的导向作用。

四、休戚与共,贴近民众

"坚持以人为本,以解决人民关心、最直接、最现实的利益问题为重点,着力发展社会事业着力完善收入分配制度,保障和改善民生,走共同富裕的道路。"[①] 新闻记者要与人民休戚与共,贴近社会,贴近生活,贴近百姓。记者要敏锐体察社会脉搏,关心群众切身利益,特别是弱势群体的利益。及时反映群众迫切需要解决的问题,包括社会的热点、难点问题。记者要深入调查研究,从国家和群众的根本利益出发,真实反映问题,实事求是进行报道。切中时弊的批评性报道,有利于疏通渠道,转化矛盾,促进问题的解决,起到积极的舆论引导和舆论监督作用。

广东电台记者在 2004 年 12 月省人大代表视察活动中,发现一位代表报告中提到,"海丰县 1.5 万名穷孩子被瞒报享受不到免交学杂费的优惠政策。"记者敏锐抓住这一线索,深入海丰等地,走访了大量贫困学生的家庭和多所小学了解情况。记者还克服阻力,采访了当地教育局,扶贫办等关键部门的负责人,深入了解事件的前因后果,采制了录音专稿《谁害苦了这群穷孩子》(广东人民广播电台 2004 年 12 月 31 日播出。) 报道采用了大量的人物录音和现场录音,用富于个性色彩的人物谈话生动地展示主题,使报道有理有据,层层深入。报道维护了贫困学生享受惠民政策中受教育权利,起到了积极的舆论监督效果。

五、纵横对比,突出个性

为什么有些专稿让人感到一般化、概念化,似乎早就"见过面"。重要原因是注重了共性,忽视了被采写事物的个性。共性往往是抽象的、一般的,而个性却是

---

① 胡锦涛:《继续把改革开放伟大事业推向前进》,《求是》2008 年第 1 期。

千差万别、千变万化的。是否抓住个性特征，很大程度上决定挖掘主题的深浅。记者要思路开阔，善于对事物进行纵横比较。纵向比较，即把客观事物的现状同它的历史相比，从发展上找出自身的现状特点；横向比较，即把客观事物和同类事物进行比较，寻找它的独特之处。通过纵横思考探索，寻求事物未被认识的新特征，也就是事物的特殊点，即非他莫属的个性特征。

第三节　提炼主题与创新思维

提炼主题是记者艰苦的思维劳动过程。优秀专稿提炼主题是记者创造性思维的结晶。思维方式是内化于人脑的世界观、方法论的理性认识方式。思维方式具有时代性、历史性，也就是说有着深刻的历史渊源和鲜明的时代印记。如果说农业时代，人们更多地追求土地；工业时代，人们热衷于追求资本；在知识经济时代，人们更多地追求掌握新知识，进行创新。我们正处于工业化社会向信息化社会转变之中，“人类正面临着有史以来最深刻的社会巨变和创造性的重建。虽然我们还没有清楚地认识，但我们正在建设它。”[①] 由于信息技术的发展和普及，形成了全社会信息网络和知识库，通过网络不仅可以共享知识，还可以创造和交换知识，乃至拓展至经济、文化、社会生活和个人发展的各领域。社会的进步创造着新的思维方式，包括价值观念变革和思维创新机制。面对网络传播时代媒介竞争格局，传统的文字传媒和电子传媒正适应着媒介形态变化原则，“形态变化原则同媒介形态变化来源于三个概念——共同演进、汇聚和复杂性”[②]，即传统媒介在发挥自身潜力的同时，吸纳现代技术，朝媒介优势整合方向发展。作为新世纪的新闻人要努力培养创新思维品质，从观念到思维方式以及报道模式方面努力跟上时代发展步伐。知识、智慧和创造是信息时代价值观念的核心，是新世纪新闻人必须具备的素质和能力。社会变革出现了许许多多从未有过的新事物、新问题以及诸多复杂现象，记者采写专稿类报道面临更大难度。要求记者掌握辩证唯物主义观点，掌握科学的思维方式，选择和提炼“政治上重要的、为大众所注意的、涉及最迫切问题”[③] 的主题。

专稿提炼主题没有固定的模式。提炼主题如何摆脱平面的、陈旧的惰性思维状态，从而进入创造性思维状态过程。如何培养创新思维品质，是当代记者的追求，

---

① 托夫勒：《创造一个新的文明》。
② 罗杰·菲德勒：《媒介形态变化》。
③ 娜·康·克鲁普斯卡娅：《列宁的编辑工作》。

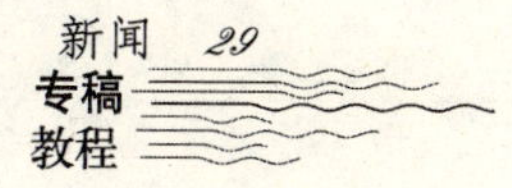

现提出以下思路：

一、逻辑思维与形象思维相互渗透

逻辑思维是以揭示和把握事物内在规律和本质的思维方式。提炼主题是记者运用自己的经验和知识积累，对采访中掌握的丰富材料进行概括、推理、判断，从而对采写事物的本质属性、价值和意义的科学认识。

形象思维是通过感情形象来反映和把握事物的思维活动，记者在采访中敏锐地占有和感受活生生的形象信息，包括生动的情节、细节、气氛、环境等。在提炼主题的过程中，记者头脑浮想联翩，自始至终伴随着生动感人的形象，同时也伴随着记者的倾向和感情色彩。

提炼主题要努力做到逻辑思维与形象思维相互渗透。以丰富的形象思维促进逻辑思维的延伸，开拓新的认识层次，取得对主题认识的突破和升华；逻辑思维使丰富、生动的材料组织得更为有序，使形象思维在逻辑思维的“引导”下沿着优化层次收敛聚焦。从这个角度讲，提炼主题是记者逻辑思维和形象思维相互渗透的创造性思维过程。

二、发散性思维与聚敛性思维相辅相成

发散性思维是记者提炼主题多角度、多方位的思考方式，是记者思路开阔的表现。它同单一、刻板、封闭的思维方式相对立，具有流畅性、变通性、独特性等特点，使主题进入新的认识高度。

聚敛性思维是以集中思维为特点，具有同一性、程序性、比较性等特点。提炼主题要做到主题鲜明、集中、突出，离不开聚敛性思维。

提炼主题要做到发散性思维与聚敛性思维相辅相成。要突破一般化、模式化的主题，进入多向的、透视的、立体地反映事物。记者必须掌握发散性思维，做到思路活跃，触类旁通，积极开拓思维的层面，探索优化主题的多种可行性；如果只注重发散性思维，尽管有诸多思想火花，不能形成集中思维力量，以致不同程度陷入思维失控、无序状态，也会大大降低思维劳动成果。任何事物都有特定的外延和内涵，从逻辑角度讲，外延越广，内涵越浅；外延越窄，内涵越深。提炼主题也是这样，提炼和深化主题要掌握这样的“度”：发散思维之后，还要努力使思维聚焦，即运用收敛思维，在多种可行性中进行选择，使之在精华处聚拢。犹如凸透镜，把光和热集中在最适当处——焦点。

记者提炼主题的思维过程是发散性思维与聚敛性思维多个回合的相辅相成，每

经过一个回合，记者对主题的认识往往会有新的拓展。

三、在动态思维过程中优化主题内涵

动态思维是一种在运动状态中不断调整和优化的思维活动。记者采写或采录专稿是一个开放式的动态思维过程。提炼主题属内孕阶段，记者要进入积极的动态思维状态，纵横对比，多角度选择，不断输入新的“参照物”，及时调整思维方向，孕育和确立新的、更为优化的主题。

《一厘钱精神》是60年代在经济报道领域引起强烈反响的优秀专稿。虽然时隔多年，记者深化主题的创造性思维劳动过程体现了提炼主题的规律性认识。记者采访前听说北京墨水瓶厂经济核算搞得好，在瓶盖上都力争节约“一厘钱”，企业由亏转盈。记者想：一个企业由亏转盈对全国不一定有多大影响，但是节约一厘钱这种精打细算的做法，对人们会有启发。记者于是采访了几个类似的典型材料：节约一厘钱、一克纸浆、一滴药水。经分析，又感到这三个材料都是在物的节约上打转转，搞不好是思想层次上的重复，而不是主题思想的深化。记者在深入采访中又抓住了北京火柴厂职工提高产品质量，在每包火柴中努力减少废火柴，记者把它提高到产品质量领域里“一厘钱”精神的再现；北京制药厂工人充分利用时间，提高劳动生产率，增加产量，记者把它提高到节约工时上“一厘钱精神”的再现。由工人节约一厘钱、一分钟、一根火柴，进而体现了工人阶级的主人翁责任感。记者又反复寻求“一厘钱精神”的本质究竟是什么？最后出现了感性到理性认识的飞跃，提炼出了“一个真理”：伟大的事业要从最小的事情做起。把节约一厘钱上升到一种精神——“社会主义建设中的主人翁精神，也是建设社会主义之理。”至此，主题的深度和广度上得到充分升华。这类题材比较难以驾驭，很容易陷入生产过程或专业性过强的圈子，以致内行不爱看，外行看不懂。《一厘钱精神》冲破了这种局限，不仅思想层次清晰，富于哲理，而且写得深入浅出，入情入理，确是一种突破。优秀专稿写作过程往往数易其稿，其中不仅是文字的推敲、润色，材料的调整取舍等，重要的是：这一切都紧紧围绕着主题的提炼、深化。记者在采写体会中谈道：“分析材料，提炼、深化主题，就其认识来说，就是要突破我们对事物旧有的一般观念，求得更能反映事物的本质观念。这样，我们笔下所写的，才能提到更高的思想领域，给人以思想上的启发。”①

“突破我们对事物旧有的一般观念”正是记者创造性思维的体现。记者在动态

① 李峰：《谈谈提炼主题的几个问题》。

思维中，对思维进行调节和控制，在多种角度中选择最新的，在多种可行性中选择较优化的，记者对思维结构进行调整，使思维活力充分发挥，力争进入最佳状态——灵感思维，也称顿悟思维状态。苦苦思索，豁然开朗，这种境界没有艰苦的写作投入、没有充分的知识储备和积极进取的写作状态是不可能达到的。俄国画家列宾曾说："灵感是对艰苦劳动的奖赏。"顿悟和灵感亦是对记者艰苦思维劳动的奖赏。

四、适应社会节奏，提高思维效率

专稿的信息容量丰富、线索繁多、人物事件演变进程较为复杂，提炼主题确有相当难度，需要认真投入精益求精。特别是涉及重大题材的专稿提炼主题往往需要反复推敲，数易其稿。新闻报道要求迅速及时，事实发生与公开传播的时间差愈小，新闻价值愈大。专稿与消息相比在时效上虽然较宽容，但就受众需要来讲，希望尽快得到比消息更为详尽、形象、生动的报道。当前社会已进入网络传播时代，社会节奏加快，人们的思维效率和接受信息的能力也有所提高。记者要努力掌握科学的思维方式，优化思维成果，提高思维效率。先进的传播手段为新闻传播提高时效性提供了可靠的技术保证。电脑、电话、手机、网络等进入了新闻领域，特别是广播电视记者，现场采访、现场直播，使新闻传播的时效达到了"同步"和几乎"同步"的效应，即：报道与收听、收视同步进展；报道与新闻事件发展同步进展。某些专题性直播板块节目为听众参与提供了广阔天地。节目的主题在记者、主持人的现场主持中沿着既定的思路不断得到深化。受众的现场参与讨论实现了与受众的即时反馈与互动，达到传播与受众参与同步或几乎同步的效应，体现了传播过程中即时反馈的优化效果。从这个角度讲，记者对专稿主题的提炼既要精益求精，还要提高思维效率。不仅能够倚马可待、出口成章、落键成稿，还要行动迅速、文思敏捷，努力成为与时代变革同步、与世界节奏接轨的现代记者。

思考题：

1. 结合你的采写实践，谈谈提炼主题的要求。

第三章 专稿的选材

第一节 专稿采访的难点

专稿靠生动的形象展现主题，给受众以形象的感受和印象。为了区别文艺创作的“典型环境中的典型形象”，我们可以把专稿展现的形象称之为“采写形象”。记者的劳动对象就是材料，深入采访是发现、挖掘和展现采访形象的过程。采访愈深入，材料愈丰富，采写形象的内涵越真切感人。专稿的采访相对来讲对记者提出的要求更高，难度更大。

专稿采访的难点主要表现在以下几个方面：

一、挖掘更丰富、更深刻的信息层次

采写专稿，记者不仅要了解基本的新闻事实，即：何人、何事、何时、何地这些基本新闻要素，还要深入挖掘“怎么样”、“为什么”和“意义”这些更为生动形象、寓意深邃的材料。

“怎么样”这个信息层次是专稿生动形象展示主题的潜力所在，“怎么样”也是对新闻事件或人物在情节推进或场面再现的实态展现。

“为什么”和“意义”属内涵的深邃含义，比写消息的信息层次更丰富、更深刻，因此不是信手攫取的。要求记者不仅掌握事物的发展变化过程及有关背景材料，还要了解各方不同的见解和态度。特殊情况下记者还要冲破重重关系网，才能获取事物的真谛。《南丹矿难初探》（广西电视台 2001 年 8 月 7 日播出）在记者冲破阻力探究事件真相方面具代表性，亦具典范性。

2001 年 7 月，广西南丹发生矿井透水事故，造成重大人员伤亡。而当地政府官员和矿井管理层却对矿难实情隐瞒不报，并千方百计封锁消息，对前去采访的记者进行阻挠。广西电视台得到群众来信举报，派出了三名记者去现场调查。通过深入采访矿上的工人、遇难者家属，了解到在透水事故中的确造成了重大的人员伤亡。

而记者在采访过程中，很多知情者迫于矿上的压力都不敢说实话，记者也受到不明身份的人的跟踪，采访过程一波三折。了解到实际情况后，记者及时将情况向自治区领导作了汇报。在看了记者拍回的电视素材和文字材料之后，广西自治区党委书记亲赴南丹实地调查，并点名要三位记者同行。最终彻底揭开了南丹矿难的黑幕。记者深入翔实的调查，揭穿了矿上和当地政府"事故中没有人员伤亡"的谎言，为自治区下决心彻查南丹矿难提供了决策依据。而节目播出时，正值社会上和互联网上对南丹矿难议论纷纷之际，节目的及时播出充分发挥了主流媒体的主渠道作用，起到了明事实、正视听的舆论监督效果。

二、千方百计掌握第一手材料

什么是第一手材料？即直接来自新闻事件发源地的材料，其中不经过任何中转环节。第一手材料往往是最直接、最生动的材料。专稿的质量也往往决定于第一手材料的质量和数量。著名的美国记者斯诺说："从未亲眼目睹过的事情我是不愿意写的。"1936 年斯诺历尽千难万险，冒着生命危险到解放区实地采访，写出了《红星照耀下的中国》，成为具有史诗般价值的不朽新闻佳作。

我国著名记者范长江，1935 年 7 月以《大公报》特约通讯员的名义，自费到中国西北地区徒步考察。途经四川、陕西、甘肃、青海、内蒙等地，经历十个月，写成七十余篇专稿，最后汇集成巨著——《中国的西北角》。1936 年夏，日本侵略军入侵内蒙西部。范长江穿行大沙漠，行程五千余里，途中骑骆驼穿越沙漠，冒着生命危险，历尽艰辛，取得了大量的第一手材料。在《塞上行》中，范长江以大量的材料，揭露了日本侵略者入侵内蒙古及国民党政府对日本侵略军入侵表现出的腐败无能，揭示了空前的民族危机。这两本通讯集基本上是范长江亲身经历的所见所闻，《中国的西北角》、《塞上行》已成为中国新闻史上不朽的巨著。

新华社记者郭超人同志 1956 年至 1966 年在西藏分社工作期间采写了大量优秀新闻报道，其间两次随国家登山队完成攀登珠穆朗玛峰和希夏邦玛峰的报道任务。1960 年采写的《英雄登上地球之巅》记录了中国登山健儿第一次登上珠峰，完成人类历史从北麓攀上世界最高峰的创举。1999 年这篇作品被收入《通讯名作 100 篇》，书中郭超人同志写了以下文字：①

采访中国登山队攀登世界最高峰——珠穆朗玛峰，是我几十年记者生

① 郭超人：《英雄登上地球之巅》，作者附语《通讯名作 100 篇》。

涯中一次难忘的经历。当时我从事记者工作不久，搞登山报道还是第一次，采访的客观条件相当特殊和艰苦，随时随地都会遇到许多意想不到的困难。记者常驻的登山队大本营设在海拔五千一百多米的高山上，有些采访活动需要在海拔6000多米的冰天雪地里进行。在这种条件下，不要说采访写稿，就是坚持正常的饮食起居也是很艰难的。由于高山严重缺氧，长期睡不着觉，吃不下饭，甚至全身肿胀。记得我在赶写《英雄登上地球之巅》这篇通讯时，眼睛已肿得看不清写字了，常常需要用一只手把眼皮扒开，另一只手去写。至于高山缺氧所造成的思维活动的障碍，更给记者工作带来很大的困难，因为经常性的头胀头痛，思路难于集中，有时连最常用的字也想不起来。有一次，我跟随侦察组冒着风雪去海拔6600米的冰坡上采访，回到帐篷后准备写一段当时的现场目击记。结果用了4个多小时，还没有写完200字，最后连岩石的“岩”也不知道怎么写了。在摄氏零下三十多度的严寒下写字，墨水一到笔尖就冻了，钢笔根本不能使用，铅笔一写笔芯就断。至于手脚不同程度的冻伤，几乎是无法避免的事。最近，我重读了这些旧作，深深感到，它们从技巧上讲很不成熟，有的段落还显得非常幼稚，人们可以挑出这样或那样的毛病。尽管如此，我仍然感到它们字里行间融汇着我炽热而真实的感情，一种强烈的政治责任感，一种旺盛的革命激情。我想这大约是这篇报道的可贵之处吧！

郭超人1999年12月

这段记者附语文字不多，真实记录了记者采写《英雄登上地球之巅》付出的艰辛，其中记录了记者深入第一线所面临的严峻考验，也记录了优秀新闻工作者郭超人的人生轨迹——一支饱蘸激情、抒写历史风云的笔，和一颗爱党爱民爱国的赤子之心。

三、深入现场，强化现场观察力

现场即新闻事件的发生地。随着新闻界对新闻采访规律认识的深化，人们更加重视“现场”在新闻采写实践中的地位。国外新闻界提出：“新闻记者必须成为现场的研究者”、“现在的时代是现场观察的时代”。可见当代新闻界把“研究现场”、“观察现场”已提到时代高度。专稿要求更深入、更丰富的信息层次，主要的信息源也是现场这个特定的时空。优秀的记者要有强烈的现场意识，千方百计深入现场采访，竭尽全力调动现场蕴含的多种潜能。如：现场观察、全感采访、突破单一采访模式、多方获取信息以及深切感受等。当然，并非任何情况下记者都能亲自赶赴现场，特别是某些突发事件，往往记者深入现场更为困难。哪怕只有一线希望和可能，记者也要力争成为事件的参加者、目击者。

“观察”从字面上讲是仔细察看的意思。从认知角度讲，观察是有意识、有目的地感知社会或自然现象的过程。细致的观察力是一个记者必备最重要的能力。好的记者要能够通过观察获得细节来进行展示和讲述。为此，他们往往要用上各种感官，包括视觉、听觉、嗅觉，有时甚至包括味觉和触觉。

观察不仅可以获得现场第一手的资料，还可以进一步发现问题，将报道引向深入。比如在火灾现场，由于街道狭窄，救护车根本无法进入现场，消防员打开消防设备箱，发现里面根本就没有水龙头可以用。这些观察到的细节会使你提出更多的问题，解决这些疑问，会使报道显得更有深度。通过记者的直接观察得到的信息往往比较直观、可信。记者以旁观者的角度介入，也更容易使报道贴近受众。

人们观察的客观对象是大千世界。记者的观察对象是与采访的事物有关的人物、事件、社会环境、自然环境等，记者是观察主体。记者深入到现场，接触新的事物以后，要和记者头脑中原有的认识储备相作用，在这个基础上，决定记者对新闻事件的感受和理解的程度。记者的立场、世界观、思维方式等决定记者对新闻事件的见解和感受。记者思想越成熟，社会实践越丰富，采访中越敏锐，收效也更大。

怎样强化现场观察力？以下几点值得注意：

（一）现场观察贵在认真

从心理学讲，观察始终和有意注意结合在一起的。有意注意是一种主动的、完全服从于一定目的要求的注意。有意注意往往需要一定意志的努力来维持注意的稳定和集中。记者深入现场必须做有心人，要充分调动自己的感官，时刻留心，敏锐观察，强化自己的观察力。有的同志在采访中只顾了听和记，以为本本上记得满满的就算完成了任务，忽略了眼睛这一最锐利的武器。眼睛是人体最敏锐的器官，据分析，人脑储存的信息中60%来自视觉。当然，采访中的观察不等于视觉功能，也不等于机械录像，它和思维密切相连。边观察边分析，观察与思维紧紧围绕主题，努力摄取最能表现主题的、形象的、活生生的材料。

（二）敏锐地感受现场变化

新闻事实是现场的新闻人物或事件，在特定时空中形、声、色、味等多重变化构成的。记者深入现场，不仅要调动视觉感官，还要调动触觉、听觉、味觉、嗅觉等全部感官，全方位、立体地感受现场的变幻。正如穆青提到的：好的新闻作品“无非是形象化、立体化、有典型细节、生动的画面，读起来有声有色，使人能够具体地形象地看到你报道事实的本来面貌”。“我们在新闻写作上需要有所突破，要善于把概念的表述诉诸充实具体的形象，使我们报道的内容可闻、可见、可触、可感”，[①] 给受众以身临其境的感受。

（三）强化形象记忆

记忆是人脑对过去经历过事物的反映。而记忆过程中，表象占有重要地位。表象是回忆中保持客观事物的形象。记者采写专稿要求生动展现采写形象，首先记者把现场观察的实态、动态在头脑中留下清晰的形象记忆。对现场的人、事、情、景的记忆，犹如“过电影”一般，所谓历历在目。有了清晰的形象记忆，才能形象展现和描绘采写形象。记者要认真写现场观察笔记，趁记忆清晰、感触最深的时刻迅速记录，哪怕匆匆几笔，及时整理，写作时可起到事半功倍的效果。

在搜集信息时，要尽可能地让读者达到身临其境的感觉，而要实现这样的效果，最好的方法就是对现场进行客观、仔细、视觉化的描述。记者的观察是获得视觉化的表达材料的最好的来源。

（四）现场观察与思维活动相结合

现场观察并不等于视觉功能。因为单就视觉来讲，感官健全的人都具备。同一新闻人物、新闻事件，由不同的记者采写，最后的效果有可能截然不同。这其中的原因是多方面的，重要一点是观察过程自始至终渗透着记者积极的思维活动。两次获得普利策新闻奖的美国记者唐·怀特里德说：“一篇报道并不是在你坐到打字机前动手写作时才开始形成的，它的形式和质量，是在你收集将要纳入报道的各个事实的过程中确定的。”[②] 这也说明记者进入采访、发现事实、了解事实与分析思考的积极思维活动是同步进行的。有人将采访观察——分析主题——安排结构——写作（或制作节目）当成流水作业的规程，前后截然分开，这是一种机械的、习惯性的认识。从信息论的角度看，采访本身就是各种信息输入编码、选择摄取的过程。信息编码、选择摄取就是思维条理化、系统化的过程。专稿采写过程中做到观察与思维同步，其结果有诸多益处，如：可减少采访的盲目性，记者对材料不断分析思考的过程，对主题的认识也逐渐深化。对观察对象的范围可以初步限定，使采访沿着正确的框架扩大线索，提高采访效率；记者对现场采访得到的材料随时进行分类、比较，加深对材料的理解；考虑材料在行文中的适当位置，初步安排结构，避免下笔千言，离题万里；采访中记者对材料及时作出判断，发现缺少可及时补充，不确切之处也可及时核实订正。

---

① 穆青：《新华社关于新闻改革的谈话》。

② 唐·怀特里德：《美国名记者谈采访工作经验》。

记者要充分利用“现场”这一有利时机。现场采访的空隙应抓紧对材料分析消化，用唯物主义观点去分析、判断、综合。成熟的记者能够尽快地识别其中的新闻价值，抓住重要主题。成功的采访应当是：采访结束时作品的主题和构思已初具规模。广播电视在传播方式上不同于报纸，广播电视记者的采访是现在进行时态，要求现场采访、现场录音或现场拍摄，还要求现场口头报道，把新闻事件现场情景通过现场报道、捕捉现场音响和画面，真切地呈现在听众和观众面前。现场这个特定时空对广播和电视记者来讲是发挥媒介优势的理想状态。当然这些也对广播、电视记者驾驭现场的能力提出了更高、更严的要求。

四、百姓视角、深知深解

从思维方式上讲，记者采写专稿过程中，形象思维和逻辑思维相辅相成，交织进行。而形象思维自始至终都有较为清晰、具体的表象活动，同时，自始至终渗透着记者的感情色彩。记者采写专稿除了掌握丰富、形象化的材料之外，在深入采访的过程中，记者的感情也经历着深刻的变化和感受。有的同志以为采写专稿掌握材料越多越好，情节越复杂、越曲折越好，其实这只是问题的一个方面。从另外方面看，如果缺乏亲身感受，缺乏激情，所掌握的材料并不真正属于你，很可能成了死的、档案式的材料。从这个角度讲，优秀的专稿打动人心的力量不靠妙笔生花，而是记者深入采访、深切体验、与采访对象心心相通的结果。

《新疆日报》2005 年 9 月 6 日刊登了一篇反映新疆经济建设成就的专稿《家庭老账本见证时代变迁》。文章通过乌鲁木齐市一位普通居民郝大妈记录了几十年的家庭流水账本，让读者清楚地看到了郝大妈一家的生活变化，从而进一步反映出整个时代的变迁。这篇报道最初的想法源自于为庆祝新疆维吾尔自治区成立 50 周年的栏目策划，经与同行的交流与碰撞，之后作者又不断完善最终确定选题并锁定采访对象。在采写过程中，作者本打算将郝大妈关于“吃”的一段“理论”作为文章的主线贯穿全文，但又觉得不妥，毕竟饮食的变化只能说明生活变迁的一个方面，说服力不够强。于是，重新分析采访材料从中发现了新的思路：以“家庭老账本”为证，道出一个普通家庭 60 年代、70 年代、80 年代、90 年代至今的细微而深刻的变化，反映了改革开放以来人们生活的历史性巨变。

从普通百姓生活的贴近视角反映时代性大主题，使本来抽象、枯燥的经济类题材写得具体生动、真正做到了深入浅出，最大限度地拉近了与受众的距离。①

① 参考中国记协网第十五届中国新闻奖参评作品介绍。

第二节　专稿材料的质量要求

如果说主题是专稿的灵魂，材料就是专稿的血肉。血肉丰满，采写形象才能充分展现其丰富内涵。

任何质量都表现为一定数量，没有一定的数量作为基础，质量就无法保证。要想使被采写的事物转化为栩栩如生的采写形象，必须有丰富扎实的材料“垫底”。正如一位外国记者所说：“报纸上一两行简洁的描写，背后包含着数百行的积累。如果你要写一百行的报道，就要积累两千行素材。如果用一百行素材写一千行报道就会失之肤浅，要想写出深刻的报道，必须有两千行素材‘垫底’。”①

专稿采写一般需要掌握以下材料：

一、骨干材料

骨干材料是构成专稿的基本事实，是支撑主题的重要材料。如果骨干材料缺乏，专稿成了“先天不足”，这种弱点单靠文字技巧是很难弥补的。专稿除了要求掌握人物、事件的基本情况，还要掌握人物、事件的发展变化，包括情节、波澜、结局、原因及人物真实的思想感情等。骨干材料不足不可勉强凑数。如果条件允许应力争补充采访，力争骨干材料扎实、完整、丰满。

二、细节材料

什么是细节？细节是细腻描绘人物性格、事件发展、社会环境和自然景色的小镜头。细节不是孤立存在的，它是置于情节中细小而有特色的部分，也是情节中丰富而精彩的部分。细节材料是在事物发展过程中出现的，往往是动态的、稍纵即逝的。优秀的记者善于发现细节，集中笔墨写好细节，特别是“节骨眼”上的精彩细节，可以成为深化主题的点睛之笔。

生活本身丰富多彩，即使是普通的人和事往往也充满着矛盾和波澜。重要的是记者在深入采访中要细心体察，敏感地捕捉那些反映事物本质的感人细节。《为了周总理的嘱托》（《人民日报》1978 年 3 月 14 日）中有这样一个细节：“文革”中饱受磨难的吴吉昌曾经一度每天被勒令去村外割草。记者作了如下描述：

---

① 辰浓和男：《用脚去寻找》。

一天，吴吉昌离村走了五六里，来到北街大队。眼前是一片棉田，绿油油的棉苗正在疯长，他多么想去提醒社员注意啊。但他想，以自己当时的“身份”和处境，人们会不会听他的话，会不会因此招来新的祸害呢？一连两天，他围着棉田看了又看，转了又转，内心斗争非常激烈。

直到第三天，当社员走出棉田，围着一棵大树下面休息时，他终于鼓起勇气凑了过去。人们用同情和关切的眼光看着他，沉默着。半晌，吴吉昌好像自言自语地说道：“棉苗长的不错呵。”队长立刻回答说：“就是挂桃少。”老汉说：“那是因为后期管理没跟上。”这时候，一位中年女社员冲口说：“吴劳模，你给指点指点吧。”吴吉昌凄然一笑，摆摆手说：“好妹子，不敢再称劳模了。”那位女社员噙着眼泪回答：“老大哥，俺们心中有数……”

亲切的称呼，简单的对话，沟通了压抑着的共同的思想感情。吴吉昌立刻放了草筐，向棉田走去。他抚摸棉苗，就像抚摸着自己久别重逢的孩子，全身颤抖了。长期埋在他内心的感情，一下子都迸发出来了。

第二天，社员来到棉田，发现老汉早已在那里了。从此，就像是谁立下了规矩：吴吉昌每天来这里传授技术，进行科学试验，休息时候大家就自动地你一把，他一把替老汉割草，傍晚收工时，人们心疼他有病，路又远，就把装得满满的草筐，悄悄送到涑阳村口，再让他背回去。

这个细节开始采访时记者并未掌握。记者只听说吴吉昌被打成反革命后被迫去割草，当时吴吉昌还帮别的大队实验种棉花。这个线索本身并不具体，记者又向吴吉昌和他的老伴询问此事，还特地到吴吉昌帮助种棉花的大队跟踪采访。关于这件事的原委、当时的情景、现场对话等细节材料，记者了解得一清二楚。“好妹子，不敢再称劳模了”、“老大哥，俺们心中有数……”，这些话就是北街大队的农民告诉记者的，记者将这些来自农民“原汁原味”的朴实话语基本未作改动写进了作品。这个细节表现了“文革”对吴吉昌这位老劳模的迫害，也反映了吴吉昌“拼老命也要把棉花产量搞上去”的精神力量，还表现了在倒行逆施的日子里，群众和吴吉昌心连心的感情。这个事例也说明精彩的细节容量是相当大的。重要的是记者要独具慧眼，具备敏锐的识别和捕捉细节的能力。

细节要注意一个“细”字。采访中要注意抓住使你心弦一振、耳目一新的一刹那。也许是一句话、一个动作、一个表情，记者要敏锐地发现它，集中笔墨写好它。当然，选择细节要紧扣主题，不能事无巨细都写，这样势必造成冗长、烦琐。要选择“节骨眼”上的细节，精彩的细节应该是情节发展中最具典型意义的部分。

三、概括性材料

概括性材料就是把有共同特征的事例，用简洁扼要的语言概括起来，集中反映事物的特点。如果没有概括，事物会显得单薄。典型材料往往表现事物的深度，概括材料有助于反映事物的广度。二者结合，可以较好地反映事物的全貌，从而给人留下清晰的印象。

应该强调的是：概括性材料不等于概念化材料。要把专稿写“活”，就要努力避免笼统概括方式，要学会运用形象化的概括手法去表现事物。形象思维也是人们认识和表达中概括事物的一种方法。我们许多记者还不善于运用它，甚至还没有重视它。实际上，要学会运用形象思维概括和反映事物，并不是一件简单的事。“这需要有对事物非常敏锐、精辟、深刻的洞察力和选择力。”①

四、背景材料

背景材料不直接表现人物或事件，它是与主题有关的历史、地理、专业知识、典故传说、诗词故事等有关材料。背景材料是为了烘托主题，进一步开拓主题的深度和广度，帮助听众和读者从更广阔的社会背景中去了解人物和事件。好的背景材料可以起到开阔眼界、增长知识、增加情趣、画龙点睛的作用。

随着受众文化水平的提高，人们不仅关心发生了什么事，更想了解事物本身的含义及与其他事物的联系。如何为受众提供深入认识事物的新思路、新视野，是否能恰当收集和运用背景材料是对记者功力的检验。

中央人民广播电台2004年9月播出的《6108亿军购给台湾带来什么?》（中央电台对台广播2004年9月7日播出）多处运用了背景资料，说明陈水扁政府的巨额军购将要带给台湾人民的巨大灾难。文中引用了台湾的债务状况来说明举债军购给台湾人民带来的沉重负担：

> “以目前台湾的经济状况而言，没有偿还的债务已经高达3.4兆元，加上地方债务和隐性债务，台湾当局的债务总额已超过11兆元。有人统计说如果这项军购案通过，从2005年以后的15年时间里，台湾每一个新生儿，一来到人间就已经背负上了50万元的债务。”

① 穆青：《学会写视觉新闻》。

如果这6108亿留在台湾，它能够为台湾做什么呢？台湾的社运工作者作了一个估算：如果这6108亿元新台币用在全民教育上，它可以将已经拖了十年但依然无法启动的十二年义务教育做十轮；如果用于文化建设，它可以建2000个原住民文化会馆、120个古根汉博物馆；如果这6108亿用于社会福利，它可以在未来一百年时间里为台湾100万弱势者提供健保费；可以在未来二百年时间里，让台湾3岁以下儿童都享受到医疗补助；在未来七百年时间，让台湾所有贫困家庭的孩子都享有就学的生活补助，它还可以让台湾四大都市都享有便捷的捷运系统……等等，等等。总之，它可以构筑台湾人民一个又一个非常美丽的梦想，但是台湾当局一个慷慨的军购案，就迫使台湾民众扔掉所有的梦想，掉进了毁灭家园的噩梦之中。

作者通过对6108亿军购的多种联想对比，拉近了与受众的心理距离，容易唤起受众的联想与认同。

第三节　紧扣主题选材要严

专稿选材要以主题为凝聚点，记者从表现主题的整体效果出发，对材料进行分析鉴别。包括认清材料的性质、考虑材料的作用、鉴别材料的真伪。从信息论角度讲，采访是记者获取信息的过程。这些信息来自四面八方，不同的人，不同的时间地点，不同的渠道，内容庞杂、良莠并存。记者要对所掌握的信息认真进行筛选、过滤，把材料与主题联系起来，认真考虑材料的分量，做到心中有数。

专稿选材的标准是主题。主题是全篇的制约力量，材料的取与舍都要以能否很好地表现主题为依据。

从系统论讲，系统是由若干要素组成。要素间存在着有机联系，才能形成系统机制。从这个角度讲，专稿选材标准是：选用的材料要成为系统的有机部分，材料之间互相联系，互相制约，形成以主题为凝聚点的系统功能，使专稿更富于感染力。

专稿的选材要注意以下两个方面：

一、认真分析材料，紧扣主题选材

专稿从更深入、更丰富的信息层次上去展现人物或事件，随着记者采访的逐渐深入，掌握的材料会滚雪球一般越来越多。成熟的记者在采访中一方面扩大线索，一方面要认真分析材料，及时判断材料的性质，识别材料的分量，在深化主题、安排结构中，对材料的选择与运用要紧紧围绕表现主题、深化主题。

1995年，新华社、人民日报、西藏日报、大众日报记者联合采写了《领导干部的楷模——孔繁森》，记者在采写体会中谈道：“孔繁森的事迹不仅感人至深，而且材料非常丰富，如果面面俱到地写，势必要拉长稿件的篇幅，而且容易冲淡他身上最有光彩的东西。记者根据总社领导的要求，我们对材料进行了筛选和取舍，提炼出三方面内容，即：一切听党召唤，服从组织安排的高度原则性；全心全意为人民服务的精神和艰苦奋斗的工作作风；为藏族群众无私奉献的公仆情怀。从以上三方面来谋篇布局，组织材料，展示孔繁森的崇高理想和坚定信念，表现他的正确世界观、人生观和价值观。”① 因此，记者将选材的重点放在孔繁森两次进藏，热心帮助藏族儿童和老人，帮助灾民抗灾，以及如何在阿里工作，深入基层，寻找阿里发展优势等事迹。对于孔繁森部队立功、山东任职政绩等只作为背景烘托，避免了面面俱到。

二、认真核实，做到真实可靠

现代社会信息渠道多元，各路信息渠道源源不断把新的信息朝媒介汇集。当代新闻人要善于利用现代传播技术开拓信息渠道，同时善于对材料认真核实，严格把关，这也是对当代记者素质的检验。记者对专稿中引用的材料要进行认真核实，包括时间、地点、人物、事件乃至“为什么”和“怎么样”等材料进行严格把关。特别是第二手、第三手材料，记者选用定要核实印证，不可盲目轻信。1998年，一家颇有影响的电台，夜间谈话节目收到一封署名“虹”的来信，信中介绍自己患了血癌，如何渴望学习，如何渴望奇迹等。主持人对来信充满热情，决定为“虹”做一次特别节目，节目播出同时在互联网上发布“虹”的故事。当这个不幸女孩的故事引起强烈社会反响之时，主持人连夜寻访“虹”，结果发现这是一个初中学生虚拟的故事。次日主持人在节目上对听众和网友作了诚恳的自我批评。虽然大多数受众对媒介自我批评的态度表现了宽容和谅解。但这个事例对新闻媒介来讲却是“不该发生的故事”。应当说，“虹”这一教训在当前颇具代表性。因此，我们切不可用主观想象代替客观事实。因为受众对媒介的信任是建立在真实可信的基础上，一旦出现问题，会辜负受众对媒介的信任，其中教训是深刻的。

从记者对客观事物认识过程来讲有一个深化的过程。即使是记者亲眼所见的第一手材料，记者对事物的认识也往往存在若干局限。有这样一个实例：德国曾举行

---

① 何平、陈雁：《领导干部的楷模——孔繁森》作者附语，《通讯名作100篇》。

心理学大会，会上做了一次观察实验。一个男人突然冲进门来，后面紧跟追进另一持枪男子，两人在会场中格斗，一个人放了一枪以后，两人又跑出场外，前后过程20秒钟。然后请到会者将亲自见到的现场情景如实写出。当时写好40份材料，都是出自目击者之手的第一手材料，最后统计，其真实准确程度如下：

重要之点出现错误在二成以下的只有1份；

二成以上四成以下的14份；

四成以上五成以下的12份；

五成以上的13份；

40份材料中捏造细节占一成的24份；一成以上的10份；一成以下仅有6份。

这个事实说明人的观察和记忆都存在误差，即使是第一手材料也要认真核实订正。

三、科学地、辩证地把握材料

记者要善于科学地、辩证地分析和把握材料，力避出现传播负效果——即：引起受众逆反心理，进而影响受众对报道乃至对媒介的信任。如：报道正面典型人为拔高；报道科技或建设成果缺乏科学态度，动辄“国际一流”，“世界领先”；报道有关政策缺乏对政策的深入理解，造成图解政策甚至偏离政策精神；批评报道中将负面现象放大、炒作，如：法制报道迎合某些受众猎奇心理，对犯罪细节自然主义表现，不仅起不到表现主题的作用，相反会引起传播负效果，特别是容易对青少年引发不良影响。因此，专稿的选材要反复比较，认真权衡，仔细筛选。努力做到紧扣主题，有力地支撑主题，同时防止出现传播负面效果。

思考题：

1. 结合你的体会，谈谈对专稿采访难点的认识。
2. 谈谈专稿选材有哪些要求。

第四章　专稿的结构

新闻专稿要求内涵丰富，主题深邃，往往内容覆盖面广，线索多，时空跨度大。如何做到以主题为红线把丰富复杂的材料有序编织，条理清晰地展示主题，这就要求记者根据主题的需要，精心对材料进行有机的组合和构架安排。

第一节　专稿安排结构的要求

与消息相比，专稿的材料丰富繁杂，头绪繁多，安排结构难度较大。采写专稿要求记者多花气力，精心构思。专稿的结构是严谨还是松散；思路是顺畅还是磕磕绊绊；层次是清晰还是杂乱，很大程度上决定于记者安排结构的能力。记者不同于作家，作家构思作品可以根据事物发展的可能性，采取集中、嫁接的典型化手法，安排结构，开展情节。专稿安排结构要求完全真实的天地里，不允许调动情节，更不允许虚构，在严格遵守真实性的前提下，精心构思，优化结构。

结构不仅是写作技巧问题，重要的是架构思路。记者采访得到大量材料，往往是错综复杂，主次交织。构思是确认材料之间的逻辑关系和组织方式，按照一个逐渐明确的中心思想，即主题的思想渠道，对材料进行有机的组合安排。专稿的结构方式不是静止的、机械公式，而是思维条理化、动态化，认识不断深化的创造性思维过程。大千世界丰富多彩，社会生活千变万化。当代受众视野开阔，需求多元，对专稿类作品的可读性、可听性、可视性提出更高要求。专稿的结构要突破陈旧模式，求新、求活，努力做到不拘一格，精心构思。

专稿安排结构的要求有以下几点：

一、逻辑性

专稿的结构是由材料之间的内部逻辑关系决定的。结构方式体现采写事物内在的逻辑关系。记者具有严密的逻辑思维能力。要求思想层次清晰，主线清楚，有物有序，严谨缜密，无懈可击。

二、整体性

专稿的结构要求完整，不能残缺不全，也不要顾此失彼，要求有头有尾，浑然一体，顺乎思路，一气呵成。给受众以清晰鲜明、完整的印象。

三、优化性

系统论强调：在一个系统中，要素之间的有序性组合的程度可以决定系统生成新质。“新质”就是整体大于部分之和的系统优化效果。结构方式可以有多种多样，优秀的记者不拘泥固定的写作模式，开阔思路，在诸多可行性结构方式中，选择较为优化的结构方式。对事物做纵向、横向对比，不断寻求运动变化中的新联系，思路活跃，别具新意。

四、制约性

安排结构的依据是主题。主题一旦形成，就应该是组织材料、展开情节的准绳。主题是安排结构的制约力量，结构的安排要紧紧围绕展现主题，深化主题。要以主题为红线，把经过筛选的人物、事件、场面、细节等材料有条理、有层次地组合起来。具体环节是：层次的安排、段落的划分、事件的展开、人物的刻画及全篇的开头、发展、高潮、结尾等。当然，提炼主题与安排结构亦是相辅相成的过程。随着对主题认识的深化，结构框架愈加明朗，主题角度变动，结构框架随之调整。主题与结构相互作用，二者并行不悖。

五、接近性

安排结构要考虑受众的心理特点，努力寻找与受众的契合点，以期达到较好的传播效果。

美联社记者查尔斯·A. 格拉米奇认为理想的新闻作品应该做到：

一开始就要引起读者的兴趣，使读者上钩；

顺着这条思路向读者提供他确实应该知道的事情；

回答逐步展开事实所提供的任何问题，使读者保持信心；

避免使读者在结尾时感到失望。①

---

① 查尔斯·A. 格拉米奇：《美国名记者谈采访工作经验》。

以上几点讲的虽是针对报纸，但其中有一点值得借鉴：他的出发点非常明确——把受众放在首要位置，紧紧围绕受众的兴趣、心理特点来安排结构、展现主题。

六、时效性

作为新闻体裁的专稿应是急就文章，要求记者有倚马可待的本领。记者平时要努力培养自己的分析能力、概括能力、表达能力。真正做到思维敏捷，视野开阔，思路清晰，且讲求效率。在较短的时间内使思维条理化，理顺思路，不枝不蔓，沿着主题的框架纵深开掘，尽快选择较为优化的结构形式。记者的思维条理化程度越高，构思的过程越短，写作的效率越高。构思一般要经历启蒙期，即触发阶段；模糊期，即艰苦的思考、探索阶段，这阶段是最难突破和最易使人半途而废的关键时期；明朗期，即构思趋向成熟的阶段，这阶段情节基本定型，人物形象逐步鲜明，特写镜头、细节画面栩栩如生，风格、语言也部分成型。记者思路明朗化才能为主题的外化——专稿的表达阶段打下扎实的基础。

第二节 专稿常见的结构方式

专稿反映时代风云，内容丰富多彩。我们所采写的事物本身也是复杂的、多侧面的，千变万化的。因此，专稿的结构方式也应是多种多样的。

专稿常见的结构方式有以下几种：

一、以时间发展为序

以时间发展为序是专稿较为常见的结构方式。这种结构方式往往有中心人物、中心事件，依照事物固有的状态，也可以说依照事物自身发展过程作为线索，把材料依时间的推移进行组合。

《台风“达维”撕扯海南岛》（《工人日报》2005年9月27日），当记者了解到达维台风可能是近年来袭击海南最大的一次台风的信息之后，立即向报社作了汇报。报社要求记者：一要现场；二要及时；三要注意安全；四报社给你版面。9月26日上午7时，在台风登陆4小时后，风级在10级以上的时候，记者驱车从海口出发前往台风登陆点采访。全文以记者追踪“达维”台风登陆路线，从早7点至晚19点50近12个小时中，以目击式手法报道“达维”台风肆虐造成的损失。记者驾车亲历台风登陆路线，全文突出了从早7点至晚20点中七个时间节点，以时间为序展示了一个个台风肆虐的画面，准确而翔实地提供了台风造成损失的真实情景，对民众及时了解灾情信息和有关部门组织抗灾救灾提供了依据和参照。

台风“达维”撕扯海南岛

赖志凯

今年18号台风“达维”于9月26日凌晨4点在海南省万宁市山根、龙滚、琼海的博鳌地区登陆，从海南岛中部的五指山、琼中、白沙向海南岛西部的昌江、东方等市县方向推进，此次台风风力高达10级以上，半径达到100公里，中心风力12级以上，相当于每秒55米，移动速度仅为每小时10到15公里，给当地的经济造成了破坏性的损失，仅万宁市直接经济损失就达到12亿元以上。

截至今日20时，据不完全统计，“达维”已造成了9人死亡，是近31年来对海南省破坏最为严重的一次台风灾害。

水泥杆被齐根吹断

今晨7时，当台风登陆的时候，记者一行四人，驱车从海口出发前往“达维”登陆地区的琼海市和万宁市采访，目睹了“达维”肆虐海南的一幕。

海口虽然不是台风直接登陆的地点，但在海南大学，记者还是目睹了海大校园内道路两旁的树木正在被“达维”撕扯，在距海大幼儿园约20米处，一辆海南马自达轿车被倒下的大树砸中，引擎盖和前挡风玻璃完全损坏。车主面对如此境况欲哭无泪。

在离开海口市区沿途，记者看到人民大道中段、海府路和白龙路的很多黄白相间的半米多高的铁制交通护栏，已被大风掀倒，记者的车不停地闪躲，以免栏杆剐碰。

记者发现海府路和国兴大道交界处的交通灯被吹掉两个，路旁的所有商家都闭门歇业。记者想吃早餐却无法买到，只好饿着肚子。

7：50，记者一行来到了海南省“三防”总指挥部，海南省政府秘书长许俊正在边接电话边在手提电脑上写着什么。会议室正中的大屏幕上显示着卫星气象图，图中显示海南岛正被一个旋涡状云团全面覆盖着。

该省水务局的王局长告诉记者，台风已正面登陆海南琼海、万宁，由东向西向海南岛的中西部地区横扫，最大风力超过12级，而且移动速度非常慢，仅为每小时10到15公里。

记者注意到，指挥部的环形办公桌上，一次性的杯里残留着一些未喝完的咖啡、矿泉水。

记者一行随即驱车沿海南东线高速直奔万宁，时速一直在30公里左右。沿途几乎没有什么车辆，偶尔看到一两辆车也已全部打开应急警示灯。

在黄竹到琼海市86公里出口，路两旁二十几处高约7米，宽1.5米，长3米的大型广告牌，被“达维”撕扯成各种形状，有的拦腰折断，有的完全脱落，有的被撕成拖把状，有的连根拔起，情形惨不忍睹。

南渡江大桥上的铁丝网被风吹断，在公路上空飘荡。黄竹出口附近水泥电线杆被齐根吹折，电线拖了一地。

在靠近琼海出口处，成片水田被淹，变成一片汪洋。随着风势和雨势的加剧，车速只能降低到每小时20公里以下。一阵风吹来，在车里可以明显感觉到车在侧向移动。整个前方白茫茫一片，视线可及范围不足10米。

9：10左右，雨势再度加大，车速降至每小时不足10公里。雨线与地面夹角约仅30度，雨点好似从消防水龙冲出的水柱一般，打在车窗玻璃上发出“锵锵”声。路旁被拦腰吹折的小叶桉比比皆是。天空中乌云向西北方向急速飘移。往常40分钟的路程，这次却走了两个多小时。

10：06，记者一行到达琼海，在出高速路口不到200米的路面上，横七竖八地躺着多达12根的铁制路灯，其中一根已被拦腰折断。道路两旁绿化带中的树木所剩无几。在琼海市区的第一个十字路口，记者看见一根电线杆随风呼啸倒地。好险！记者的车要是再快1分钟就被砸中了。

无独有偶，记者前往博鳌，路经琼海市烟草专卖局门口时，看见其门口停放的一辆车牌号为琼A30325的五十铃客货两用车被“达维”掀翻在道路中央，在记者车旁四脚朝天，差点就砸中记者的车。相隔不足10米处，又一电线杆横躺路面。不远处的南记大厦旁一栋正在施工的大楼，刚刚搭好的脚手架和防护网被吹得七零八落，一片狼藉。艺群大厦门口路面积水深达40公分左右，许多小车望而却步。主要街道两旁的树木正在风中挣扎或者已经倒下。正在挣扎的树木估计不到20%。

11级大风刮了13个小时

11时许，在重灾区琼海市，记者来到琼海市“三防”办，该市副市长陈大钊介绍说，“达维”于26日凌晨4时左右从博鳌、山根、龙滚一线正面登陆，琼海市区25日晚9时左右停电停水，从25日晚上10时到现在13

个小时，风力持续11级以上，阵风最高时超过12级。此次台风风力大，移动速度慢，持续时间长，破坏力强，是琼海自1973年第14号台风登陆以来所受灾害最严重的一次。

陈大钊说，此次琼海为重灾区，经济作物橡胶、胡椒、槟榔、香蕉、甘蔗损失高达60%，尚未收割的水稻近乎全毁。部分民居瓦房倒塌，房顶被掀，整个琼海主要道路堵塞严重。

据他介绍，到目前为止，琼海市有两名不听劝告的老人擅自外出被刮倒的树木砸伤，于今日早7时到9时间不治身亡，还有轻伤5人。他们一共撤离群众3万多人，全部搬到了镇政府。今日，这些村民以前所住的简易房已被台风夷为平地。因风力过大，目前救灾工作还无法完全进行。

13时，记者一行好不容易找了个面包店买了几个面包，回到高速公路上继续前往万宁市的龙滚和山根地区。越往万宁方向走，风越急雨越大，时速都在10公里以下。到龙滚出口处，能见度为零，车已无法前行，只能停下来。过了十几分钟，雨稍微小点，才又蚂蚁般地缓慢前进。

从龙滚高速出口出来，记者想前往龙滚镇政府。但刚由高速路口上109国道，就发现国道两旁的树全部倒伏在公路上，车无法前行，只好回到高速公路前往山根。但没想到，山根的情形更加糟糕。没办法，记者一行只好来到万宁县城有发电机的乐园宾馆住下。由于风太大，路上随时有倒下的树危及安全，只好进行电话采访了。

记者首先电话连线了海南省“三防”指挥部的新闻发言人，据他介绍，自26日凌晨台风“达维”登陆以来，全省各市、县安全撤离人数目前已达到212184人，其中渔排撤离人数为64475人，危房撤离人数为127899人，低洼处撤离人数为19810人。全省死亡9人，伤6人，仅万宁市直接经济损失就达12亿元以上，全省共投入救灾人数4.5万人次。

农场损失惨重

随后，记者连线了琼海市南俸农场场长朱传荫，他说：“因为风太大，人还无法外出，据初步估计，直接经济损失在4000万元以上，橡胶树的损失率超过50%，中午有一个职工家属外出时不幸被倒下的树砸中身亡。”

接着，记者又电话采访了位于台风登陆地区的万宁市东兴农场场长王家位，他说，东兴农场这回可惨了。初步估计全场直接经济损失一亿元以上。其中槟榔损毁60%，经济价值3000万元以上。橡胶树全部拦腰截断，断倒的树占70%～80%，胶树损失不少于5000万元，直接损失干胶价值不少于2000万元。

据他介绍，下午他们去连队检查时，90多个联防队员全部出动，在一片狼藉的“道路”上砍出一条路。他说橡胶树几乎都在1.5米到2米，全部被拦腰折断，整个橡胶林基本被夷平。在检查回来的路上，他们还必须再次清理路面，再砍出一条路来。

最后，记者电话连线了处在风尾的昌江县红田农场场长赖涌章。据他介绍，截至19：50，风力超过12级以上，人还不能外出，估计橡胶树的损失达到40%以上，直接经济损失5000万元以上。

（《工人日报》2005年9月27日）

以时间发展为序的结构方式也称纵式结构，这种结构方式符合事物发展的进程，也符合人们认识事物的规律。纵式结构要避免报流水账、平铺直叙，也要防止平淡无味、拖沓松散。力争做到结构紧凑，节奏明快。

二、以空间变化为序

以空间变化为序的结构方式是以空间方位的转移来谋篇布局。这种结构往往以作者观察点的转移为全篇发展的主线。

《独居户见闻》（中央台《在祖国各地》节目1988年11月10日播出，河南台供稿）记者通过采访深山老林中六户独居人家的生产、生活情况和他们的心态，反映了十一届三中全会以来农村发生的深刻变革：

黄蛮沟满山丛绿中，独居户薛向阳办起的“绿色企业”——菌种厂，一年收入1.8万元；

宫坡岭的独居户杨秀山承包1800亩荒山林场，扶持贫困户21家，家家还清债务，有了存款；

宫坡乡校办工厂厂长贾庭玉为学校四年赚5万多元。段家村独居户党继营种烟致富，自家出钱架线通了电；

木桐乡青岗湾下山经商的独居户杨景龙，致富以后为农民买乐器，活跃农村文化生活，还承担了10户贫困户脱贫任务。

记者在六天里，翻山越岭走访了5家独居户朋友，随着记者的足迹转移，在听众面前逐渐展现出深山老林中一户户独居人家的致富图画，也反映了独居人家的向往和期待。较好勾勒出80年代河南山区农民生产生活变化的“音画”。

三、以逻辑关系为序

按照事物的逻辑顺序安排结构，主线是事物之间必然的逻辑关系。

这种结构的专稿可以没有中心人物、中心事件，但中心思想却很鲜明。按逻辑顺序安排结构，可以突破部门、行业、单位的限制，也可以多人物、多事件、多镜头，时间跨度较大亦可。这种结构方式带有相当强的综合性，它可以从不同侧面阐发一种新鲜、深刻的主题。这种结构方式的特点：要求材料之间要有严密的逻辑关系，紧紧围绕逻辑关系这一红线展现。

以逻辑关系为序也可以说是一种深层结构的方式，思想层次依照逻辑关系建构。60 年代著名的新闻专稿《一厘钱精神》的层次则是“一厘钱”、“一分钟”、“一根火柴”这三个层次，是并列式的逻辑关系，结尾“一个真理”则是对前三个并列层次的总结概括，主题依逻辑层次的联系延伸。以逻辑关系为序的结构方式难度更大些，记者在形象思维的构思过程中，形象思维的深处存在着合理的逻辑关系组合——清晰的理性思维贯穿始终。

进入 21 世纪，以科学发展观为题材的新闻力作开始涌现。《工人日报》记者梁晓亮采写的《别样的循环经济》就是以逻辑关系为主线的新闻专稿，记者以三家循环经济见成效的企业讲述了三个故事背后有关循环经济的深层内涵 。《卡出来的循环经济》讲的是扬州市宝应县的一家农副产品厂被国外各种进口指标“卡”出了有机生态循环模式；《拣回来的循环模式》讲的是张家港菊花味精厂迫于减排压力建污水处理厂，从中拣回了多种可利用资源做了产品；《招来的循环经济》讲的是张家港保税区在招商引资过程中，利用企业之间的上下游关系，实现了循环链，实现废物排放最小化。全文主题的落点是：“‘循环经济’不仅意味着投钱，更多在‘挣’钱，而且是实实在在提升‘挣钱’的层次品位。”从而使别样循环经济的内涵得到了展示和延伸。

四、时空交叉结构

有的专稿容量较大、线索多、时空跨度大，可以采用时空交叉的结构方式。如《为了六十一个阶级弟兄》(《中国青年报》1960 年 2 月 28 日）就采用了这种结构方式。为了抢救 61 名食物中毒民工的生命，一方有难八方支援的共产主义风格。这篇专稿的结构采用了纵横交错的方式，纵向勾勒事件的发展，展现了从呼救——找药——送药——接药——抢救成功的紧急过程；又依空间的变换：从平陆到北京，从平陆县委到王府井特药商店，从中央卫生部到平陆县医院等不同地点、不同单位的全力支援，体现了新时代人与人之间的新型关系。这篇专稿写于20世纪60年代，因此对事件的分析和把握方面也体现了鲜明的时代局限。由于采用了时空交错变换的结构方式，较好地覆盖了“平陆事件”这个多场景、多线索、多镜头的重大突发事件。

第三节　专稿结构的主要环节

一、层次、段落

层次是指安排材料的次序，也就是思想层次。

专稿安排层次要注意以下三点：

善于把完整的事物相对分解开，做到有层次地展现主题；

要把各层意思前后贯穿起来，不可前后脱节；

要注意不要停留在一个思想层次上，以免造成思想层次的重复。

80年代中央台在《祖国各地》节目中播出的录音专稿《高山流水话琴台》的思想层次安排较好体现广播专稿听觉逻辑层次的有序性。

高山流水话琴台

（古曲《高山流水》。几秒钟后混播）

亲爱的听众：你听过古曲“高山”、“流水”吗？这优雅、激扬的琴声，把我们带到了汉阳抚琴台。它坐落在汉水南岸，龟山脚下，月湖之滨，是今天汉阳工人文化宫的组成部分。绿树丛中的亭台楼阁，曲径碑廊，布置得别具风格。我们跨进彩釉瓦盖顶的门厅，穿过甬道，迎面看见一块石碑，上面刻着清宣宗在道光年，也就是1835年写的“印心石屋”四个大字，在正中高旷的地方，有一座用汉白玉垒起的石台，相传这就是俞伯牙抚琴遇知音的遗址，台上刻有俞伯牙抚琴的画像。在琴台的前面，耸立着一座两重飞檐的大厅，匾额上写着四个大字“高山流水”。

我们在琴台边走边看，原来这里三面环水，像是伸进月湖的一座半岛。初夏的琴台，树木葱茏，落卉飘香，千万条柳丝拂着水面，微风吹过，清澈的湖水泛起层层波澜。

（琴声扬起，混播）

好山好水记载着古老的传说，赞美人世间珍贵的友谊。

相传两千多年以前的一个中秋之夜，晋国的上大夫俞伯牙行船来到这里，当时正值大雨过后，皓月千里，银光洒满大地，江水滔滔东流，俞伯牙调好琴弦，挥手弹奏起来，琴声透过寂静的夜空，恰好遇上了世为乐君善知音律的钟子期，俞伯牙抚琴志在高山，钟子期称赞道："峨峨兮若泰山！"就像那高耸入云的泰山；俞伯牙抚琴志在流水，钟子期又说："洋洋兮若江河！"好像那浩浩荡荡奔流不息的江河。俞伯牙遇到了知音，满心欢喜，和钟子期结成了生死之交，约定第二年的中秋再次相会。没想到第二年俞伯牙千里迢迢来会知音，钟子期竟已不在人世。俞伯牙失声痛哭，摔碎琴，从此终身不再抚琴。

俞伯牙和钟子期的这个故事，流传很早、很广。两千多年以前的《吕氏春秋》、《列子》等书都有记载。明朝的《警世通言》还收进了白话小说《俞伯牙摔琴谢知音》，后来这个故事被人们搬上舞台，至于民间传说就更多了。（琴声出几秒，混播）

俞伯牙善于通过琴声抒发自己的感情，遇到钟子期善于从琴声中了解抚琴人的高尚情操。同声相求，肝胆相照，是谓知音，是谓知己，这大概就是古往今来人们传颂它、赞美它的缘故吧。重感情、重友谊一向是我国人民的美德。伟大的鲁迅与党的早期领导人之一的瞿秋白结成生死之交，曾经挥笔书写了这样的条幅："人生得一知已足矣，斯世当以同怀视之。"

在琴台碑前，我们流连忘返，读着古代的铭文碑记，其中有一块独具一格的碑刻，那就是有名的竹叶书。这块碑刻整整占了一面墙，是道光年间岭南的书法家宋湘登琴台赋诗，束竹叶蘸墨写在墙上的，笔力苍劲，潇洒飘逸，有如行云流水。宋湘在他的诗中写道，"噫嘘乎，伯牙之琴何以忽在高山之高，忽在流水之深，不传此曲愁人心。"诗人感叹"高山流水"古曲没有流传下来。其实，"高山流水"古曲到现在，不仅在中国广为流传，而且流传到世界各地。

（"高山流水"古曲迭入，混）

亲爱的听众：你现在听到的就是武汉人民广播电台不久前录制的"高山流水"古曲。据报纸报道，美国发射探索宇宙的"航行者"一号和二号两艘飞船，各携带一张唱片，上面录有六十种语言的问候词，以及一个半小时的名曲音乐，其中就有中国的古曲"流水"。"高山流水"古曲，多年来是友谊的象征，而今竟然成了友谊的使者，在宇宙里寻求知音了。

（琴声扬起）

《高山流水话琴台》可分为四个思想层次：

第一个思想层次：以作者的视线为转移，展现了别具风格的古琴台遗址风貌；

第二个思想层次：从“高山流水”古曲，引出古老的传说——俞伯牙摔琴谢知音的故事，点出重友谊是我国人民的美德；

第三个思想层次：从古琴台碑文记载，引出古人对“高山流水”古曲的赞美和担心失传的忧虑；

第四个思想层次：从探索宇宙的“航天者”号飞船携带的“流水”古曲，反映“高山流水”古曲不仅在国内外广为流传，而且成为反映地球文明的代表作，到宇宙中寻找知音了。

《高山流水话琴台》的构思较好地体现了听觉信息的组合规律。“高山流水”古曲犹如主旋律在关键部位出现。推进思想层次的深化。特别是结尾，“高山流水”古曲成为人类的友谊使者，到宇宙中寻求知音。这个安排新颖别致，使人有“柳暗花明”之感。

二、过渡、照应

过渡是专稿段落之间的桥梁，承上启下。层次和段落之间，不但内容上要有严密的逻辑关系，语气上还应衔接自然，不要脱节。

一般来说，专稿的层次与层次、段落与段落之间应该是自然过渡。有的专稿内容较丰富，转折变化较多，需要用过渡句或过渡段，使前后的层次、段落联结得更紧。有的过渡句、段还能起到进一步分清层次、揭示层次逻辑联系的作用。有的专稿层次或段落之间有较大转折，如不加以照应、过渡，会使人感到不连贯。两层意思转折变化较大时，往往采用承前启后的方法。一方面总结上文，一方面引出下文，使全文自然地从一层意思过渡到另一层意思。

照应就是专稿中的有关内容在文章不同部位上的互相呼应。前面提出问题、埋下的伏笔，后面就要有交代，有着落。前有因，后有果，使之波澜起伏。照应不是简单的重复，而是围绕主题对关键部位内容的延伸和强调。为了突出主题，专稿在行文的关键部位可反复进行照应：开头与结尾相呼应，内容和标题相照应等。照应好比纽带，使全文连贯，浑然一体。

三、开头、结尾

（一）开头

人们常说：万事开头难，写专稿也是如此。高尔基说：“开头第一句最困难，好像音乐里定调一样，需要好长时间才能找到它。”开头虽短，但它是全篇的序幕，记者只有在对全篇加以通盘考虑后，才能确定如何开头。开头是整个文思的起点，要抓住事物发展的脉络，才能顺理成章。

受众的阅读、收听、收看行为完全是自主的选择。信息时代“时间增值，空间贬值”，人们的时间更为宝贵。如何吸引受众，专稿的开头是否精彩有着重要的作用。

专稿的开头有多种多样的写法，关键在于记者的恰当截取，在受众感兴趣之处落笔。

专稿常见的开头主要有以下方式：

1. 开门见山、揭示主题

广播专稿《垃圾在向我们挑战》（中央台《祖国各地》节目播出，黑龙江台供稿，1987 年 7 月 26 日播出）的开头：

> 垃圾，这个人们在生产和生活中产生的废物，正在步步紧逼，越来越严重地危害着我们的生存环境，一场垃圾战正在世界范围展开。
>
> (卸垃圾声突出，压混)
>
> 垃圾就是这样昼夜不停地向大自然倾卸着！
>
> 不管您愿意不愿意，垃圾这个讨厌的东西，总是形影不离地跟着您的周围。随着经济的发展，人民生活的提高，垃圾也趁机水涨船高地扩大着自己的地盘。我国的垃圾正在以每年 10% 左右的速度增长着。美好的生活同垃圾，就像美与丑一样，就这么矛盾地、不协调地存在着。
>
> 最近，我们对哈尔滨市垃圾的现状做了一次系统的调查，亲眼看到了没有经过无害处理的垃圾，对我们生存环境造成的危害。听众朋友，让我们沿着垃圾的旅行路线，做一次有意义的考察吧！

这个开头把垃圾与人的生存环境的关系，以及垃圾处理的有关背景提供给听众。开宗明义，郑重提醒人们：垃圾在向我们挑战，要抓紧治理垃圾污染，化害为利，变废为宝。

2. 从交代人物入手

如：《为了周总理的嘱托》（《人民日报》1978 年 3 月 14 日）的开头这样写：

> 1966 年 1 月。寒风呼啸，中南海的湖面冻结着厚冰。周恩来总理刚从

全国第五次棉花生产会议上作完报告，又立即请几十位植棉劳模来国务院会议室座谈。

当头裹白毛巾，身穿黑棉袄的农民科学家吴吉昌进门时，总理指指自己右侧的座位说："老吴同志，坐这里来。"

总理对大家说："毛主席又给咱们任务了。主席指示：要粮棉并举，学会两条腿走路；要继续研究解决棉花脱蕾落桃问题。主席把任务交给我，我依靠大家。"

总理和大家亲切地谈了一个多小时，临走时，他握着吴吉昌的手，炯炯有神的目光凝视着吴吉昌说："我把解决落桃的任务交给你了，你把它担起来！"吴吉昌迟疑地说："中，可我是个大老粗，一没文化，二来岁数也大了……"总理打断他的话问："你多大了？"吴吉昌答："五十七。"总理说："你五十七，我六十七，毛主席比我们都大得多。我跟你说，再过二十年，我八十七，你七十七，咱们一起用二十年时间，把毛主席交给的任务完成，行不行？"热血涌上了吴吉昌的脸，他紧紧握着总理的手，响亮地回答："行！"

这就是吴吉昌不平凡的战斗历程的起点。

专稿的开头形象展示了周总理会见吴吉昌的特定场面，周总理对吴吉昌的嘱托成了吴吉昌不平凡经历的起点，人们不仅关注着事件的发展，也交代了当时的时代背景。

3. 从交代事件的特定环境入手

《苇坑纪事》（北京台《首都生活》节目1981年播出）开头这样写：

顺着新街口往里走，第二条胡同就是苇坑。苇坑居委会是多年的老先进，各项工作走在前头。最突出的有两项：治安和绿化，是全市的治安先进单位和绿化红旗单位。

治安搞得好，跟居民领导班子的重视分不开。居委会有五名主任、副主任，十名委员，有多年居民工作的经验。在这里没有人叫官称，都亲切地称她们"姨儿"、"姑姑"、"大妈"。这篇报道要先从"大妈"谈起，题目就叫：《拿出做父母的心来》。

这个开头像拉家常一样，有一种老北京特有的"胡同味儿"。

4. 从交代矛盾入手

《含泪再炸邱家湖》（《中国青年报》合肥1991年7月12日电）的开头：

"要炸，他们自己去，我不当这个坏蛋！"安徽省颍上县半岗区委书记两眼血红，火暴暴地冲着报话机嚷。而后，他甩掉话筒，看也不看在场的省防汛指挥部的人，转身奔邱家湖指挥护堤。

报话机仍开着。县防指负责人语调硬如铁："为确保下游两岸煤矿、津浦铁路和重要城市安全度汛，邱家湖炸堤必须执行。工兵即刻就到。"

"明白了，我们执行。"正在接待记者的副区长杨淑华赶紧抓起话筒替书记回答。话未落音，这位女区长已泪湿衣襟……

这个白热化矛盾镜头，把在抗洪抢险第一线的干部们感情与理智、大局和局部利益的尖锐冲突推向高潮。表现了颍上灾区干部群众为保住下游地区安全作出的重大牺牲和以大局为重的胸怀。

5. 提出问题或悬念

《你好，南极人》（广东电台1991年9月22日播出）是广东新闻台在中秋之夜，利用现代化通讯手段，将广播直播访问的触角延伸到地球的极地——南极。并把南极和北京、广东连接起来，形成了科考队员和他们的亲人以及听众的热线交流的"电波团聚"。节目开头主持人的介绍把听众带入特定情境——呼叫南极：

（出音乐，后混播）：南极洲，最寒冷、最荒凉的大陆，地球上最后一块没有国界的冰雪大陆，在那里，有一群中国人，工作着、生活着，以祖国的名义，以世界的名义。（音乐扬起，渐消）

中秋之夜，直播特别节目《你好，南极人》。

（主持人，以下简称"主"）各位晚上好，我是文涛，中秋之夜，祝千家万户圆满如意。可是也有一些人，在今天不能与家人团圆，甚至不能跟祖国团圆，而这种牺牲却是为了祖国。现在让我们把注意力投向这样一群科技工作者——中国南极第七次科学考察队越冬队员，他们目前驻扎在南极科学考察站中山站和长城站。

很久以来，我们有一个愿望，将新闻台的热线电话延伸到世界最远的角落，今天，可能是我们梦想成真的一天。几个月来，一家承揽国内外水上无线电通讯业务的电台——广州海岸电台——为了一个目标与我们共同努力，那就是与南极直接通话并且广播出来。现在，广州海岸电台正在密急搜索来自南半球的电波，并随时将无线电信号转换到市内普通电话线路上，接入本台热线电话系统，进入广播。

长城站建于1985年，中山站建于1989年，目前驻在两站的考察队主要承担一些越冬期的考察任务，包括对天气、地质、生物、太阳等方面的观测，这关系到全球科技界最重要的问题。

南极荒凉，平均每两万平方公里以上的面积内才只有一个人，而他们要在那里生活一年以上。今天晚上，听众可以通过热线电话674422与那些“南极人”交谈，提出问题，表达祝愿。中山站、长城站距离广州一万多公里，风云变幻，这次通话有失败的可能，但我仍然感到荣幸，由我来主持这次富有意义的通话。我们即将呼叫南极，请收音机旁的朋友们与我们一起在心跳声中等待这一时刻的到来……

主持人平实的介绍，将听众带入跨越万里时空的直播现场，进入“现在进行”时态，给人以悬念和期待。

（二）结尾

结尾是表现主题的最后一锤，也是全篇结构完美的重要部位。精彩的结尾可以起到深化主题、画龙点睛、激发感情、引起思考的作用，有的专稿的结尾寓意深长，有着言尽意未尽的效果。如果虎头蛇尾、草草了事，听众会感到失望，特别是空话、高调的结尾，很可能引起受众的逆反心理，在最后的关头反而失去听众。

西方新闻界有人主张把精彩的部分留在最后，“献给能忠实地读完我的最后一行的忠实读者”。美国记者休·马利根说：“我常常在最后一段下的工夫比在第一段下的工夫大，因为我希望那真正动人的最后一行话将使编辑高抬贵手，不致砍杀我努力的整个成果……”“一条使人激动的引言，一段概括性的趣闻，一件将最后一次打动读者的情感，即引起读者悲伤或大笑的有趣材料，可以使一篇报道生辉。这样，这篇报道看起来就是一个统一体，一个完全的整体。”① 专稿能否最后留给受众一个完整、深刻的印象，结尾同样有着至关重要的作用。

专稿的结尾也有多种写法：

1. 总结全文深化主题

总结全文深化主题是专稿较常见的结尾手法。如：穆青采写的人物专稿《一篇

---

① 休·马利根：《美国各记者谈采访工作经验》。

没有写完的报道》的结尾，从老劳模潘从正一生造林不见林的坎坷经历和百折不挠坚持植树造林的韧性，记者以议论笔法结尾：

正是这个老人，为我们树立了一个在动荡的年代里坚持建设社会主义的榜样；树立了一种为国家、为人民"缀网劳蛛"的革命精神。无论他已经遭遇多少次失败，无论从播种到收获要相距多少年之久，这种始终不渝的努力绝不会枉费！他的劳绩和贡献，也绝不会被历史磨灭。

潘从正在万碧风口结织的林网，可以阻拦自然界的风沙，却挡不住一次又一次人为的破坏。这个历史教训，更启示人们："要建设，就要有一个持久的安定团结的政治局面，要建设，必须坚决堵住那种人为造成的风口。"老人无限感慨地对记者说："俺不怕穷，不怕乱。今后可不能再折腾了！越折腾越穷，将来国家靠什么？只有大家齐心搞建设，国家才能富起来。"

这就是一位历尽沧桑、饱经忧患的老人在新长征路上的祝愿和希望。

现在，中国人民正在书写新的历史篇章，年近八十的共产党员潘从正又开始了第四次结织新的林网。

我国有亿万像"老坚决"这样勤劳勇敢的人民，他们在党的领导下，正充满信心向前看，向前进。人们要使森林覆盖沙荒的壮丽理想一定会实现。这篇没有写完的报道必将有一个美好的收尾。

2. 抒发情怀，激发感情

如：《情满天山路》（新疆台 1986 年 12 月 29 日播出）歌颂了修建横贯南北疆的天山公路的建设者——人民解放军筑路大军。开头是隆隆的开山炮声，引出在海拔 3500 多米天山深处的筑路战士。这里条件艰苦、气候恶劣、空气稀薄、经常要冒着生命危险施工。记者迎着风雪，深入施工现场，通过对筑路战士的现场采访，反映了筑路大军对建设祖国边疆的贡献和献身精神。节目的结尾寓意深长：

当我们即将离开天山深处的时候，冰峰雪岭之间又回荡起阵阵的开山炮声，在这声声巨响中，不知又会出现多少感人肺腑的故事。在此我仍向天山深处的筑路战士表示深深的敬意！同时，我们也衷心祝愿战士们：注意安全，多多保重。

3. 提供背景，开阔思路

如：《面对撂荒地的思考》（黑龙江电台《黑龙江生活》栏目1988年12月12日播出）通过黑河市出现大面积撂荒地的事实，揭示了商品经济的发展给农业带来的冲击和挑战，节目的结尾：

> 黑河之行的采访结束了，可撂荒地却留给我们深深的思索。黑河算得上是人烟稀少的边疆，出现点撂荒地，似乎没什么值得大惊小怪的。但是，要知道，我们是人口众多的国家，我们用占世界5%的耕地，却养活着占世界近25%的人口，这对华夏大地来说，是个多么沉重的负担！据有关资料表明，每当地球绕太阳一周的时候，由于建筑及各项事业的发展，我国就会减少近千万亩耕地，而人口却以惊人的数字递增着。面对这严峻的事实，我们每一个中国公民，还有什么理由去浪费一分一寸的土地呢！

结尾用中国的土地、人口与世界对比的数字，揭示了弃农淘金导致的严重后果，有着深远的社会意义和历史纵深感。

4. 首尾呼应，进一步点题

《请不要忘记他们——记在夜间工作的自来水听漏工》，记者深夜随听漏工人一起值班巡逻，亲眼见到听漏工人劳动的艰辛和他们对四化建设的贡献，结尾采用了类似散文的笔法：

> 夜深了，四周静悄悄，劳动了一天的人们早就进入梦乡。可是我们的自来水听漏工还拿着听漏棒缓缓地走着、听着。亲爱的听众，当你使用哗哗的自来水的时候，请不要忘记这些在夜晚默默巡逻在马路上的自来水听漏工！

结尾与开头呼应，有情有景，以意境收尾。

5. 波澜叠起，引人深思

《美国大兵卡尼克和他的妻子成了住房短缺的牺牲品》（美联社1932年2月23日）的结尾颇具特色。[①]

① 《西方新闻作品选》。

柯尼克·卡比尼克因为住房条件差，大雨后山坡坍塌压倒了他家住房，结果两个孩子——12岁的艾利森和他3岁半的小妹妹被活埋在12英尺厚的废墟下面。专稿的结尾展现了一幕悲惨景象：

消防队和铁路抢险队闻讯赶到，他们动用了推土机，干了12个小时，才把废墟和泥土清除干净，找到了孩子们的尸体。在砸坏的床上，两个孩子并排躺在一起，男孩子用胳臂护着小妹妹。两个孩子的头上盖着床单。看来，他们在生命的最后一刻，想用床单挡住不断落下的泥土。

这个悲剧性事件的最后镜头“定格”在两个小受难者身上。这个贫困家庭的悲剧给人以强烈的感情冲击，令人久久难忘。

6. 戛然而止，说完就完

古人写文章强调“煞尾”，意尽则止，好的结尾往往是在止与不止、尽与不尽之间。一位美国记者就结尾问题谈到他的体会说：“当你坐在打字机前，眼睛盯着稿纸，为想一段漂亮的收尾文字而搜索枯肠时，很可能文章的结尾已经写出来了。你在那里刹住就行了。”[①] 曾经做过记者的美国名作家马克·吐温也曾说：“难能可贵的是故事一讲完，文章就结束。”人们常说“见好就收”，看来用在专稿写作的结尾也是合适的。

四、标题

（一）标题的作用

标题好比是专稿的眼睛，它关系着全篇的内容、基调和色彩。标题的作用是简明概括地介绍稿件内容，有人说“题好文一半”，特别是广播专稿更要注意拟好标题，精彩的标题能够把听众的注意力吸引到节目中来，使人产生急欲一听的愿望。

专稿的标题与主题二者是什么关系？标题体现主题。有的标题直接揭示主题，有的间接体现主题；有的标题是实的，有的标题是虚的。总之标题要体现主题，否则就是文不对题。

（二）专稿常见的标题

专稿拟定标题有多种方式，常见的有：

直接揭示主题，也可以说主题即标题。如《女儿本色》（河南电台2004年6月9日播出），介绍登封市公安局局长任长霞对人民的忠诚及对亲人的爱，提炼出党和

---

① 查尔斯·A. 格拉米奇：《美国各记者谈采访工作经验》。

人民优秀儿女这一深刻内涵。

提出问题，引导人们进一步理解主题。如：《索玛花儿为什么这样红——记共产党员、木里县马班邮路乡邮员王顺友》。索玛花是高原海拔3800米以上的一种野花，矮小、根深，生命力极强，漫山遍野，一片火红。记者以索玛花的红色，喻示着中国邮政史上最后的马班邮路乡邮员王顺友二十年不畏艰险默默奉献的感人境界和胸怀。

对主要事件进行概括。如：《大一男生，背起母亲上大学》（《今日早报》2005年11月14日），介绍大学一年级男生刘霆背着身患尿毒症的母亲上学的故事，该报道发表后引发社会一系列感恩活动。

突出人物特征。如：《梁市长的雅号与珠海的超前建设》（珠海台1993年播出）；《农民黄永洲和他的知识分子朋友》（长春台1988年10月16日播出）。

突出有特色的地点。如：《在咸亨酒店做客》（中央台1984年10月19日播出）；《风沙紧逼北京城》（《人民日报》1979年3月2日）。

突出特定的时间。如：《横锁长江一瞬间》（《人民日报》1981年1月6日）；《在他即将离开人世的时候——记全国先进个体户劳动者辛福强》（大连台1985年3月14日播出）。

用特定的物件作标题。如：《桌上的表》（陕北新华广播电台1984年4月19日播出）；《王老师的小屋》（《天津日报》1983年2月18日）。

用有特征的语言作标题。如：《给啥不如给个好政策》（中央台1981年播出）；《看谁还给农民打白条》（山东经济台1994年6月《农民卖粮监督台》专栏）。

（三）拟定标题的要求

贴切：专稿拟定标题切忌过宽过大或含义不清。标题要与专稿内容相符，宽窄适度，恰如其分。如战争年代的优秀特写《挥手之间》，作者捕捉了特定的历史条件下，毛主席亲自赴重庆谈判，以毛主席在机舱口挥手告别这个特定瞬间为题，别具新意。

简洁：有的专稿标题推敲不够，文字不够精练而且不大上口。广播专稿的标题既要简洁明白，又要播起来上口、听起来顺耳，如《越算越乐呵》、《走遍天下的劣质鞋》等。

传情：专稿的感染力不仅在于内容感人，标题要饱蘸感情。聂荣臻同志在抗日战争时期救护日本孤儿的故事，有的报纸采用的标题是《聂荣臻司令员与日本小姑娘》，这个标题似过于“实”了，且含义过泛。《人民日报》刊登的标题是《日本小姑娘，你在哪里?》，标题中表达了呼唤、盼回音的意思，感情色彩鲜明，且传神。

引人：有的专稿内容比较曲折，有故事、有悬念，专稿的标题就要设法把它体现出来。如：《客机，火速返航》、《货轮随时可能爆炸——“广水”号远洋货轮危险自救的事迹》。这样的标题使人产生悬念，急于听下去、读下去。

有鼓动性：如：《情满天山路》、《你好！南极人》等。

有民族风格：我国古典作品很讲究标题，特别是章回体小说，每一回的标题都颇具特色。《水浒传》的标题《柴进招门天下客　林冲棒打洪教头》，标题文字不多，有人物、有动作、有情节，讲究对仗，朗朗上口。专稿拟定标题可从章回小说、口头文学和群众语言中汲取营养，如：《屯哥们闯郑州》、表现安徽抗洪救灾中干部群众顾全大局的感人事迹的专稿《含泪再炸邱家湖》等，这样的标题听起来顺耳，且能留下印象。

精彩的标题不是信手拈来，它往往得于反复推敲、精益求精。好的标题应该有哲理、有诗意、有情趣。有哲理才深，有诗意才美，有情趣才活。炼题先炼意、炼意先炼字，一字一字精心推敲，才能有一个精彩的标题。

思考题：

谈谈专稿安排结构的要求。

第五章 专稿的表达

第一节 专稿的表达特点

新闻报道要求用事实说话，专稿不仅要用事实说话，还要求用形象说话。通过叙述、描写、议论、抒情等多种表达手法，生动形象地展现主题。

一、表达是主题的外化过程

构思是专稿的内孕阶段，表达则是专稿写作的外化阶段。表达是专稿采写的最后环节，它以文字符号（报纸）或听觉符号（广播）、视听兼备（电视）的符号形态作为信息编码，依照特定的结构方式，形象地展现主题。我们曾提到“七分采，三分写”，这个比喻是强调深入采访是写好专稿的基础，记者不要搞无米之炊，并不否认专稿表达的重要性。如何把主题的深刻内涵生动地展现出来，记者表达的功力就成为影响专稿质量的重要环节。因此，要求记者精心表达，讲求文采，熟练运用叙述、描写、议论、抒情等多种表现手法，认真推敲修改，炼意炼字，做到生动、形象地展现主题。

二、表达是内部语言至外部语言的转化过程

专稿的构思属内孕阶段，也可以说是内部语言编码阶段。内部语言只是大致确定专稿的轮廓，属于压缩的信息点，是未来表达的基本格式。内部语言句法简单、结构不全、词汇量少、语义模糊。专稿的表达阶段，要求将内部语言恰切地转换为外部语言，也就是说把压缩的内部语言扩展、编码，选择恰当的词语，按照语法要求，转化为贴切的外部语言。外部语言，特别是专稿的表达要求语言确切，逻辑清楚，内涵丰富，结构多变。值得重视的是：表达阶段往往出现困难，也称“语言痛

苦”，即心有余而力不足，感到词不尽意，甚至写不下去。① 特别是平时缺乏写作实践的同志，这种感觉更为突出。应该说这种状态是提高采写能力的必经过程，也是强化表达能力的突破。重要的是知难而进，笔耕不懈。优秀的专稿往往数易其稿，这其中有主题的提炼和深化，选材的变更，结构的调整和文字表达的推敲。毛泽东说：“现在的事情，问题很复杂。有些事情甚至想三四回都不够。鲁迅说‘至少看两遍’，至多呢？他没有说，我看重要的文章不妨看它十多遍，认真地加以删改，然后发表。文章是客观事物的反映，而事物是曲折复杂的，必须反复研究，才能反映恰当；在这里粗心大意，就是不懂文章的起码知识。”② 采写专稿的过程也是一个从不大深刻、不大恰当到比较深刻、比较恰当的思维劳动过程。专稿的表达既要求真实准确，还要求形象生动，内涵丰富，记者要精心推敲，认真修改，具有熟练驾驭语言的能力。

三、社会发展与新闻文本变革

文本概念（text）的含义包括编织、组合的意见。文本的广义解读是：具一定潜在意义的符号聚合产品③新闻文本结构随着社会发展，受众需求变化，西方的写作经历了三次变革：

第一次：新闻从文学写作中“解放”出来，将新闻写作置于“时效”和“真实”的前提下；

第二次：新闻写作的侧金字塔结构，使新闻文本从5W—H样样俱全的“晒衣绳”式模式解放出来，使主题信息浓缩凸显；

第三次：重视深度报道，新闻写作要求进入“为什么”和“是什么”同样重要的时代。解释性调查性报道成为20世纪30年代后的主打报道样式。有学者补充第四变革为亲近性新闻时代。20世纪90年代以来提出“记录”普通人每日心理与生活的理念。主张贴近生活，贴近普通民众，在受众的心理感受和生活经历有很大接近性。④

亲近性新闻反映了当代新闻报道重视从普通人的视角出发，重视记者的思考和感受，从中反映了当代新闻报道文本更适应多元文化需求的发展趋势。

---

① 朱伯石：《现代写作学》。
② 毛泽东：《反对党八股》。
③ 李良荣：《西方新闻事业概论》，复旦出版社1997年版
④ 徐跃魁：《西方新闻理论评析》，新华出版社2004年出版。

四、从“解放表达”入手，培养当代良好新闻文风

2008年两会期间《人民日报》等主流媒体发表了有关“解放表达”的社评和文章。摘录如下：

思想先要解放表达

近日，在广州两会上，市委书记朱小丹大赞港澳委员敢讲真话，发言时言之有物；与此形成反差的是，内地委员却不敢说真心话，习惯于讲空话套话官话。

两会本是一个坦陈民生意愿的议政场合。受人民委托参政议政和监督政府的代表委员，直陈得失，畅所欲言，是应尽之职，甚至连法律都以会议期间代表言论可以免责来鼓励自由发言。何以在力倡新一轮思想解放的广东，各级领导仍然一次次鼓励甚至动员人们大胆说话？这让人不得不思考：解放思想，恐怕首先要解放表达。

“表达”与“思想”的关系不言而喻。语言是思想的“外壳”，没有自由的表达，难有活跃的思想；限制了表达，也就限制了思想。遗憾的是，现如今，在公开场合，说四平八稳的套话，讲滴水不漏的官话，已经是很多人的“话语逻辑”，渐而演变为人所共知的时弊——官话安全，套话取巧，人们习惯大而化之，甚至到了说套话很正常、听真话不顺耳的地步。

这就让人有此忧心：如果我们的表达环境是“讲真话”需倡导，“听真话”成负担，批评遭到排斥，说了错话不被宽容，恐怕观念更新与思想解放，都将流于空谈。长此以往，照本宣科最安全，勇于表达“很危险”，因循守旧无成本，思想解放有代价。

试想，没有反对“两个凡是”的语言表达，怎么可能有思想解放的汹涌大潮？在百花齐放的表达中，我们才能接触更多观点，收集更多信息，才能对思维模式产生强有力的冲击，新思想方能应运而生。没有多种意见的表达，就没有借鉴，谈何解放思想？

在人们思想活动的独立性、选择性、多变性、差异性明显增强的新形势下，在社会结构、社会组织形式、社会利益格局发生的深刻变革之中，解放思想，尤其需要先解放表达。创造一个宽容的环境，倾听各个阶层的真实诉求，鼓励人民群众表达意见，当是构建和谐社会、建设民主政治的要义。

（《人民日报》2月22日唐易水）

党的十七大以来，解放思想成为国家政治生活中的重要话题。新闻是时代的镜子，新闻报道要带头形成良好的文风，突破套话，空话，废话和官话等语言套路，因为语言的贫困首先是思想的贫乏。当代新闻记者要有说真话、实话的勇气、要培养独立思考、批判思维和创造能力。以解放思想引领解放表达，努力形成与构建与和谐社会舆论氛围相适应的当代良好新闻表达。

第二节　专稿的表达特点

专稿的表达特点主要体现在以下四个方面：

一、叙述的直接性

叙述是专稿最基本的表达方法。一般用来交代新闻事件的发生、发展、变化、结果，也可以介绍事物的梗概、联系，推进情节的展开，使人们对人物和事件有一个较为完整的印象。

专稿的叙述要求清楚明白、直截了当介绍新闻事件、新闻人物，所以称为叙述的直接性。

专稿的叙述要注意以下几点：

（一）清楚明白

周恩来同志早年写《旅欧通信》，曾提出一个原则——“据实直书”，意思就是直接、实在。专稿的叙述首先要把事情的前因后果、来龙去脉交代清楚，给人留下鲜明的印象。

美国记者唐·怀特里德两次获得普利策奖，他的体会是：“新闻写作中最困难的是什么？清楚明白！要写出让读者明白无误地了解你所要说明的事情，这比做什么都更困难些。我虽然已搞了40年的新闻报道工作，但是我现在仍然感到自己还在为实现清楚明白而奋斗。”①

可见，清楚明白是叙述的基本功。

（二）善于运用多种叙述方式

记者要熟练驾驭多种叙述方式。常见的有顺叙、倒叙和插叙。

顺叙是按照事物的发生、发展的过程来叙述经过，开展情节，主要展示事件过

---

① 唐·怀特里德：《美国名记者谈采访工作经验》。

程和人物经历，它是报道性新闻体裁最基本的表达方式。

倒叙是把事件的结局或事件进行中的某个片断或镜头提到开头来写，也称“倒插笔”。倒叙可以造成悬念，激发人们的关注程度。特别注意倒叙与顺序的衔接部分，注意交代明白，以免造成时空混乱或引起误解。

插叙是叙述过程中暂时中断叙述主线，穿插另外片断，可以是有关背景的解释或回忆某些精彩场面等。

插叙运用得当，可以充实和丰富人物和事件的内容，使内容更扎实、有厚度，不至于单调、枯燥，还能起到深化主题的作用。插叙要注意紧扣主题，不可节外生枝。插叙的文字要简洁，如果文字冗长，会插断叙述主线，以致影响传播效果。还要特别注意顺叙与插叙的衔接和过渡，使受众的注意力能顺利地沿着叙述主线推进。

（三）叙述要具体，避免笼统

加里宁曾说：“话说得越抽象，他的意思离具体事物越遥远，而造成的印象越微小。”这话对专稿写作颇有针对性。有些同志采访中得到了不少生动的事例，回来也能讲得有声有色，激昂慷慨，可是提起笔来一写，就成了抽象的、笼统的套话。具体形象的事实变成了人们反感的空话、套话，当然不会引起受众的兴趣。因此，记者写专稿要力戒抽象、笼统的叙述，善于运用具体形象的叙述方式。

需要说明的是：笼统的叙述，特别是空话、套话式的叙述不等于概括叙述。概括叙述是对事件作简要的说明，是新闻写作中常用的基础表述方式。当然，概括叙述过多也会显得空洞。所以，记者要善于把概括叙述和具体叙述结合起来，做到详略得当。

（四）主线鲜明

线索是作者组织材料思路的反映，也是全文贯穿始终的一条红线。没有这条红线很难构思，犹如满盘珍珠无法串联成一个有机的整体。正如李准所说：“要找到一根红线，有了它所有的材料都像长了腿似的，自己就会跑着去排队。”专稿的写法千变万化，有的以时间的推移为线索；有的以空间的变换为线索；有的以事物内在的逻辑关系为线索；还有的以具体物件为线索等。叙述要根据不同内容，巧妙地运用线索，还要注意抓准主要线索，编织好次要线索，使叙述有条不紊地进行。当然，不是任何事物都可以作为线索的，只有像纽带一样贯穿全篇才能成为主线。

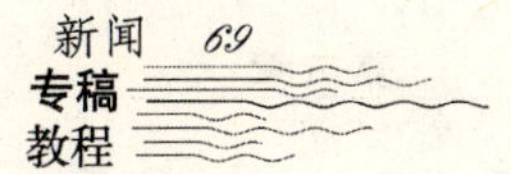

二、描写的形象性

叙述着重于一般过程的交代和说明，专稿要求形象展现生活画面，单纯的叙述手法显然是不能胜任的。因此，描写必然成为专稿重要的表述方式。专稿要形象地写人、写事、展现场面非靠描写不可。描写是对人、对事、对景进行生动形象的描绘和刻画，使事物栩栩如生地再现在人们面前，力求让受众获得与记者相同的感受，也就是人们常说的如见其人、如闻其声、如临其境。正如邓拓所说："我们写新闻要有创造性，我们的新闻往往是老一套，其实，新闻可以夹叙夹议，在要紧的地方，记者可以出面画龙点睛地说说自己的见解，对人物、现场都可以作形象的描写。像中国画中的写意一样，一两笔就勾画出一个情景，一个人物的形象。我们应该锻炼出这种神笔，这种本领。"①

（一）展现人物、场景的实态

高尔基说："作家的作品要能够强烈地打动读者的心胸，只有作家所描写的一切情景、形象、状貌、性格等历历浮现在读者的眼前，使读者能各式各样地想象他们，而以读者的经验、印象及知识的积蓄去补充和增补。"②

高尔基提到的"历历浮现在读者的眼前"，就是要求抓住人物、事件的特定状态，具体、生动地展现人物、事件演变的实态。专稿中人物和事件的实态描绘有着宽阔的领域，不仅写静态，还要写动态；不仅写外形，还可写人的内心活动；不仅可以反映现实的情景，还可追溯过去的生动场景等。

1. 展现人物形象和心理活动

专稿中写人记事都离不开人，因此，运用形象化手法描绘人物是记者的基本功。外貌描写和心理描写是展现人物形象的主要手法。

外貌描写是用简洁的笔法勾勒出人物的外貌特征，虽然笔墨不多，却能给人留下真切印象。

《亚洲大陆的新崛起》开头展现了特定情景中地质学家李四光的形象：

> 1949 年 9 月的一个夜晚，英吉利海峡的朴茨茅斯港口，有一个身材高大的中国人，快步踏上了一艘开往法国的渡海轮船。当他穿过英伦海峡的迷雾，迎着海风走上甲板的时候，可以看见他的脚步稳定、矫健，他每一

---

① 邓拓：《新闻工作红专的道路》。

② 高尔基：《给两位青年作家的公开信》。

步的跨度，总是0.85米——这是他多年从事地质工作，长期在野外考察养成的习惯：他平时迈开的每一步，实际就成了测量大地、计算岩层的尺子。

这位用准确尺子走路的人，就是李四光。

作者没有详细介绍李四光的经历，而是抓住李四光在特定环境下富有特征的跨步，反映了这位地质学家的气质和职业特征。

心理描写是对人物在一定环境中思想活动的描写，通常是通过人物的语言、动作展示出来，也可以由作者直接刻画和分析。

2. 再现特定环境与场面

记者运用生动笔触，展示人物、事件的环境场景，使受众有如临其境的感受。包括再现自然环境、社会环境和特定场景。《涛似连山喷雪来——钱塘江观潮记》（《中国青年报》1962年9月25日）记者以目击手法，生动表现了钱塘江大潮的壮观景象。

经过海宁来到七堡，这里也早挤得人山人海。我挤上塘，站定不久，就感到江面刮来一阵凉风。耀眼的阳光也似乎暗淡了下来。望远处，水天相接，远远有些青山嵌在水天之间，宁静的水平如镜的江面，也起了皱纹，人们焦急地等待着。

"潮来了！""来了，来了！"人们相互传告，侧耳细听，果然有隆隆之声阵阵传来，如沉雷在天边滚动。忽见一线横江，出现在远处海面，逐渐向西延长，很快地这条白线已变成一条银色蛟龙，翻滚而来。这时声音越来越大，如像在古代战场上擂起万面战鼓。蛟龙又忽儿变成千万匹战马，咆哮着，奔腾着，分成两排，一排是银白色的，一直向西奔腾而去；一排则是灰黄色的，像扬起了尘土的千军万马，直奔眼前。霎眼间，潮水已涌到跟前，只感到"滔天浊浪排空来，翻江倒海山为摧！"整个江面就像开了锅似的，沸腾起来。浪头不断涌上挑水坝，击打塘堤、标尺，时而激起一个个水柱，水柱上又开出白色的浪花，真是千变万化，目不暇接。浪花溅湿了人们的脸颊和衣服，在人群中引起了骚动和欢乐。大地在浪头的冲击之下，也像浮动了起来，使人心荡目眩。

潮头迅速涌往直前，直奔西方。俯看脚下，海水已突然涨起了三四米，江面却又逐渐地恢复了平静。再望远处，依然是天水相连的一片茫茫大海。在夕阳的光辉下，它显得更加美丽了，好像每一个微波上镶上了一道金边。

塘堤上观潮的人群已陆续散去。但是“心潮逐浪高”，我心头被海潮激起来的纷纭思绪，却久久不能平静下来。

这种“全息摄影式”的表达，使读者产生身临其境的感受，还同时分享了记者“心潮逐浪高”的心绪。

3. 展示精彩的“特写”镜头

精彩的“特写”镜头有着丰富的内涵和独特的表现力。

《飞天凌空——跳水姑娘吕伟夺魁记》（《光明日报》1982 年 1 月 25 日）中，描写了达卡多拉游泳场 8000 名观众观看跳水比赛的场面：

> 她站在 10 米高台的前沿，沉静自若，风度优雅，白云似在她的头顶飘浮，飞鸟掠过她的身旁。这是达卡多拉游泳场的 8000 名观众一齐翘首而望，屏声敛息的一刹那。
>
> 轻舒双臂，向上高举，只见吕伟轻轻一蹬，人向空中飞去。有一瞬间，她那修长美妙的身体犹如被空气托住了，衬着蓝天白云，酷似敦煌壁画中凌空翔舞的“飞天”。
>
> 紧接着，是向前翻腾一周半，同时伴随着旋风般的空中转体三周，动作疾如流星，又潇洒自如，1 秒 7 的时间对她似乎特别慷慨，让她从容不迫地展示身体优美的线条：从前伸的手指，一直延续到绷直的足尖。
>
> 还没等观众从眼花缭乱中反应过来，她已经又展开身体，笔直地像轻盈的箭，“哧”地插进碧波之中，几股白色的气泡拥抱了这位自天而降的仙女，四周水花悄然不惊。
>
> “妙！妙极了！”站在我们旁边的一名外国记者跳了起来，这时，整个的游泳场都沸腾了……

这个片断，仿佛把人们带进了欢腾的游泳场，记者运用类似电影慢镜头的手法，真切再现了这个特定场景，显示了记者娴熟的文字技巧。

（二）描写应当注意的问题

1. 要朴素、真切

专稿的描写切忌华丽的辞藻或堆砌“高级”形容词，力求在朴素自然中，真切再现特定事物的形象。

西方新闻学强调要“尽可能多用动词”。动词是语言中最生动、最活跃的因素，也是使专稿“活”起来的重要因素。国外的新闻教材中规定：“每句话中至少应有一个活跃的动词，而这个动词应该是句子中最重要的字”，“多使用表示动作的活跃动词，少使用表示状态的静态动词，多用主动语态，少用被动语态”，“一个句子中至少有一个实体动词，而这一动词，应当是句子中最重要的词儿”，“要不惜一切代价避免使用太凶、太直的形容词”，“形容词是动词的死敌、是新闻的死敌”，等[①]。可见精心使用动词已成为现代新闻写作专门研究的问题，因此，专稿的描写更应注意如何运用动词，使专稿“活”起来。

2. 运用白描手法

白描主要是对具体对象进行直接描绘，很少借助其他方面烘托。也可以说白描是用叙述进行描写，甚至看起来和叙述没有多大区别，是叙述和描写的高度结合。白描要求尽量不用或少用形容词，它要求真实地再现生活的原型，凝练、质朴，语言的容纳量较大，给受众更多的回味余地。穆青谈道：“我们在采写人物通讯的过程中，比较喜欢运用质朴的白描手法。这种表现手法有时也借助语言的音响和色彩来加强效果，但主要依靠事实、形象、思想来打动读者。它的特点是能豪华落尽见真谛，从平凡中见深刻，在沉静中见热烈；尽量做到自然流畅，不事雕琢。运用白描手法的难度很大，需要较高的驾驭文字的能力，更需要反复锤炼和推敲。当作品一经完成后，读者从中看到的只是真实的生活本身，看不到作者斧凿的痕迹。”[②] 从中可以看出记者要掌握白描手法难度较大，需要下苦功夫锤炼思想，锤炼语言。

3. 运用描写手法要紧扣主题

抓住特定的场景着力描绘，其目的为了更好地表现主题。专稿的描写要少而精，抓住特点，突出特点，少而精。紧紧围绕主题，对特定的场景着力运笔，切不可泛泛滥用。

三、议论的深刻性

议论是记者对所叙述的事物直接发表见解和感受。在专稿写作中议论可以作为开头，开宗明义；可以阐明事物之间的关系，说明某些新鲜、深刻的道理；议论还可以作为结尾，概括全文等。议论不是可有可无，更不是画蛇添足。恰当、精辟的议论是揭示事物本质、深化主题的点睛之笔。

---

① 查尔斯·A·格拉米奇：《美国名记者淡采访工作经验》。

② 穆青：《人物通讯采写中的几个问题》。

（一）运用恰当的议论方式

议论方式可分为直接议论和间接议论。

直接议论是记者对人物、事件直接发表议论和见解，它往往是记者切身感受的直接表达，也是专稿中最常见的议论方式。

间接议论是记者不直接出面，而是引用第三者对人物、事件的评议，揭示人物或事件的意义和内涵。如：《情满天山路》（新疆电台《青年生活节目》1986 年播出）的结尾：

> 在纷纷扬扬的大雪中，记者驱车来到天山公路 135 公里的地方，在这苍松环绕，云雾缥缈的神奇之地，矗立着一座令人肃然起敬的英雄纪念碑。碑上写着："为天山公路工程献出生命的同志永垂不朽。"
>
> 128 名战士的名字，镌刻在纪念碑上。看着用战士年轻身躯筑起的纪念碑，记者想起了一位战士的话，他说："500 多公里的天山公路，到目前为止，平均每 3.1 公里，就有一个战友的英灵昼夜守护在这条五彩路上。请记住他们吧。"

记者引用一位战士对天山筑路战士流血牺牲的形象比喻，反映了战士对牺牲战友的深切怀念，也将主题升华到新的层次。应该强调的是：被"请"出来发表议论的人，应对事件和人物有较深的了解，引证的话也应该有一定的分量，这样的议论文字才能起到画龙点睛的作用。

（二）议论应注意的问题

1. 议论的事实要精彩，确实值得一议

录音专稿《爱心编织的谎言》（山东人民广播电台 2004 年 10 月 24 日播出）报道一位儿子为了挽救病危母亲的生命，为母亲捐肾的故事，为了瞒过母亲，儿子和家人编织了一系列"美丽的谎言"。故事以"爱心"为主线，将古老的家庭伦理主题置于当代背景下展开，从而拓展了新的内涵。在报道的结尾部分，记者用夹叙夹议的手法，阐发了当代的家庭亲情内涵：

> 田世国说，他只是做了一件儿子应该做的事情。但就是这样一件"儿子应该做的事"却令无数的人陷入反思当中。据了解，上海中山医院已经做过的数百例肾脏移植手术中，绝大多数都是父母为子女捐献的。子女为父母捐献肾脏，田世国是第一例，也是到目前为止唯一的一例！

其实，这不过是一个普普通通的家庭，像这样的家庭，在中国不知有几千万。但就是这样一个普通的家庭，母子、兄弟、夫妻之间，相互鼓励，相互安慰，共渡难关，家的含义被发挥得淋漓尽致，家的力量得以无穷地放大。好的议论文字是记者思考的结晶，点“透”了受众要表达的深层内涵。

2. 议论要精辟，缘事而发

议论不是一般地泛泛而论，它应揭示事实本身的深层内涵。议论也不是一般阐明意义，而是要向思想深度开拓和升发。

如：政论式专稿《历史的审判》从历史的高度，对十年浩劫的“文革”作了深刻剖析。文中有这样一段对比联想的议论文字：

> 在我们熟悉的朋友中就有这样一位同志。这是一个勇敢纯真的南国女性，名叫林昭。由于她不愿意向风靡一时的现代迷信活动屈服，被关进了上海的监牢。但是，她坚持用记日记、写血书等种种形式，表现自己对真理的坚强信念，心甘情愿地戴着“顽固不化”的枷锁，过早地结束了自己年轻的生命。她就义的详细经过至今无从查考，我们只知道这样一个消息：1968年5月1日清晨，几个“有关方面”的代表找到了她年迈的母亲，宣告林昭已于4月29日被枪决。由于“反革命分子”耗费了一发子弹，她的家属必须交纳5分钱的子弹费。这真是使人毛骨悚然的天下奇闻！在中世纪被判“火刑”烧死的犯人无须交付柴火费，在现代资产阶级国家用“电椅”处死的犯人也从未交过电费，唯有在林、江的法西斯统治下，人们竟要为自己的死刑付费，这不能不说是又一个“史无前例”的一创造发明！

记者采用对比联想的笔法，叙述与议论融为一体，是对林彪、江青集团践踏民主、法律的血泪控诉和揭露，具有振聋发聩的力量。

3. 议论要少而精

议论切忌泛泛而谈或画蛇添足，这个分寸掌握不好会失去受众。议论应该是紧扣主题的点睛之笔，要少而精，宁缺毋滥。怎样才能使议论用得恰到好处？到非发不可的时候，议论才有立足之地。精彩的议论应该是精辟的、富有哲理的，这样的议论文字才能真正给人以启迪。

四、抒情的深沉性

抒情是记者对采写事物主观感受的抒发和表达。专稿的表达以记叙和描写为主。但是，关键部位字里行间的抒情文字，可以强烈地感染受众。白居易说："感人心者，莫先乎情。"专稿的倾向性、思想性，通过深沉、真挚的抒情，可以增强主题的感染力和说服力。

（一）重视感情的孕育和引发

记者在采写专稿的过程中，随着对采写形象认识不断加深，掌握材料的不断丰富，记者的主观感受也在不断深化。采写的过程，从主题的内孕到外化，都伴随着由浅到深、由简单到复杂的感情升华过程。这其中感情的孕育和引发是写好抒情文字的源泉和契机。

采写过程中感情的引发是建立在情感的孕育和积累的基础上，当感情的孕育和积累达到一定程度，从而迸发出心灵的火花，这类抒情文字，往往是专稿中感人肺腑之处。

（二）专稿抒情的引发方式

专稿抒情的引发方式有多种多样，经常运用的有以下几种：

1. 寓情于景

记者把特定景物作为感情载体，达到情景交融的效果。

《为了周总理的嘱托》中，吴吉昌受到"左"的路线迫害几乎活不下去，身体残废了，还被迫打扫全村街道。记者对吴吉昌的遭遇写得草木含情。

> 从此，树影斑驳的村道上，人们每天都看见吴吉昌弯着残废的手，拖着打伤的腿，艰难地跪在地上打扫。人们记得，这街道两旁的白杨树，还是几年前吴吉昌领回来的奖品。那时候，县里要奖他一辆自行车，吴吉昌拒绝了。他说："成绩是大家的!"他要求改奖1000棵白杨树苗，让全村栽树。如今，这些白杨树已经有碗口粗了。可是，为全村赢得这些荣誉的人，却受到了这样的折磨。白杨树在迎风呼号，那是为老汉在呜咽，还是为这不平而愤怒?!

作者借白杨树寓情于景，表达了对这位农民科学家不幸遭遇的深切同情和不平。

2. 寓情于事

记者捕捉感人至深的事件或场面，在形象地展现特定场景中加上真切的抒情文字，从而激起受众的感情波澜。

魏巍在《依依惜别的深情》中，满怀激情展示了当年志愿军战士与朝鲜人民话别的情景：

出发号响起了，战士们背起背包，挎上了枪，走向夹道欢送的人群。“万岁”声响起来了，火红的枫叶举起来了，孩子们奋力撒着纸屑的花雨，欢呼着：“荣光——伊斯达！”“荣光——伊斯达！”志愿军的脚移动了，人们的眼睛潮湿了，但谁都忍着，竭力喊着口号，仍然没有哭。

可是，当战士们握着老妈妈的手，叫了一声：“阿妈妮，再见！”不知道是哪个老妈妈忍不住了，捧着战士的手，第一个哭出了声。接着姑娘们、孩子们哭出声来，然后是那些男人们无声的眼泪，低低的啜泣。这时候，战士们简直是在朝鲜人民送行的泪雨中行进，这不是哪一个人在哭，这是全朝鲜人民在捧着赤心送着他们至亲至爱的友人！

这种抒情方式就像逐步开启感情的闸门，抒情的色彩逐渐加大剂量，逐步掀起感情的波澜，从而给人们留下了广阔的想象天地。

3. 托物寄情

通过特定事物，也可借助联想和比喻来抒发记者的情怀。

如：《追求》中，写优秀的知识分子栾茀熬过十年浩劫之后又身患癌症的不幸遭遇，记者写了这样的抒情文字：

一条春蚕，一生中最大的事情就是吐丝，吐完了丝，结完茧，它就安安静静地进入了长眠，而把柔软、洁白的、光亮的丝留给人间。如果丝还没有吐完，就要被迫离开这个世界，它，一定会感到“此恨绵绵无尽期”。

不是吗？就为了有朝一日，能为生养自己的母亲——亲爱的祖国吐出最白、最亮、最细软的丝，栾茀曾咬着牙熬过了昨天。

这个片段倾吐了记者对身患绝症的栾茀发自内心的痛惜和热爱之情，以春蚕作比喻，引人深思。

抒情手法多种多样，记者要满怀深情将全部感情倾注到被采写的人物、事件中，将自己的深切感情恰切地传递给受众，使之产生强烈的共鸣。

（三）抒情应注意的问题

1. 抒情要缘事而发

专稿的抒情文字要缘事而发。首先事件本身是感人的，即客体本身有丰富的内涵。再者是记者确实被感动，动情了，也就是记者有了内在的抒情要求。只有进入这种采写状态，才能写出感人至深的抒情文字。当然，记者既要全身心投入角色，与采写对象同命运、共呼吸，同时也防止过热偏激，抒情文字要建立在冷静判断，准确把握事物的基础上。

2. 抒情要含蓄深沉

抒情有不同的风格和方式，有的是炽热、奔放、浓烈，自始至终感情奔腾；也有的含蓄深沉、更内在、更深刻。俄国作家契诃夫说："你感动得要哭泣，但你不能写进去。"专稿的抒情应该是随着情节的进展，在关键之处开启感情的闸门。大千世界丰富多彩，人的感情也是丰富而复杂的。抒情切忌矫揉造作，无病呻吟，也不可将丰富复杂的感情简单化、单一化。如果抒情文字过于直露或过分拔高渲染，反而会引起受众的逆反心理，甚至会造成负效果。抒情文字要恰当掌握分寸，做到适度。法国作家梅里说："做诗只能做到七分，其余三分让读者去补足。"抒情也要努力做到含蓄、深沉，不要把话说尽，更不要过头、过火。力争做到言尽意未尽，给受众留下回味的意境。

3. 感人赖情真

深沉的抒情文字是记者发自内心的情感抒发。记者对党和人民的事业满怀激情，有一种心心相通、血肉相连的感情，才能写出精湛、深刻的抒情文字。如果记者不理解群众的感情、心态，甚至和群众的感情格格不入，这种感情支配下的抒情文字往往成为不健康情感、甚至错误感情的自我抒发和表现。1983 年气候异常，长江中下游汛情严重，党中央、国务院紧急指示防御特大洪水。这一严重形势引起全国关注，自然成为新闻单位报道的重要题材。有一家报纸居然登了这样一条独家新闻：标题是《新安江电厂大坝昨起泄洪，万余群众观赏奇景》，文中写道："黄河之水天上来"的"瑰丽雄奇的景观……真实地再现了"，"好似千万条狂怒的巨龙，脱挣群山和大坝年长月久的封锁，奔腾呼啸地冲向滚滚东去的大江"，并赞叹这是"令人惊心动魄的人间奇景"、"当地万余名群众怀着寻奇探胜的心情，分聚在两岸山腰上尽情观赏"等。实际情况是新安江大坝出现险情，下游地区危在旦夕，为了保全大局，泄洪是不得已作出的决策。泄洪的后果使部分地区受损，下游万顷良田付之汪洋，许多人被迫迁离家园，大江中漂着青青禾苗……而对为保全大局付出牺牲的灾民，许多人心情沉重，同时颇受感动。哪里有像那位记者所说“尽情观赏人间奇景”的兴趣?!难怪当地群众反映:“写稿和编稿人是‘城隍山上看火烧’。”确实,面对人民生活受到严重威胁的时刻,报道中流露出的“旁观者”式的“闲情逸趣”是与灾区的党和群众的沉痛心情相悖的。穆青曾说:“冷漠是通讯写作的敌人,激情哪怕是幼稚一些,也会使文章闪现火光。”① 记者对党和人民的事业怀着一颗赤子之心,笔下才能写出动人心弦且有深刻内涵的抒情文字。

思考题:

1. 谈谈对专稿表达特点的理解。
2. 议论、抒情应注意哪些问题。

① 穆青:《人物通讯采写中的几个问题》。

第六章 人物专稿

第一节　人物专稿的内涵

人物专稿是以反映特定人物的事迹和思想风貌的专稿样式，是最常见且影响深远的一种专稿体裁。其作用在于，通过展示特定人物的事迹和思想，更生动、更深刻地反映人物的内心世界和时代的精神风貌。优秀的人物专稿，可以超越时空，流传久远。人们从中汲取营养，起到“鼓舞群众斗志，凝聚民族力量，激发社会活力”① 的作用。

在我国社会新的转型时期，新情况、新问题、新经验、新理念大量涌现，人民群众的创新精神和主人翁责任感更为凸显。当代新闻人要把视野投向现代社会中丰富多彩的个人，展示人民群众投身现代化事业的主人翁精神和创新精神。人物专稿要“表现他们那种有革命理想和科学态度、有高尚情操和创造力，有宽阔的眼界和求实精神的崭新面貌。通过这些新人的形象，来激发广大群众的社会主义积极性，推动他们从事四个现代化建设的历史性创造活动”。②

人物专稿的特定对象主要包括以下几个方面：

一、人物专稿的主要对象是有崇高思想境界的优秀代表性人物

在新的历史时期，各行各业涌现出来的先进人物是人物专稿的主要对象。如何从广阔的时代背景下，反映当代精英人物，包括领袖人物，是记者面临的时代课题。《在大海中永生——邓小平骨灰撒放记》较好地展示了小平同志波澜壮阔的伟大人生，抒发了各族人民对小平同志的深切情感。《领导干部的楷模——孔繁森》围绕共产主义理想和信念，集中表现孔繁森全心全意为人民服务的精神和对藏族群众无

---

① 江泽民：《在全国宣传思想工作会议上的讲话》。

② 邓小平：《在中国文学艺术工作者第四次代表大会上的讲话》。

私奉献的情怀。《“两弹”元勋邓稼先》表现了为我国战略核武器研制奉献毕生的科学工作者的可歌可泣的事迹。这些优秀人物身上集中反映了特定时代的思想风貌与创新精神，具有重要的历史与现实价值。

二、具有代表性的社会先进群体的事迹和精神风貌

具有代表性的社会群体是社会生产力的代表，集中体现了社会发展方向，是支撑共和国大厦的栋梁，熔铸了民族精神和时代风貌。魏巍采写的《谁是最可爱的人》至今脍炙人口；新疆电台记者采写的录音专稿《情满天山路》，反映了天山筑路战士的无私奉献和情怀。其中代表性的内涵主要指社会转型中某些社会群体在社会发展进程中起积极作用的单位、团队或集体，也包括某些有共同爱好和共同审美价值的社会群体。

如反映北京大学学生登山组织“山鹰社”中部分成员遇难的广播专稿《聆听“山鹰”》（中央电台2002年8月23日播出），反映了当代大学生热爱自然，挑战自我的生命激情，也揭示了当代社会舆论如何从珍爱生命、尊重生命的视角理解“山鹰”精神和行动，从建设性的人本理念升华了主题。

三、人物专稿另一个重要领域——平凡岗位上的凡人新事

在各条战线上有许许多多默默无闻、甘心奉献的无名英雄。看起来他们似乎没有什么轰轰烈烈的业绩，但是，从他们身上可以体现我们社会的传统美德与人性光辉。《大一男生，背起母亲上大学》（《今日早报》2005年11月14日）介绍贫困大学生刘霆孝顺身患尿毒症母亲的故事；《小巷总理邓菊梅》（陕西电台《今日焦点》2001年11月27日）介绍西安市一位社区居委会主任邓菊梅热心为社区居民服务的故事。这些人看似平凡，实则他们的身上有着不平凡的价值取向。只有心怀敬畏去接近他们，深入了解他们真实丰富的精神世界，才能生动展现普通人身上闪光的思想，起到一滴水见太阳的效果。

四、揭露某些问题人物，包括剖析某些反面典型

如：20世纪90年代初新闻界报道了北京钢铁公司党委书记管志诚收受巨额贿赂的犯罪事实；20世纪末新闻界曾报道了曾任人大副委员的成克杰利用职权，贪污受贿走向自我毁灭的严重教训。

新时代为人物专稿采写提供了广阔的天地，人物专稿的题材更为宽阔，记者的视野和思路也更为活跃。如何摆脱人物专稿采写陈旧模式的束缚，真实地反映新的

历史时期中国人民的精神风采，是人物专稿采写面临的新课题。

第二节 人物专稿的写作要求

一、站在历史高度，凝聚时代风采

马克思曾说："人是一切社会关系的总和。"每个人的事业、每个人的成长都离不开特定的时代。如何从历史的视角，开拓人物深邃的时代内涵是人物专稿写作的难点。一代伟人的光辉人生可以说是时代精神的缩影，新华社记者何平、刘思扬采写的《在大海中永生——邓小平同志骨灰撒放记》是一篇凝聚伟人波澜壮阔人生的优秀人物专稿。

1997年2月19日，邓小平同志逝世。按照小平同志的遗愿，他的骨灰将撒进大海。仪式在几小时之内完成，真正撒骨灰的时间不到半小时。这极为简朴的瞬间，举世瞩目、牵动人心。邓小平同志是我国改革开放和现代化的总设计师，如何将骨灰撒放这一特定情景置于小平同志光彩照人伟大一生的背景下，使记者颇费思量。通过查阅资料，记者了解到：小平同志16岁越洋过海，到欧洲勤工俭学，寻求救国救民真理。记者发现：从走上革命道路到骨灰撒入大海；从小平同志说"我喜欢在大海中搏击"，到政治生涯的三起三落；想到小平同志越洋访美，将封闭的国门打开……记者思路豁然开朗——邓小平的一生和大海紧紧相连。记者明确了思路：以大海为主线，以撒骨灰为切入点，表现邓小平波澜壮阔的一生，突出他对改革的贡献，对"一国两制"的贡献，体现邓小平与大海同在，与祖国同在，与人民同在的主题。①

在大海中永生

——邓小平同志骨灰撒放记

何 平 刘思扬

一位以自己的一生书写中华民族崭新历史的伟人，今天完成了他人生的最后一个篇章。

1997年3月2日上午。

银色的专机，离开西郊机场，在首都上空低低地、缓缓地绕飞一周，

① 何平、刘思扬：《在大海中永生——邓小平同志骨灰撒放记》（记者附语）。

然后穿过云层，飞向祖国的辽阔大海……

机舱内安放着全党全军和全国各族人民衷心爱戴的邓小平同志的骨灰。

一面鲜红的中国共产党党旗覆盖在骨灰盒上。

这是党和人民给予一位93岁的老共产党员的最高荣誉。

捐献角膜、解剖遗体，不留骨灰、撒入大海——这是把毕生毫无保留地献给祖国和人民的邓小平同志的遗愿，也是他留给党和人民的一份珍贵遗产，表现了一个彻底的唯物主义者的高尚情怀。

今天，胡锦涛等中央领导同志和邓小平同志的夫人卓琳等亲属一起，以最朴素、最庄严的方式完成邓小平同志生前的这一嘱托。

穿云破雾，专机向大海上空飞去，飞向这位一生波澜壮阔的伟人最迷恋的地方。

也许是苍天为之动容，当专机飞临大海时，天空出现一道绚丽的彩虹。

11时25分，专机飞至1800米高空。强忍着悲痛，81岁的卓琳眼含热泪，用颤巍巍的双手捧起邓小平同志的骨灰久久不忍松开。她一遍又一遍地呼唤着小平同志的名字，许久才将骨灰和五彩缤纷的花瓣缓缓撒向大海。

骨灰撒大海，鲜花送伟人。

1939年8月，在延安陕北公学学习的卓琳与邓小平相识相爱并结为革命伴侣。那年，邓小平35岁，卓琳23岁。两人共同走过了58年的人生历程。如今，面对自己深爱的丈夫的骨灰，她怎能不肝肠寸断，悲恸欲绝。

这是一个令人心碎的时刻。

怀着无比悲痛的心情，胡锦涛同志缓缓地将骨灰和花瓣撒入大海。

随后，邓小平同志的子女邓林、邓朴方、邓楠、邓榕、邓质方和孙辈眠子、萌子、羊羊、小弟，悲痛地跪在机舱里，撒放骨灰与花瓣，完成他们敬爱的父亲、爷爷的遗愿。邓榕哽咽道：“爸爸，您回归大海，回归大自然，您的遗愿得到了实现，您安息吧!”

跟随邓小平同志多年的卫士孙勇、张宝忠一身戎装，忠实地守卫在他的骨灰盒前。

泪水涟涟，哀思绵绵。

第一次见到海洋，邓小平还是一个16岁的少年。那是1920年，他远渡重洋，到欧洲大陆勤工俭学，寻求救国救民的真理。在那些日子里，美丽而苦难的祖国，时常越过海洋，沉入他的梦中……

大海，是他革命生涯的起点。1922年，18岁的邓小平在法国参加旅欧中国少年共产党，从此，他走上无产阶级职业革命家的道路。

大海，磨炼了他坚强的意志。从百色起义到浴血太行，从挺进中原到决战淮海，从横渡长江到挥师西南，他出生入死，南征北战，为共和国的创建立下了不朽功勋。

大海，坚定了他革命的信念。早在莫斯科学习时，他就“打定主意”：“更坚决地把我的身子交给我们的党，交给本阶级。”60多年后，他在退休之前，依然深情地说：“我的生命是属于党、属于国家的，退下来以后，我将继续忠于党和国家的事业。”

飞机盘旋，鲜花伴着骨灰，撒向无垠的大海；

大海呜咽，寒风卷着浪花，痛悼伟人的离去……

邓小平一生迷恋大海，与波峰浪谷有着不解之缘。一下海，他就舒展双臂，游向深处。无论海多深，风多急，浪多大，他都劈波斩浪，勇往直前。

大海的无垠，开阔了他博大的胸襟；

浪涛的汹涌，塑造了他顽强的性格。

潮涨潮落，大海沉浮，就像他人生的三落三起。半个多世纪的革命生涯中，虽历经风险，但他始终百折不挠，总是能一次次在历史的紧要关头挽狂澜于既倒，在沧海横流中显出伟大的无产阶级革命家大无畏的英雄本色。

……

骨灰撒大海，鲜花送伟人。

11时50分，专机盘旋着向大海告别。透过舷窗望去，水天一色，波翻浪涌。从那永不停息的涛声中，人们仿佛又听到了震撼过无数人心灵的声音：

“我荣幸地以中华民族一员的资格，而成为世界公民。我是中国人民的儿子。我深情地爱着我的祖国和人民。”

一个人的生命是有限的，而人民的事业是永恒的。

如同一朵浪花，他从故乡的山溪流入嘉陵江、长江，然后穿云雾，过三峡，奔腾而下，经过九曲十八折，最终汇入浩瀚的大海……漫长的征程，昭示着一个朴素的真理：敢向时代潮头立，沧海一粟也永恒。

邓——小——平

一个铭刻在亿万人民心中不朽的名字，他在大海中得到永生！

（新华社北京1997年3月2日电）

二、精选材料，展现人物的精神力量

恩格斯说："我觉得一个人物的性格不仅表现他做什么，而且表现他怎样做。""怎样做"就是展现人物的精神力量，深入挖掘支配人物行动的思想依据、人物思想的"发光点"、"制高点"。只有抓住人物的思想之光，才能摆脱就事论事或鉴定式等人物专稿写作中常见的弊端。有的同志采写人物专稿往往把注意力集中在人物的经历和事件发展过程上，忽略了对人物思想、信念等方面的挖掘，其结果往往停留在好人好事记录的表层上。人物专稿不仅表现人物事迹或先进行为的过程，而是重在展示支持人物行为的精神力量和人生追求。

《人民日报》记者李林采写的《钱学森一世情缘》(《人民日报·海外版》1995年2月17日)，通过这位84岁的著名科学家的几个生活片断，表现了这位科学家的一世情缘——高度的民族自尊心、民族自信心和民族气节。

钱学森一世情缘

李林

84岁的"国家杰出贡献科学家"钱学森，春节前夕获何梁何利基金首届优秀奖，再度成为新闻人物。这里奉上一束大科学家的小故事，以飨读者。

软　禁

钱学森曾在美国遭过拘留和软禁。

1950年的美国，狂热的麦卡锡反共浪潮冲击到了他任教的加州理工学院。钱学森时任全美中国工程师学会会长兼美国航空喷气公司技术顾问。美国政府竟无理决定取消钱学森继续参加军事机密研究的资格，并在他刚要出发回国之际，将他突然拘留、软禁起来，迫使他在美国滞留长达5年之久。

这位被美官员称"一人抵得五个师"的中国教授，曾一度被关在特米那岛上。牢房阴湿，铁窗冰凉，狱卒无情。美海鸥自由，恋阳光灿烂。钱学森心系新中国，日夜思归。妻子蒋英，性格刚强，默默担起全部家务，照料孩子，买菜烧饭，还用歌声、琴声滋润丈夫干涸的心田。她后来成为著名女高音歌唱家。

夫妻俩常一同欣赏贝多芬、莫扎特的交响曲，感受那与命运顽强抗争的呼唤，回味那把苦难留给自己、把欢乐送给人间的美妙旋律。钱学森抑制愤恨，潜心研究，写出《工程控制论》、《物理力学》等著作。这些著作为导弹与航天器的制导理论奠定了基础。

后来，钱学森夫妇摆脱特务监视，在一封写在小香烟纸上寄给在比利时亲戚的家书中，夹带了给陈叔通先生的信，请求新中国人民政府帮助他早日回国。这封信被送到周恩来总理手里。1955 年 8 月 1 日，中美大使级会谈在日内瓦开始，王炳南大使遵周总理授意，以钱学森这封信为依据，与美方交涉，迫使美国政府不得不允许钱学森离美回国。

保密

“中国搞导弹行不行?”陈赓大将第一次见到钱学森时就问。“行！外国人能干的，中国人为什么不能干?!”钱学森满怀信心。“好！我就要你这一句话!”

这次谈话，决定了钱学森从事火箭、导弹和航天事业的生涯。

1956 年 2 月，在周总理鼓励下，钱学森向国务院提交了著名的《建立我国国防航空工业的意见书》（当时为保密起见，用“国防航空工业”这个词来代表火箭、导弹和后来所称的航空航天技术）。钱学森协助周总理、聂荣臻元帅筹备组建了航空工业委员会，并被任命为委员。

当时，钱学森不在公开场合露面，甚至对妻子也要保守军事机密。常常是不辞而别，一别就是数月半年。不能通信，连捎个口信也忌讳。去哪儿了？人迹罕见的西北大沙漠，火箭、导弹发射实验基地。

善良的妻子蒋英当时并不知道这些。1960 年，有一次，她实在忍受不了亲人数月死活不明的痛苦折磨，她用火样的恋情炸开了理智的闸门，一赌气找到领导，含泪质问道：“钱学森到哪里去了?! 连封信也没有！他不要我了？不要孩子了？也不要这个家了？那我放一把火，把这个家给烧啦！……”虽说这是一时气话，但反映了钱学森的贡献里包含着家庭的奉献和牺牲。

夫妻再次团聚的时候，第一颗国产近程导弹在酒泉发射成功，成为我国军事装备史上的转折点。

激动

钱学森坦诚、刚直，从不趋炎附势，人云亦云。做学问如此，做人也如此。

他从来反对做表面文章，即便在极其庄重的场合。

一次，党中央、国务院和中央军委为向钱学森授奖特意举行了隆重的仪式。人们盼着他发表热情洋溢的答谢讲话。

然而他不。他说："今天我不是很激动。"

一语惊四座。人们倏地愣住了。

他这样做也有他的道理。因为他已经激动过了，而且"有过三次"。

一次是1955年，他从美国回国前，拿着《工程控制论》和《物理力学》讲义去见老师冯·卡门，这位世界闻名的工程力学和航空技术的权威充满激情地对比自己年轻30岁的这位中国弟子说："你现在学术上已经超过了我。"钱学森激动不已，他觉得为中国人争了一口气。

还有一次。建国10周年时，他加入了中国共产党。

第三次，1992年，中共中央组织部决定把雷锋、焦裕禄、王进喜、史来贺和钱学森5个人看作是建国以来在群众中享有崇高威望的共产党员的优秀代表。

"有了这三次激动，今天我就不怎么激动了。"

钱学森在这种场合说这种话，乍听起来不太合时宜，细细品味，又觉得是那么得体和贴切。他明明在说，他不在乎个人的名利、荣誉，他所看重的是祖国，是党，是人民！

幽默

钱学森性格开朗，胸襟开阔，他总是笑微微的。他的笑十分迷人，极有感染力。

他的幽默，透着睿智明哲、深邃机敏。

平易、谦和，让不同职业、不同年龄、不同文化素养的人都觉得钱老这个人好相处。

澳星发射总指挥于龙淮至今记得70年代初与钱学森在太原发射中心一起度过的难忘一夜。火箭原定下午5时发射，因故推迟到凌晨。都去睡会儿吧，钱老说。钱学森拉来几把硬木板凳并在一起，和衣躺在上面。望着躺在硬木板凳上的这位世界知名科学家，于龙淮眼睛湿润了。于龙淮一觉醒来，看到的是钱学森精神抖擞地坚守在指挥岗位上。钱老笑眯眯地说："小于，你的呼噜打得可有水平啊!"就这一句话，把大家因故障而产生的焦虑、烦恼全吹跑了……

《浙江日报》一位记者约请钱学森写点什么，说："要热爱故乡嘛!"

钱学森是浙江省杭州市人。他笑着说："何必这样做呢，要搞五湖四海嘛。侯宝林是旗人，但他说得好，'什么镶红旗、正红旗，我是五星红旗'。所以呀，浙江要我写，我可以不写，但别的地方要我写，我就得考虑考虑啦。"

没辙。他就是这样，识见独具，我行我素。

钱学森80岁生日那天，中国系统工程学会等以"钱学森学术思想讨论会"的独特方式，给这位"国家杰出贡献科学家"献上一份生日"礼物"。

钱老在会上风趣地说："刚才一共有6位同志讲，我坐在下面听，觉得讲了好多钱学森的事，对我来讲这也是新闻。什么道理呢？实际上说的这些事都是我们集体的工作，离开了你们大家，我钱学森一人能做出什么成绩?！这不是客气话，这是心里话。"

解　谜

钱学森1955年离开美国后，去过世界上好几个国家，却再也没有去过美国。1979年他的母校加州理工学院授予他"杰出校友"的称号，1986年6月南加州华人科学家工程师协会给他授奖，他没有参加。1989年国际技术与技术交流大会在纽约给他授"小罗克韦尔奖章"（钱学森是获此称号的16位世界现代科学家中唯一的中国学者），他还是没去。

钱学森对美国人民、美国科学家同行怀着十分友好的情感，但他出于什么考虑此生此世再也没有踏上美国的国土呢？

《中国现代科学家传记》一书披露：钱学森1985年3月9日给国务院一位领导同志的信中对此作了十分坦白的回答：

"我本人不宜去美国……事实是我如现在去美国，将'证实'了许多完全错误的东西，这不是我应该做的事。例如，我不是美国政府逼我回祖国的；早在1935年离开祖国以前，我就向上海交大同学、地下党员戴中孚同志保证学成回到祖国服务。我决定回国是我自己的事，从1949年就做了准备布置……我认为这是大是大非问题，我不能沉默。历史不容歪曲。”

钱学森在这个问题上表现出的品格，正是江泽民总书记称赞他所具有的“高度的民族自尊心、民族自信心和民族气节”。

于此我想，如果我为钱老写传记的话，我宁愿把他看作是一棵树——纪伯伦有言：“如果给一棵树立传的话，那么它的历史犹如一个民族的历史。”——一世情缘，根深叶茂，它的名字便意味着一长串阳光灿烂的日子。

一位记者比喻：“每个人的人生道路都像一本书。要真正打开这本书，读懂其中真谛相当不易。”普通人尚如此，何况表现钱学森这位世界知名科学家非同一般的人生道路，当然难度更大。《钱学森一世情缘》从他非同一般的人生经历中，截取“软禁”、“保密”、“激动”、“幽默”、“解谜”几个侧面，反映了钱学森心系祖国、人民的“一世情缘”，展示了这位世界知名科学家内在的精神力量。

当然人物的精神世界是丰富多样的，有时是很复杂的。重要的是深入了解人物，准确把握，如实反映，既有一定深度，还要真实可信。

三、展示人物个性

共性往往是抽象的、笼统的，个性却是千差万别，千变万化的。改革开放时期，人物具有多样性、丰富性、复杂性，人物专稿也要求多侧面、多角度、多色彩地表现人物的个性特征。

如何表现人物的个性特征，可注意以下几点：

（一）表现特定矛盾中人物的行为和思想

在推动社会发展的进程中充满了多种矛盾。包括与自然界的斗争，与工作中的困难作斗争，生活中的真善美与假恶丑的斗争，改革开放与保守僵化的矛盾等，也包括人物突破自身种种局限的自我思想斗争。

《进入南极圈的中国女性》① 通过中国第一批登上南极的女地质学家金庆民经历的种种艰险，表现了中国科学家献身祖国、献身科学的拼搏精神。

《进入南极圈的中国女性》选用了金庆民在特定时刻独白式的录音片段，展示了她坚韧不拔、大局为重的胸怀：

---

① 江苏台1989年2月12日播出，《八十年代广播通讯精选》。

金：我现在确实感到孤寂了。白色的冰雪世界，只留下我一个人。战友们远离我了，亲人们远离我了。在这荒漠的冰雪世界，只有我才是唯一的生物在这儿活动（摔跤声）。刚才我摔了一跤，只好爬起来再前进！现在的时间已经是下午五点半了。我还要到山头去工作。千万不要掉进冰裂缝，否则是没有人来救的。我干了二十七年的地质工作，也跑了二十多年野外，可我从来没有一个单独留下过。可是，现在只留下我一个人，一个人，静静的一个人……。现在我多想念自己的亲人们。我感到非常孤单。我的胆子本来挺大的，现在都有点害怕了。我的心情非常复杂。我多么想跟他们向文森山主峰冲击。很可惜！我不能登文森山主峰，把这机会留给后来的妇女，也不知道这个时间要往后拖多少年，多么遗憾！这大概是我一生中最大的憾事了。

四周万籁俱寂，这里没有城市的喧闹，没有飞机的轰鸣声，没有火车汽笛声，没有汽车喇叭声，也没有自行车的铃铛声，没有生意的叫卖声，也没有人们的吵闹声，没有歌声，没有音乐，没有噪音，这里是世界上最安宁的一片土地，是一片最纯洁的土地。

这个片段真实地反映了这位勇敢女性的内心活动。为保证登顶的成功和全队的安全，队长动员金庆民放弃登顶，金庆民“进行了一生中比较强烈的思想斗争”。更为严峻的是她一个人度过四天三夜，内心涌现的千思万缕的联想和激烈的内心活动，道出了她远离亲人和同志后的孤独和苦闷，也有战胜自我的欣慰，还渗透着身为母亲、妻子的金庆民对亲人的万般柔情。在一系列的矛盾冲突中，人们感受到了金庆民等中国科学家顽强拼搏，不屈不挠的民族精神，从他们身上更加理解了人生、生命的价值。

（二）运用细节表现人物个性

人物专稿的细节好比“催化剂”，是使人物“活”起来的重要因素。记者要善于发现和捕捉细节，并着力写好它。当然，细节要经过挑选，要选择紧扣主题的典型细节。“有时候，一个细节比千言万语生动得多，深刻得多，有力得多。”①

《在彭总身边》的结尾写了这样一个难忘的细节——“文革”中，彭德怀同志被造反派绑架到北京，在有关方面干预下，造反派才把彭总交给北京卫戍区。作者满怀深情记下了与彭总最后告别的场面：

---

① 穆青：《关于新闻改革的一点设想》。

彭总被两个战士搀扶着，登上了卫戍区的大型交通车。极度的疲劳使他显得两腿无力，比平时苍老多了。车快开了，我大步走向车门，但不准上。我只好请求说："我跟彭总十七年，让我跟他告个别吧！"车上的负责同志终于同意我上了那挤得满满的车厢。彭总低垂着头，两眼微闭。我喊了声："首长！"难过得声音发抖地说："我走了！你需要什么，写信来，我给你送……"

彭总抬起头，吃力地站起来，紧紧地握着我的手，眼含泪花说："好！好！谢谢你，谢谢你，我谢谢你啊……"同时，向我深深地鞠了一个躬……

作者运用了精湛的白描笔法，在人们眼前展现了一幅动人心魄的悲剧性场面。从敬爱的元帅所经历的苦难中，人们联想了许多许多。正如杜鹏程所说："从一百个相类似的细节中选取一个细节（值得羡慕的富有!），谁能估量出这个细节会发出多么强烈的光和热。"《在彭总身边》这个最后告别的镜头确实蕴藏着"强烈的光和热"，有着催人泪下的力量。

优秀的人物专稿往往不是急风暴雨式地强加给听众和读者。它应该是一种积累，一种渗透，一点一滴，由量变到质变，渐渐掀起人们的感情波澜。感人的细节对调动人们的情绪起到推波助澜的作用，它能够调动人们大脑中原有储存的记忆和感受，令人浮想联翩，难以忘怀。

（三）运用个性化语言表现人物

语言是思想的直接体现，人们常说："言为心声。"一位哲人曾说："世界上最广阔的是海洋，比海洋更广阔的是天空，比天空更广阔的是人的胸怀。"如何表现人物的胸怀？主要通过真实展现人物的行动，特别是关键时刻的行为。同时还要善于运用人物个性化的语言。记者在采访中要特别留意人物独特的语言表达方式，写作中注意反映人物的语言风格和个性。

穆青、陆茀为采写的《一篇没有写完的报道》，通过老模范潘从正一辈子种树不见树的悲剧性命运，表现了极左路线——人为的"风口"对国家和人民带来的严重危害，突出了潘从正的话"千万不要再折腾了!"这一重大历史性的主题。

《一篇没有写完的报道》中"老坚决"潘从正的语言就颇具特色：

潘从正把家里坛坛罐罐都种了树籽，老伴气得骂他："老东西，你别吃饭了，就吃你种的树苗吧！”老汉嘿嘿一笑：“你别恼，要吃饱饭还得先造林！”“造反战士”闯进潘从正的苗圃，动手拔树苗。平时行动迟缓的老汉，这时突然敏捷地蹿出来，拦住他们怒吼：“树苗犯了啥错误？你们也要造反！”老汉带着青年种树，无限感慨地说：“一棵树成材要十年，说毁一阵子就完了。种树做人一个理，你们要牢记人民抚养的恩情，学建设，不要学破坏！”

老汉一直住在苗圃，儿女动员他搬回家去住，老汉说：“树苗跟咱儿子一样，俺扶着他们一个一个往上长，要不看着，准要全毁了。”“你们伺候俺，谁伺候树苗呢？不走！”

谈起造林的“三起三落”的艰难，老汉无限感慨地说：“俺不怕穷，只怕乱。今后可不要再折腾了！越折腾国家越穷，将来国家靠什么？只有大家齐心协力搞建设，国家才能富起来！”

这些质朴的个性化语言来自生活，充满了倔犟耿直和泥土气息，同时也颇有哲理。从中也反映了记者驾驭人物语言的功力。

有的记者“身在宝山不识宝”，往往把人物个性化语言“加工”、“改造”成了学生腔或半文半白，活生生的语言变成千口一腔，这样的人物专稿岂能感染人?！个性化的语言不同于官话、套话、应酬话，而是采访对象发自内心的真话、实话，有丰富内涵，体现人物的真知灼见。记者来到现场并不等于能听到真心话，只有取得采访对象的信任，采访对象才乐意把心里话掏出来。成熟的记者要能够尽快使采访突破“见面熟”、“应景话”的表层联系，真正进入开门见山，谈心交心的深层交流。个性化的语言言简意赅，话不多却颇有分量，不仅反映人物的思想，还能体察到人物的气质、神态、性格等多重内涵。

（四）展现人物形象和气质

人物不同的经历、职业、文化背景、社会背景等方面的差异，反映在现实生活中人物的形象和气质方面各自独具特色。记者要善于观察和发现人物形象和气质的个性特征，用简洁、生动的语言表现人物“非他莫属”的个性特征。

美国记者尼尔·夏恩撰写的《“老报童”罗伊去世了》，用简洁的文笔，勾勒出一位常年卖报、生活艰辛且倔犟认真的老人形象。

……他双目几乎失明，戴着一副像定量酒杯的底那样厚的眼镜，要把头往后仰起才能看得见东西。

他形容枯槁，白发苍苍，体弱多病，吃力地背着笨重的帆布报兜，背带深深勒进瘦削的肩头。然而，在他衰弱的外貌下，却隐藏着强烈的自立精神。他对工作极为认真，也能滔滔不绝地神聊一气。“罗伊，你今天干得怎么样啊?”一位打算买报的顾客会这样招呼他。

“要买份时报?”他会这样回答，声音粗得像是从沙石上崩出来的一样刮耳。

有一次，罗伊从《自由新闻》的电梯上走下来，正好赶上采编人员在那里开会。也许是由于他视力不佳，也许是由于他脾气倔犟，反正他把报纸都分发给了在场的记者。会议只好中断，直到罗伊把报纸分完。

“两毛五?”一个记者有一次在罗伊对他说了《芝加哥论坛报》的价钱以后提出了抗议。“见鬼，罗伊，我花一毛五就能买到一份。”

“是喽，不过你得上芝加哥去。”

有些记者在收报费的日子没有钱付款就躲着罗伊，这是大伙都知道的。要做到这一点并不难，因为罗伊瞎得很厉害。只要订户的位子上有人坐着，他就去催讨，不管那人是谁。有一次罗伊误把一个女记者当作一个长着胡子的男记者，因为他往常就是坐在那张桌子后边的。

……

（原载美国底特律《自由新闻》）①

这篇专稿千字左右，通过日常生活中的几个小镜头的描绘，使生活在社会底层的“老报童”罗伊的艰辛忙碌又充满自尊、自立的人物形象跃然纸上。人们从“老报童”奔波一生的凄凉晚景中引起诸多联想。

四、角度新颖

人物专稿的构思有多种方式，不拘一格。前些年，人们印象最深的往往是反映先进典型的全人全貌式的人物专稿。因此一个时期人物专稿往往求大、求全以致出现将人物拔高、理想化、典型化等倾向。当然，我们绝不否认先进典型的榜样力量，而是希望记者摆脱陈旧的写作模式，打开视野和思路，精心构思，在诸多可行性选择中，选择较为优化、较为新颖的角度，加强稿件和节目的可读性、可听性、可视性。

---

① 《怎样当好新闻记者》。

角度是指从哪里入手表现主题，可以说是表现主题的切入口。

（一）由物及人

这种构思是通过与人物有特定联系的事物，将人物置于特定的环境中，可以较为深入地展示人物的形象和风貌。[①] 在选择角度方面颇具特色。例如李蕴藻采写的《王老师的小屋》：

四中数学教师王培德，住一间12平方米的小屋。里边，王培德睡一张折叠床，同妻子、儿子共用一张小桌，地上锅呀盆呀的排成了行。这屋子虽小，却常挤满了人。班里的学生来问功课，高考落榜的学生准备再考，已工作的学生来请教问题，再带上他们好学的伙伴……常常是：七八个人围住了王老师，十几条胳膊压在那张小桌上。有一次，那小桌承受不住这持续的重压，哗的一声塌了下来。常常是：学生们在这里"饱餐"了一顿数学，满意而去，可王培德一家还空着肚子。

小屋挤吗？王培德似乎不觉得。有人在门口探头，看见屋里这么挤，老师这么忙，犹豫着不肯进。他见了总是连忙招呼："来呀，来呀，快进来！"侯笑茵现在是南开大学经济系一年级学生，在四中上数学课就打盹儿。她觉得，反正自己文科功课不错，高考数学能及格就行了。一次全市数学统考，她只得了四十来分，这下急坏了，去找王老师。王老师问她："你学文科是为了什么？是为了建设国家，可是搞现代化建设，不懂数学行吗？数学是基础，数学不行，别的课程学好也难。"从那以后，她也成了常找王老师问问题的学生。与侯笑茵同届毕业的刘宝和，也不愿学数学，可架不住王培德抓的紧。去年夏天，一次他去王培德那里答疑，10道题，王培德足足讲了一个多钟头。王培德正犯病，讲一会儿，憋得喘不过气来，就从衣兜里掏出"气喘气雾剂"往嘴里打几下。讲完题，衣服都湿透了。王培德的汗水没有白流，刘宝和现在是天津冶金机电学校一年级的学生。

……

王老师的小屋，是许多教师住房的一个缩影。这小屋，是他们生产精神财富的场所。

我们歌颂王老师的小屋，并非歌颂他屋子之小。我们希望那些肩负教书育人重任的老师们，能够不再住这样的小屋。

---

① 《王老师的小屋》，载于《天津日报》1983年2月18日。

选择新鲜角度对记者来说也有一个认识深化的过程。通过采访王培德老师，记者原想把题目定为《我们是他的学生》，通过历届毕业生之口写他们敬爱的老师。记者又感到主题还不够突出，最后选择了采访中记者感受最深的地点：王老师的小屋。王老师的小屋虽小，同样是他教书育人的重要场所，同时也能反映当时教师们不同程度存在的困难条件。不仅反映王培德所代表的老师们对教育事业无私奉献的精神，也有利于促进整个社会尊师重教。这个主题不仅在当时拨动了“社会绷的最紧的那根弦”，即使在今天也是颇具针对性的。

（二）侧重从结果来表现人物

这种构思不侧重表现人物的经历和过程，而是从结果上倒溯原因和背景，给人以联想和思考。日本记者本多胜一采写的《死在故乡》（《朝日新闻》1966 年 9 月 15 日）采用了这种构思方式。

死在故乡

“久蒙关照。”78 岁的 T 子，留下这样一张简短的字条，离开东京巢鸭的寓所，出走了。那是 6 月末的一天。再过不久，就是她 79 岁生日。她没有庆祝自己的长寿，而是静悄悄地在宇都宫的深山里自杀了。9 月 14 日，遗族们将她的遗体在宇都宫火化。

据厚生省统计调查部的资料，最新（1962 年）国际统计表明，日本老年女子的自杀率为世界第一位（老年男子为世界第七），从 1964 年度老人自杀率统计数字来看，年龄越大，自杀率越高。T 子的死，可以说是一个典型。所谓“敬老日”，恐怕也是我们正视这样一个现实的机会吧。

到今年春天为止，T 子一直住在东京的赤羽。五个子女之中，三男二女，长子是某公司的副经理，各自都过着优裕的中流以上的生活。七年前，T 子的丈夫以 79 岁高龄过世。此后，T 子便和长女（50 岁）一起在赤羽生活。

赤羽的房子，是三十年前为了永久居住盖起来的。约 200 平方米的宅地上，有一处庭园，T 子终日流连忘返，在那里一边欣赏花木，一边读书。据说这是她最喜欢的。有时，她也作短歌。

今年春天，长子的女儿，也就是 T 子的孙女，决定结婚。尽人皆知，现在，要在东京觅得一处宽敞的新居，该是多么的困难。于是，决定把赤羽的房子让给新婚夫妇，老人由大儿子接去抚养，长女自己另外租房子住。

离开久居的老家，离开自己赖以生存的“窝”，T子顿时蔫儿下来，变得无精打采了。儿子那里本也有一处庭园，但是，她无心去欣赏，多年来那么喜欢的读书，也从此放弃了。儿子、媳妇无意中说的一句话，做的一件事，都会引起她的误解，使她产生忧虑和烦恼。5月末，她终于“逃亡”出来。跑到长女的寓所，而后，又在附近找了一间小屋暂住下来。

然而，这样的年龄，迁入一个全新的环境，终日过着孤独的日子，她到底无法忍受了。有时，大白天她会突然大叫“用刮脸刀自杀算了”，使房东提心吊胆。长子和次子也曾商量，为了老人，打算再盖一处房子，并且决定6月28日去见T子，把这个意思告诉她。不料，由于台风，新干线停车，去大阪出差的次子，那天没有及时赶回东京。

T子出走是29日，她见房东说了一句：“稍稍出去一下。”就走了。不大一会儿，她又返回来，笑着说：“把重要的钱包忘了。”然后，重又出去了。这一去，便再也没有回来。发现遗体的宇都宫，是T子的故乡，是她出生的地方。

法国一位心理学家曾经说过：“造成自杀的，是社会道德方面的原因。”

这篇专稿以冷静的笔触，表现了日本老妇人T子晚年的孤独和凄苦，从一个侧面反映了日本社会老年人的悲剧性命运。

（三）侧面烘托人物形象

这种构思采用烘云托月的手法，避免直接展现人物的行为和思想，而是通过他人之口，把人物的思想和行为表现出来。

中央台记者蔡小林、吕英明采访胜利油田的先进人物毕国强。记者没有直接描绘油田紧张、艰苦的劳动场面，而是从毕国强的小家写起。请看他们采写的《一位石油工人的妻子谈她的丈夫》（中央台1985年7月8日播出）：

一位石油工人的妻子谈她的丈夫

刚到胜利油田，就有人建议我们去采访毕国强。说他是采油十九作业队的队长，有许多感人事迹。

我们兴冲冲地来到毕国强的家，没想到他正在挨妻子的“训”呢！他的妻子叫刘美英。

见我们来了，刘美英不好意思地笑着说：“你们看，我回老家才一个礼拜，可真不敢认这个家啦！地上、桌上，都是挺厚的一层土。这七天哪，他根本没沾家，整天泡在队上。”

毕国强憨笑着，给我们倒水让座。看来他是个不大爱说话的人，倒是他的妻子先打开了话匣子。

热情爽直的刘美英，是十九作业队的成本核算员，这位作业队长的妻子一开口，就说了丈夫一大堆缺点，什么不会做饭哪，不洗衣服啦，还经常吓唬她们母女俩。

刘美英说：“他这个人哪，从来不知道照顾自己。他常说，趁年轻力壮，多干点没啥。他倒说得轻巧。去年4月，队里要安装电潜泵。听说这种机器先进、出油多，就是难装。我给他烙了二十张油饼，煮了十几个鸡蛋，让他带着。可是，第二天早上，他没回来。我就跟要去接班的人说，国强这几天腰疼得厉害，让他早点回来吧。等到中午还是不见影儿，让我和闺女守着一桌菜白等。这下，我可真有点害怕了，他已经连着干了三十多个小时了，别是出了事儿吧？我哭着跑到大队部，对大队长说：‘我不是想拖国强的后腿，万一他累垮了，我们娘儿俩可怎么办哪！’大队长一听也着急了，马上去了工地。可国强还是没有回来。一直到晚上9点钟，电潜泵装好了，他才摇摇晃晃地回到家里。真的回来了，我也顾不得埋怨他了。赶忙热菜热饭。可他呀，歪在沙发上就睡着了。当时他那个样子，吓得闺女直大声喊，还以为她爸爸死了呢！”

“前年，也是4月份，十七队发生井喷了，真厉害，地上的抽油机都陷下去了。油田组织人抢救，国强也参加了。那天晚上他对我说，明天我去战井喷，你就别离开家了。要是治不住，我可能就回不来了。这里的事组织上会安排的。队里有十七个人要去战井喷，国强也跟他们说，第一，战井喷不能怕死；第二，都要让家里做好思想准备。你们说，这谁不担心哪！第二天早上7点钟，他们准备上车了，队上的工人、家属、孩子都出来送，一直看着他们的车走远了，还不想回家。后来听人说，那天在井喷口抢装阀门，第一个螺丝是咱国强给拧上的。到了晚上9点钟，他们回来了。十个人。每个人都只穿着一个短裤，脸上身上，糊满了油、糊满了泥，连谁是谁都认不出来了，只得用汽油洗了个澡，油泥是洗掉了，可三天以后，身上脱了一层皮。”

刘美英说到这儿，不说了。毕国强开口了：“你这个人，真是，我干了吧，你怕这怕那；等到队上任务紧了，你又比谁都着急。”

毕国强一句话，把妻子说得不好意思了。我们笑了起来，用笑声为刘美英解了围。

记者没有正面展现毕国强舍生忘死战井喷的场面，而是通过妻子担心、焦虑、心疼以至埋怨的口吻，间接展示毕国强和石油工人的主人翁责任感。毕国强的妻子对丈夫的描述并没让人感到拔高和做作，透过妻子对丈夫的几分嗔怪，人们可以感到妻子对毕国强的支持、理解和深沉的爱。洋溢着浓郁的人情味和生活气息，让人感到可信、可亲。当然，运用这种手法应注意对他人评价内容的选择，不可有闻必录。引用人物的语言要注意言简意赅。

（四）小中见大

记者要把视野和感情投向生活中的大多数——普通人的喜怒哀乐。生活中许多看来平凡的事物包含着社会的真善美。北京台的广播专稿《他有这样一份收藏》（1994 年播出），通过个体三轮车师傅任文仲收藏《北京晚报》好人好事专栏中新闻人物签名的故事，展现了一位首都个体劳动者对美好事物的追求和崇尚。

他有这样一份收藏

康　雪

如今，爱好收藏的人很多，收藏的内容也五花八门。前不久，我意外地发现了一份特殊的收藏。收藏人是个体三轮车师傅任文仲。

我和任师傅是在王府井工商银行储蓄所巧遇。当时，我如约前去采访全国优秀储蓄员张爱琴，而任师傅抱着一本剪贴册意外地来到面前，请张爱琴签名。我们一看，这本报贴本里是《北京晚报》上刊登过的报道好人好事的文章，报贴本里已经有许多当事人的签名。张爱琴签名之后，我和任师傅谈了起来。

记者：任师傅，您为什么要搞这样的收集，现在人们都收集值钱的东西，您收集了这些算什么？

任文仲：就算好人手迹，好人签个字。我这意思就是说，现在不是开放搞活吗，大家集中精力抓钱，可是社会风气还是应该一天比一天好。关键我干这活，算服务行业吧。我们站上年年评比，站长马殿成讲，三轮车工人素质也得提高。我觉得通过收藏，一方面可以净化自己的灵魂，提高自己的素质，向人家学习，我们这活虽然不起眼，也就是拉个客人送趟车站、天安门。通过这个过程，可以让客人体会到北京的服务业也是全国最好的，让人感觉北京人比较亲切实在，没什么别的想法。

记者：您已经收集到多少人的签名？

任文仲：差不多有几十位了。我从今年3月才开始，留神《晚报》有一栏目叫《今夜星辰》，各行各业都有，头一次是我们一位板爷叫米万和。他是西城的，写着他拉着一老外，挺不容易，他不会说英语，老外跟他比画扎针，他以为要看病呢，拉着老外转半天，结果后来别人说是买针灸的针，他帮人家解决了，老外说“OK，中国板爷”，受这么点启发。

记者：那您第一个签名是同行？

任文仲：是我同行，因为同行好找啊。第二个我印象最深的是东四有个老师傅开个门脸修钢笔。修钢笔这活如今是微利，太微利了。可是好多人就想租他的门脸，给他多少万，人家就是不干，把这钱看得非常轻，他说现在修钢笔的不多了，我得坚守这块最后的阵地，题目叫：《寂寞的留守》。后来我找张师傅去，满屋子都是表扬信。

记者：通过找这些人的签名，您有什么感觉？

任文仲：我感觉这些人有一个共同的特点，就是心地相当善良，愿意奉献爱心。有一次我去大栅栏找一民警，她就是帮助人家办户口呀，人家送红包什么的，一分不要。还有东四马老爷子，为了维护社会治安真是玩了命了。甭管人家岁数大的、岁数小的，人家都能办到的，咱也往这方面努力吧。

记者：您有什么计划吗？准备收集多少人的签名？

任文仲：我没有什么具体打算。我的工作特点就是四九城满处跑，报纸上登的哪都有，我就随时剪下来，以后走到哪儿，采访一下。一边拉车，一边带着这本本。咱们就是走到哪儿，访问到哪儿。

记者：和任师傅聊了这么几句，使我想起张爱琴在这本剪贴册上写下的话：“让世界充满爱。”

通过任师傅质朴的谈话，反映了当前人们的共同心声：让社会出现更多的好人好事，让社会风气朝着真善美方向转化。哲学家伏尔泰说：“在任何地点、任何时代、为公益做出最大牺牲的人，都是人们会称为最有道德的好人。”在发展市场经济的过程中，竞争意识、效益意识比过去大大增强，这些无疑促进了社会的改革和进步。然而，有些人却进入了另一个误区，即：无视社会公德和法律法规的规范要求，以“自我为中心”，以致滑向损害他人甚至危害社会。在这个社会背景下，记者能够发现平凡中的美，对形成良好的社会舆论氛围具有积极作用。

选择角度，不仅关系着提炼主题，也关系着表现主题如何选择切入点。记者要不断开拓新的思路，寻找较为优化和较为新颖的角度。

第三节　人物专稿采写应注意的问题

我国老一代新闻工作者在人物专稿的采写方面积累了丰富的经验，并上升到规律性认识，对提高人物专稿的采写质量起到促进作用。80 年代新闻界出现了大批优秀人物专稿，可以说是与这个背景有直接关系。社会进入了新的历史时期，社会的经济文化生活及人们的观念、思维方式正经历着深刻的变革。值得注意的是，人物专稿的采写，不同程度上仍受到旧的思维模式、采写模式的束缚，难以突破“高、大、全”或千人一面，不同程度影响了人物专稿的质量。人物专稿采写中应注意以下几个问题：

一、重视展现人物的成长背景

优秀人物是社会的中坚，民族的精华。他们的成长离不开改革开放以来的社会大背景，包括改革的机遇、氛围以及政策和舆论的支持。人物专稿要正确反映人物成才的土壤和氛围。当然，不是靠贴标签或图解政策，而是通过实实在在的事实，如实地理解人物，反映人物。

二、正确把握人物与社会的关系

我们社会的优秀人物与周围的群体有着血肉相连的关系，社会和群众对优秀人物也有着真诚的理解和爱护，这是我们社会特有的精神财富，值得格外重视。切不可把优秀人物写成孤军奋战的英雄，更不能为了突出人物的先进，不惜贬低周围群众，这种“水落石出”的写作模式只会引起负面效果。认真分析一下现实中优秀人物的成长，每个人周围都有许多人，包括组织和群众为他们分忧解难，在人物成长过程中给予多方支持和爱护。特别是关键时刻，这种血肉相连的关系表现更为突出和感人。

三、展现有血有肉的真实人物形象

有的同志采写先进人物总希望人物完美无缺，或是“高大全”式的理想模式。记者在采写过程中自觉或不自觉地拔高、美化，这样做的结果反而使人们感到不真实、不可信，甚至引发报道的社会负面效果。

当代受众自主性强，价值观念多元，从社会心理讲，对某些先进典型的报道往往保留自己的评价乃至质疑。其中的原因与极左年代的“假大空”、“高大全”有关。还有一个深层原因是当今某些典型报道未能突破程式化乃至拔高摆好的通病。因此英雄模范的报道也要用事实说话，用行动说话，让英雄模范人物说真心话，切忌过满拔高，掌握分寸和度。过多的溢美之词或用评论代替事实和细节往往给英雄模范“帮倒忙”。英雄模范不是靠记者“笔下生花”，而是百姓认同，从百姓真实的话语中提炼人物的精髓。正如鲁迅先生说的：“无情未必真豪杰，怜子如何不丈夫。”英雄模范人物也是现实生活有血有肉的人，要努力做到不粉饰、不拔高，通过人物自身的行动、思想、语言等实实在在的材料，真实地表现人物的形象和丰富的内心世界。“桃李无言，下自成蹊”正是这个道理。

四、防止片面性和情绪化

采写人物专稿要科学地、辩证地把握人物，防止片面和极端。过去有这种现象：若要写正面典型，则努力将优点放大、集中、拔高；若写有问题的人，则力图将人物的缺点和问题放大、集中、拔高，有意无意造成极端化倾向，形成非“正”即“反”的报道模式。因此，如何用唯物主义观点，科学地、辩证地写人，成为人物专稿取信于民的重要问题。如：报道同一个人，表扬时似乎完美无缺，冠以多种桂冠；出了问题又成了浑身的不是，变得面目可憎。有的读者批评说：“新闻报道可以把人抬上九霄云端，也可以把人打入十八层地狱。”当然，这话是一种比喻，也是一种批评，值得我们认真思考。

人们常说：金无足赤，人无完人。优秀人物也是有血有肉的、真实的人。他们不可避免会有这样或那样的局限。因此，记者要有实事求是的态度。优秀人物在认识和参与客观世界的变革过程中，也在不断克服自己的局限，这正是他们不断超越自我走向成熟的过程。把优秀人物的事迹放在不断发展变革的过程中，把优秀人物的功过放在社会大背景的复杂环境中，多层次、多侧面地了解人物、认识人物，这正是记者辩证唯物、科学精神态度的反映。面对众说纷纭，记者不能随风倒，更不能凭感情或情绪处理问题。任何时候记者都要保持清醒、冷静的头脑和自主的人格。1984年5月11日新华社评论员文章：《对待先进人物要实事求是》中指出：“往往有这种情形：发现某个人是先进人物，就得把他说得完美无缺，谁要说这个先进人物一句坏话就反感；发现这个人物有较严重的缺点错误了，又说他一无是处，谁要为这个人物讲一句好话就不高兴。这种态度不利于先进人物发扬成绩，纠正缺点，是有害无益的。过去就有些先进人物，开始时被捧到天上，后来又被摔到地下，不能健康成长，继续保持先进。他们之所以摔倒，有的本来就算不上先进人物；有的开始时先进，后来骄傲自大，自己摔下来了；有的则被吹捧坏了的。”结合当前的社会心理和人物专稿采写中存在的问题，以上论述似并不过时。

思考题：

1. 分析当前人物专稿写作（或广播电视人物专题报道）中存在的主要问题，并提出改进思路。

第七章 事件专稿

第一节 事件专稿的内涵

事件专稿是以反映现实生活中具有典型意义的新闻事件为特定题材的专稿。事件专稿侧重记事。当然，记事并非就事论事，它要求较为生动翔实地展现事件的发生发展过程，并深入揭示事件的思想内涵；围绕事件的进行，展示时代精神和人物“群像”。

现实生活丰富多彩，每日每时都发生着许多人们关心的事件。当然，并非真实的事件都适于写事件专稿，记者要善于发现和识别现实生活中具有典型意义的新闻事件。

事件专稿的主要类型有以下几种：

一、现实生活中有重大影响的事件、特别是重大突发事件

从新闻价值来讲，事物的变动性越大，能见度越高，信息量也越大。人们对现实生活中发生的重要事件不仅希望先知为快，还往往希望知道更详尽、更具体的情况。受众对重大突发事件不仅需要知道发生了什么事（what），还需要知道为什么（way）、怎么样（how）等深层次的信息。

如：《杨利伟 21 小时的太空之旅》（谭淑惠，中央电台 2003 年 11 月 7 日播出）以中国第一位航天英雄杨利伟 21 小时的太空之旅为主线，通过记者访谈杨利伟讲述了太空之旅的经历，讲述了不为人知的细节和内心世界。让听众在分享航天经历的同时，加深对我国航天工程的理解。

二、现实生活中的热点事件和热点话题

社会主义市场经济时代，人们的价值观念发生着深刻变革。社会风气确有不少不尽如人意之处，然而，闪烁着社会主义人与人之间新型关系的感人事件也不断涌

现，这是我们时代的主流。《为了六十一个阶级弟兄》（《中国青年报》1960 年 10 月 17 日）虽时隔多年，许多人至今记忆犹新。《风雪中伫立着四位厚道的农民工》（《工人日报》2006 年 1 月 24 日）展示了四位生活陷入困境，但却忠实地为欠薪的老板守候仓库物资的朴实的农民工形象。《寻找》（辽宁电台 2004 年 9 月 11 日播出）作品以“寻找”为主线，展示了在农民工子女受教育难的背景下，教育界人士热心帮助农民工子弟上学的故事等。

寻　找

赵　燚　苍国顺

出音乐——压混——

“都是一样的孩子，为什么我上不了学？”

“我也想让孩子上学，但是哪所学校肯要我儿子啊？”

在城市的角落里，散落着许多失学的农民工子女，他们被称作“流浪的花朵”。上学，是他们每一天都在寻找的渴望。

“到农民工聚集的地方，看看还有哪些孩子没上学，欢迎他们到我们学校来。”

在沈阳市和平区砂山四校，聚集着很多来自农民工家庭的学生。失学的孩子，是校长马淑惠每一天都在寻找的牵挂……

请听新闻专题——寻找

（出音效——马路上嘈杂的汽车声，夹裹着自行车铃响，丝丝缕缕，不时隐现）

暑假里的一天，沈阳市和平区砂山四校校长马淑惠又骑着那台旧自行车，到浑河大坝南侧的棚户区，看看哪家还有失学的孩子。学校所在的砂山地区是城乡结合部，有很多农民工聚集的棚户区。四年来，马校长一有空儿就到棚户区里去寻找那些失学的孩子，寒来暑往、风雨不误。

（出录音——

当我们走进农民工的家庭，我们所看到的就是：有的孩子已经到了六周岁，但还没有上学；有的呢，因为家里超生，大的上学了，小的不让上；还有的干脆是大的看着小的；有的孩子跟着父母捡废品；还有的孩子跟着父母卖菜。记得有一次，我到了回收废品的那样一个农民工家里。我看到院子里的玻璃瓶子和玻璃碴子堆得像山一样。有一个小孩就在那个玻璃碴子上边玩，他就在那玩玻璃碴子，我看到了之后，就像玻璃碴子扎到了心

上了一 样。我就想：作为一个教育工作者，我能做点什么？从那以后呢，我们学校就接收了大量的农民工子女。

——录音完)

出读书声——压混——

在四年级二班的教室里，12 岁的李畅非常卖力地跟着同学们大声朗读着课文。他是这学期才来的新同学。由于家庭困难，李畅到 11 岁还没上过学，只能在家跟爸爸学习。今年暑假，在沈阳打工的妈妈从建昌老家把接他过来，想在沈阳给他找一家学校。

(出录音——

我那时候在大堡那边去了好几个学校，总有一些理由拒绝我。当时有一个学校给我的感触特深。他说："因为你不是我这个学区的，我没有义务非得收你孩子在这上学，你该哪去哪去吧！"我带我儿子一块去的嘛，我儿子也哭，就求他，说："老师啊，我听话，我好好学习。"我当时心里挺不好受的，但是他就挺生硬地跟我儿子说："跟你妈回去吧。"

——录音完)

有一天，妈妈下班回家，发现儿子不见了！围着棚户区找了好几圈儿，也不见儿子的踪影。焦急中。妈妈突然想到了学校，儿子会不会又去学校了？一路找过去，果然在那所学校外面找到了李畅。

(出录音——

孩子都在里边活动啊，玩啊什么的，我儿子就扒着那护栏往里边看。瞅了之后，我心里可不好受了。我合计不管怎么的，我想啥办法也得让他上学。然后我又带他进去了，又进那个学校了。我对校长说："我这个情况是特殊，就是为难你替我考虑考虑，就是让我儿子在这旁听都行，我不影响你学校的成绩，你只要让他在这听课，让他能跟同学在一起玩，让他能接触这个集体环境就行。"怎么说也不行。

回来之后，晚上我都睡不着觉。我儿子就抱着我哭，说："妈呀，我不要上学了！"当时那种心情，做母亲的可受不了了。我也想让孩子上学，但是哪所学校肯要我儿子啊？

——录音完)

新学期快开学的时候，砂山四校的马淑惠校长到农民工家庭走访，从一位农民工那儿知道了李畅失学的事儿。一连几个晚上，马校长转遍了学校周围的几个棚户区，也没找到李畅的家。在当地派出所的帮助下，几经周折，最后终于在离学校很远的大堡那片棚户区里找到了李畅。李畅上学了，母子俩的生活里从此多了一缕阳光：

(出录音——

我儿子刚上学那时候，可高兴了。从大堡那边到这块骑车得将近20分钟左右，那么老远，我都没有时间送他。我儿子可争强好胜了，一天骑个小自行车，来回地走。

——录音完)

……

出音乐——压混——

四年来，砂山四校先后接收了几百名农民工子女，他们当中绝大部分是被马淑惠校长挨家挨户找来的。在这个过程中，砂山四校的老师们对马校长给予了充分的支持，她们不约而同地加入到寻找的行列里。寻找的路上，不再是马校长孤独的身影。这条路充满了艰辛，也充满着希望。

(出录音——

这个工作其实也很辛苦。我记得有一次路过高铁道的时候，我的自行车推一次推不过去，推一次推不过去，就真的是筋疲力尽了，因为那个羊肠小道很脏，有的不适合骑车。突然间，我就觉得挺累，就好像人累得筋疲力尽，还要去往前做这件事。不知怎么地，眼泪也出来了。再一个我就感觉我们的老师太辛苦了。但我们的老师把这当作很快乐的一件事，他们就喊，哎，快帮校长把自行车抬过去，就很自然地，走走走……她们没有一点怨言去做这件事，这都给我增添了信心和力量。

——录音完)

出音乐——压混——

今年，“中央1号文件”对农民工子女教育问题作出了政策性规定，农民工子女上学难越来越受到社会的广泛关注。5月16日，砂山四校被沈阳市确定为全市第一所农民工子女入学指定学校。学校现有450名学生，其中农民工子女301名，占到学生总数的2/3。在砂山四校，这些“失落的花朵”终于找到了一张稳定的课桌。

(出录音——

我们学校作为农民工子女入学的指定学校呢，我们是为这些孩子办理了学籍，免收借读费，不仅如此，我们学校呢有100个孩子获得了省市青少年发展基金会每年600块钱的资助。也就是说，这些孩子真的是实行了免费的教育，也解决了家长的后顾之忧。

——录音完）

……

（音乐起——压混——

马淑惠从棚户区又一位农民工家里出来，天已经黑了。城郊的夏夜显得十分沉静，抬头望去，是漫天的星斗。推着自行车，穿过狭窄的小道，爬上浑河大坝，马校长感到阵阵的疲惫，她下意识地摁响了自行车铃。这铃声，在寂静中传出很远很远，格外清亮……

——音乐止，音效：自行车铃声，渐弱）

（辽宁人民广播电台2004年9月11日）

广播专稿《寻找》从农民工子女“寻找”学校和马校长“寻找”失学农民工子女两条红线的交织，提出了社会和教育界如何寻找和落实农民工子女受教育问题的有效途径。作者选用大量农民工和农民工子女和教育界人士感人的录音素材形成音响逻辑感层次，“寻找”的背后是为农民工子女公平享受教育的权利而大声疾呼！作品播出后引起强烈社会反响。

三、触及时弊，发人深省的新闻事件

社会上的阴暗面和不正之风，像癌细胞一样侵蚀着社会健全的肌体。特别是对某些具有典型意义的事件或问题，记者要有胆识，敢于触及和揭示矛盾。对复杂的问题进行深入分析，从更广阔的社会背景上理性挖掘事件深层内涵。如：《渤海二号钻井船翻沉说明什么?》（《工人日报》1980年7月8日）、《一场不寻常的交通肇事风波》（河北电台1999年10月26日播出）等。

《一场不寻常的交通肇事风波》说的是在一次交通事故中的连续报道。邢台市副市长郭丽酒后无证驾车，肇事后逃逸事件。因肇事者的特殊身份及恶劣态度引发社会强烈反响。记者在事故发生两小时后就从石家庄赶到了邢台，通过对交警、目击者和群众的采访，再现了事故原委，具有较强的实证性，同时引出了肇事的“特殊公民”——副市长郭丽。新闻第二天早晨播出后，邢台市委召开会议，研究查处肇事者。第二篇报道中，记者克服重重困难与郭丽直接交锋，郭丽当众撒谎的丑态通过录音采访展现得淋漓尽致。后续的一篇，记者又请有关专家和管理部门对“郭丽现象”进行较为透彻的分析，从而促进了有关部门对这一事件的处理进程，并由此引发了人们对公仆本色、党群、干群关系的思考，使得这组报道不但较好体现了广播深度报道的冲击力和感染力，也具有强烈的现实针对性和舆论监督作用。

对重大问题不失时机地进行批评揭露，对端正党风，弘扬正气，形成良好的社会舆论起到积极作用。这类报道要认真核实，把握分寸，力争起到舆论监督的积极的建设性作用。

第二节　事件专稿的写作要求

一、及时、充分地报道重大事件，特别是重大突发事件的报道

重大事件是国人、世人关注的热点。人们不仅希望尽快了解事件的梗概，更期待及时、充分、详尽地了解事件的发展。成熟的记者能够在重大事件发生之时，及时、充分地向受众报道事件发展进程，全方位再现事件，从更丰富、更深入的信息层次上满足受众对信息质量的要求。

突发事件中灾害事件报道要求更高、难度更大，受众关注度高。主流媒介对突发性灾害报道肩负着重大社会责任。2005 年 11 月 26 日，江西省九江地区发生 5.7 级地震，《江西日报》记者在震后十余天后采写了专稿《有一种表情叫“不屈”》。记者深入灾区后，收获了大量素材和无尽感动后，提炼出灾区干部群众最具代表性、最令人感动的表情：不屈。以独特的视角和细腻的笔触展示了震区干部群众的“群像”。

有一种表情叫“不屈”

陈赛文　滇　敏

冬雨心事重重地飘着，在蓝色的帐篷顶上织成沉沉的烟雾。行走在雨中的瑞昌，成片成片的救灾帐篷静默着提醒灾情，让人沉重。然而，掀开雨幕走进去，你会感受到一种刚强和不屈。面对灾难，瑞昌人用一声声铿锵的“不”，唱出雨后阳光——

震后 40 分钟，“帐篷广播电视台”就把党和政府温暖的声音送到了灾民耳边

——震不断的电波

12月3日12时55分，瑞昌市建设路。

五顶蓝色的帐篷一字儿排开，这就是这段时间人们常说的“帐篷广播电视台”。走近其中一顶普通的帐篷，门帘高卷，门口的小黑板上写着“瑞昌市广播电视台采编室”。里面除了4台电脑、1台编辑机外，还挤了七八个人。县委副书记谢石林正在向台长汪新锋布置什么新任务；副台长刘晓明在一旁逐字逐句地推敲文字稿；身兼编辑和主持人的周玲玲专注地盯着编辑机画面；新闻部主任刘友敏鼻子红红地裹着一身寒气进来，操起一盒方便面火急火燎地找开水泡面。

帐篷的后面就是他们的办公楼，墙上画了个巨大的“拆”字。大厅里放着一台微波炉，旁边纸箱里是“鲜徕客”捐赠的包子、花卷，再往里满屋狼藉，墙壁被地震撕裂得像蜘蛛网，斗砖型建筑的老墙参差地裸露着。

新闻部副主任柯玉清拿着一摞新闻稿播出统计表，一天一天地算着，一边感叹：“这一个星期的工作量超过了过去两个月。”

11月26日那天，柯玉清和7个同事正在台里值班，山崩地裂般的一声巨响之后，办公楼先是剧烈地抖动后又强烈地晃起来。那一瞬他们的反应是：抓拍新闻、抢救设备。电话不通、手机失灵，柯玉清正焦急着，在家休息的其他同事陆续风风火火地赶来了，半小时内，全台30名职工全部到达自己的工作岗位。

简易的露天工作台很快搭建在紧靠着办公楼的人行道上。临时成立的机构开始高速运转起来。9时30分，瑞昌广播电视台的电波从露天工作台上发出了灾后稳定人心的第一声，由政府一系列通告制成的光碟同时由宣传车载着开往灾区的各个角落。此后，广播电视新闻在帐篷里随到随编随播，每天两个时段30多条新闻和政府通告16小时滚动播出。这束震不断的电波很快让灾民的心稳定下来，踏实起来。

台里有些相对固定的设备一时转移困难，三楼的录音室和播出室仍然坚守着。周玲玲说，她每天都要在这幢危楼里上上下下几十次，一个人坐在空旷的播音室里，面对着频频闪烁的荧光，有时脑中会有一闪而过的恐惧，也会不时地出现《永不消逝的电波》中李侠的形象，她觉得自己像个孩子。尽管休息不好，周玲玲特别注意保护自己的嗓子，她说，她必须让自己的声音保持轻松、平稳，透出往常的沉着和大气。她知道，这个时候自己的声音也是信息的一个重要组成部分。“好在非常时期不用出图像，否则这一双黑眼圈还真会让人产生恐慌呢!”连续工作了48小时?60小时?她自己也记不清楚了，只是现在眼睛盯着电脑不一会儿就开始流泪，右胳膊也抬不起来了，可她说：“我算好的了，你看看刘台，地震后就一直没回家睡过觉，经常只是在帐篷里临时支起的床上打个盹。”

从11月26日起，台长汪新锋的手机就一直忙个不停，上级布置任务、指挥记者采访、下属汇报工作、灾民打听消息……有一次，广播电视台电源连接的高压线出故障，广播电视信号传输突然被切断，汪新锋的手机几乎被焦急的观（听）众打爆了。“在灾情严重的时候，信息对于百姓意味着生命，我们哪敢有丝毫的懈怠?”汪新锋给全台工作人员提出了两点要求：自己照顾好自己，抓紧一切空余时间休息；所有人手机24小时开机，随时接受任务。不过看着同事们这般辛苦，他也心疼。28日晚上，瑞昌市区的小餐馆刚一恢复营业，他就亲自跑到附近的小餐馆里订了一桌饭，想让啃了几天方便面的同事们稍稍改善一下。可是，因为大家手头都有工作，时间一拖再拖，最后订好的一桌饭还是给别人抢先吃了。

汪新锋说，在帐篷里工作，虽然是没日没夜的，却有一种浪漫的感觉，看到墙上的“拆”字，他心里又总是隐隐作痛。但是，这一切都只能在心里压着，他们的唯一目标是保证信息时时刻刻畅通。

打开电视，调到瑞昌台；正是新闻播出的间隙，画面上滚动着一些宣传口号，背景音乐选的是一些欢快跳跃的曲子。在这灾后阴雨的土地上，因为有了这束电波，人们能及时听到来自各方温暖的声音，感觉是踏实的，甚至还有些浪漫。

在地动山摇中，“帐篷医院”笑迎新的生命降临，赶走死、留住生

——震不垮的生命

11月26日上午，瑞昌市人民医院。

透析室里，8时30分刚过，护士敖水兰像往常一样开始给病人做血透。殷红的血在中空纤维管里从容地流着，敖水兰和患者随意地拉着家常。突然，一声巨响，房子摇晃起来，紧接着，电停了，机器停了。敖水兰的头“嗡”了一下，本能地操起手摇泵有节奏地用力摇，继续给病人做血透。门外是杂沓的脚步声和纷乱的叫喊声，而一门之隔的透析室里却像时

光停止一样寂静。她不能叫，更不能跑，病人的血还在她手上的机器里循环。她甚至不看患者的眼睛，只是死死地盯着中空纤维管里徐徐流淌的血。她也曾试图自己一个人把所有的程序完成，尽快帮患者回血，但是，少了机器的帮助，这种可能性只是零。这时候她多么盼望有人推门而入，多一个帮手，让患者早一点脱离险境……短短半个小时，敖水兰就像过了一个世纪。她有些绝望了，可是她告诉自己，手不能软泵不能停，病人的生命全在自己的手上。门外的嘈杂终于弱了下来，电也来了。不一会儿有人推开了透析室的门，科主任罗跃进走了进来。敖水兰悬着的心放了下来，一脸苍白地笑了。在罗主任的帮助下，她镇定地给患者回血、加压、包扎，然后从容地搀着病人撤离……

那惊天动地的一震，把五层的妇外大楼变成了一个不折不扣的战场。患者慌了，家属乱了，哭的、嚷的，有的病人拔下吊针就跑，有的家属拉上自家的亲人就往外冲……慌乱中，他们齐刷刷地站出来了，着白衫的，着粉衫的，像战士，像将军。"请大家镇定，别慌!"有的边喊边抱起患儿，有的用床垫抬着重病号，有序地将患者转移。下楼又上楼，一趟再一趟……只半个多小时，138 名患者全部从病房安全转移到医院操场和其他空旷地。

长期被格林巴列综合征折磨，42 岁的余军这一段时间以来，在内二科一直靠着呼吸机与死神搏斗。因为地震，因为停电，维持他生命的呼吸机被迫临时切断。当余军被转移到病房外空地上时，心跳和呼吸都停止了，家属们甚至从家中取来了寿衣。"不能就这样让一个生命离去，快上气囊呼吸器!"医生、护士们轮流捏着气囊呼吸器。终于，生的力量通过一双双手，将一个掉头远去的生命拽了回来。

望着操场上躺着或坐着的病人，院长刘成思虑着：天凉了，不能让病人在操场上露宿，更何况四周全是五层以上的楼房，得另想办法。简单安顿患者后，刘成带上几名管理人员走出了医院大门。很快，他们在医院马路对面找着了正告示转让的新龙园酒店。这里周围没有高大建筑，里面又有一宽敞的停车场，正好搭置临时病房。10 分钟后，又一场壮观的迁徙开始了。138 名住院病人，重病号转移到九江市相关医院，动员一些差不多痊愈、家中房屋又没受损的病人回家，剩下的 85 名患者全部转移到新龙园酒店驻扎下来。

在 26 日隆隆的地震和余震中，瑞昌市人民医院妇产科还迎接了 7 个小

"震生"的诞生。8时05分顺利结束一例正常分娩后，护士长温乔荣写完记录，护士们收拾好产房，产妇何华英又出现了宫缩痛。当护士们刚把何华英送进产房，地震发生了，立在墙边的空调轰然倒地，四周墙体被撕开近一厘米宽的缝。产房不能再用了，产妇又不能等，可是往哪儿转移？她们想到了相对安全的中药房，一阵紧张的消毒、布置后，又一个小生命在医生护士们紧张的期盼中，在隆隆的余震声中诞生了。产妇柯元珍从乡卫生院转送到市人民医院时，已经是下午2时30分。温乔荣一看就犯愁了：产妇属悬垂腹，必须剖腹产，可是没有手术室，往外地医院送又来不及。她们撬开了新龙园酒店的008号包房，以最快的速度消毒、布置后，准备手术……当柯元珍6.5公斤重的大胖儿子顺利地来到这个世界时，在这间"008号产房"里已经迎接了4个"震生宝宝"。

灾难中那一声声新生儿的啼哭，是一首礼赞生命、直面灾难的不屈的歌唱！

冒着雨，我们走进这所"帐篷医院"。二十多顶蓝色帐篷有些挤却整齐有序。帐篷的门口分别贴着科室的名称以及患者和医护人员的姓名。旁边的原酒店包厢被一一改造成了手术室、X光室、化验室、治疗室、医生办公室等，让我们真实地感受到这就是战争影片中常看到的战地医院。

教学楼震裂了、移位了，"帐篷学校"里仍然不时传出朗朗的读书声

——震不散的学校

11月28日7时30分，瑞昌市求智路口。

瑞昌市实验小学校长魏恒山像往常一样早早来到路口迎接他的学生们。魏恒山担任瑞昌市实验小学校长已十余年了。十余年来，他每天上下学的时候都要到路口迎送学生。以往迎送学生的时候，他的心情总是晴朗朗的，可是今天，他站在那里却忧心忡忡。26日地震发生后，魏恒山立马就从码头镇家中往学校赶。来到学校，和他搭档了十多年的两位副校长眼泪汪汪地在等着他。校园依然漂亮，几乎看不出地震的影子，可是走进综合楼，他呆住了，墙体移位四五厘米，被震裂的墙面惨不忍睹，整栋楼让人触目惊心。这栋楼是去年暑假刚改造完的，彩色的墙面，铝合金窗户，开学时，孩子们开心极了。这一震，37间教室全完了，孩子们到哪儿上课呢？

紧随着魏恒山的脚步，老师们也都来到了学校。接到了县里复课通知后，他们紧急研究开设露天学校、帐篷学校的具体事宜。魏恒山虽已把所有事项都布置妥当，包括下课时孩子们上厕所都安排了专人负责，可是他心里还是惴惴的。

28日8点，孩子们由家长陪着陆陆续续到了。面对孩子，魏恒山像往常一样，脸上露着微笑。这么小的孩子经历着这样一场灾难，心里会不会留下阴影？魏恒山要用自己的镇定沉着给孩子们上灾后第一课。冬日的阳光里，孩子们专心地聆听着老师给他们绘声绘色地讲授“地震是怎么回事”、“地震中怎样保护自己”……

29日凌晨3点钟，外援的帐篷来了，魏恒山领着值班的老师们连夜领回帐篷。休息的老师得到消息后，也纷纷从各自的家中或帐篷里来到学校，有的从震裂的教室里搬桌椅，有的联手搭建帐篷。在武警官兵的帮助下，当日下午全体学生搬进帐篷上课。

魏恒山仍然不停地逡巡在校园的各个角落，孩子们天真的笑脸愈发让他掂出责任的分量：3000多学生呀，场地太小发生事故怎么办？余震再来造成恐慌怎么办？这十多年来，在这所学校可是连一起学生磕伤碰伤的事都没有发生过。所有的细节一遍又一遍地反复考虑，所有的措施一遍又一遍地细化，一切的一切都是为了确保学生万无一失！

城东的阳林湖小学所有的教室全部损毁，危楼全部用绳子围了一圈，旁边还竖着牌子，上面写着：请勿靠近。小小的操场上搭满了帐篷。虽是周日，很多老师都在学校。

阳林湖小学虽然受灾严重，但是28日那天，他们也复课了。校长邹联峰说，他希望学校的正面教育能让孩子们少一些心理的阴影。

因为是周末，我们没能看到学校上课的情景，没能看到灾后校园里快乐依旧的孩子们，可是，我们看到了教育工作者们用爱心和责任织成的一顶顶安全的、温暖的帐篷，孩子们置身其中学习、玩耍，一定笑靥如花。

在采访中，我们曾经问过接受采访的他们或她们：家里的房子受损了吗？自家的孩子怎么办？那一抹抹轻轻扫过的笑容里看不出是无奈、无畏或是无所谓。电视台副台长刘堂河和人民医院妇产科护士长温乔荣是两口子，地震后，他们都没怎么回过家。问他们家里怎么样了，温乔荣只是笑着说了声“房子也裂了”，没有多言。

天气越来越冷了，在帐篷里患者受不了、孩子受不了、设备也受不了。

人民医院一方面尽可能地腾出可用的房子安置病患，一方面加紧医技楼的建设和地震后可用房的维修；实验小学在一中借了16间教室；市政府出资10万元借了市早期教育学校的教室，阳林湖小学很快就可以搬进去了；广播电视台正在寻找合适的地方，准备搬迁……

离开瑞昌时，艳阳高照。广场上、帐篷外，孩子在写作业，大人们有的在打羽毛球，有的在下象棋，有的在听广播，电视里不时传出欢快的音乐声……此时此景，让我们想起采访中听得最多的一句话：阳光总在风雨后。

（《江西日报》2005年12月9日）

二、线索清晰、层次清楚

线索是把专稿中有关材料组成有机整体的脉络。作家李准的体会是："要找到一条红线，有了它所有的材料都像长了腿似的，自己就会跑着去排队。"线索如穿珠红线，找到恰当线索会使全篇思路顺畅，结构紧凑，可听性、可读性增强。如果主线不清，就会造成结构松散，节奏拖沓，以至分散受众的注意力。

事件专稿的线索有多种方式：以事件发展的时间为线索，或以空间变化为线索，或以某一物件为线索等。无论哪种方式，都要求线索清晰，易于被受众接受和理解。

浙江台的《生命之树》是一篇以时间推移为主线的广播专稿。《生命之树》以时间推移作为线索，从8月8日零点7号强台风在浙江省登陆写起，到8日晨杭州市遭受台风破坏的情景；8日晚浙江台发出抢救受灾树木的倡议；9日开始的全市义务救树的活动；结尾是杭州又有了浓浓绿荫。这种方式基本是：开端——发展——高潮——结局的框架来写，脉络清楚，波澜起伏，给人留下难忘的印象。

三、用简洁的笔法勾勒人物群像

人们常说事在人为。事件专稿虽然是以写事为主，却不能见事不见人。事件专稿和人物专稿的区别在于：事件专稿要围绕事件进行，勾勒与事件有关的人物群像。人物专稿可以对一两个人物用细腻的笔触进行描绘和刻画，包括外貌、动作、心理活动等。事件专稿往往要涉及较多的人物，因此，要求记者学会运用简洁的笔法勾勒与主题有关的人物群像。要能够几笔勾勒出一个人物，几笔展现一个场面。

某些具有特殊意义事件的精彩镜头，往往具有史诗般的价值，更要着力写好。记录人类登上月球的著名报道《一小步，一大步》（1966年10月美国《读者文摘》），记者对宇航员跨上月球的历史性步伐作了生动描绘：

1969年7月20日晚上10时56分（美国东部时间），阿姆斯特朗（宇航员）步入历史。他从舱梯的最低一级伸出穿靴子的左脚，在月球上踏下人类第一个足迹。

接着他说了一句永垂不朽的话："这是一个人的一小步，是人类的一大步。"

地球上的亿万人，从电视上看到阿姆斯特朗这难忘的一步，从广播上听到他说的话，观众与听众之多，大概是空前的了。

阿姆斯特朗态度镇定，报告从容。他用无线电话向正在舱里窥望的艾德林（宇航员）说："地面细如粉，我用脚尖就可以踢起来。"细粒像炭粉一样，粘在他的靴子和靴跟上，靴子踩的足印大约1/8英寸深。他提起脚，望望自己的脚印，觉得很有趣。

月球引力弱，只有地球引力的六分之一，但并不碍事。"走路似乎不难"，阿姆斯特朗双足踏上月球，就向控制中心做了报告。他抓着梯子的手也放了下来。

穿着这套笨重的太空装（月球上早晨的气温已达160度，这套太空装也具有抗热作用），阿姆斯特朗起初还走得很不自然。但是，他很快就放胆地一步步离开"鹰"，先挖起一点尘土，以备万一。假如他们不得不缩短在月球上的逗留时间，那么有了这一点点的尘土，也就算得不虚此行了。然后，他才驻足眺望四周荒凉的景色。

"有一种特别的荒凉美，"他说，"像美国高原的沙漠地带，并不一样，但是很美。"

大约过了20分钟，艾德林也跟着爬下舱梯。他的第一句话是："美！美！"

艾德林在月球上露面，引起了控制中心电视机前一批记者和太空署官员的哄堂大笑。原来他转身把舱门关好的时候，说了一句话："我要小心，别锁上了，待会儿进不去。"他们要靠这个月球舱飞离月球。

"想得周到。"阿姆斯特朗赞他一句。

艾德林走过来和他在一起了，阿姆斯特朗非常高兴："很有趣！"

两位太空人穿着太空装，很难分辨谁是谁，他们为一块牌子揭幕，上面写着：

公元1969年7月，地球人类初次在此登陆月球，我们代表全人类为和平而来。

阿姆斯特朗把电视摄影机移到60米外的地方，以便摄取全景。在阳光强烈的月球上，两位太空人一会儿慢行，一会儿快走，左穿右插，又跳又跑，活像是两个幽灵。艾德林承认需要一点技巧，因为身体重心变动，要有一番工夫才不会跌倒。

他们留在月球上的明晰足印，可以保持50万年之久，最后会被微陨石的撞击抹掉。

记者以形象的笔触，把太空壮美的景色和宇航员登月后的动作、表情、话语甚至感觉都传达给读者，读者仿佛也成为人类登月壮举的目击者，使报道有着强烈的冲击力。

四、情节曲折

情节是指事件发生、发展演变的过程。有矛盾、有冲突、有故事，有一定的生动性和连贯性。为什么有些专稿平淡无味？原因之一是把现实生活的矛盾冲突简单化了。人为地抹去棱角。习惯用笼统的叙述代替具体事实，或用突然的转折代替生动的细节，结果成了公式化、概念化、模式化。生活本身是丰富多彩、变幻万千的。有起伏、有波澜，正是现实生活的真实反映。记者要善于利用客观事物提供的可能性，把现实生活的丰富、曲折恰如其分地展示出来。

开展情节的主要手法是设置悬念。悬念是指受众的一种心理活动，是受众由于关切故事的发展和人物的命运而形成的一种期待心情。在事件向前推进时，有意给人们留下疑团，以唤起受众浓厚的兴趣和急切的期待心理。期待心理常常使人们注意的指向性增加，注意力更加集中，产生要听下去、看下去的强烈愿望。章回小说、评书很讲究运用悬念。人们说："看戏看轴，听书听扣。"评书中的悬念叫"扣子"，"大扣子"贯穿全篇，"小扣子"随听随解。一波未平，一波又起，在起伏跌宕的情节发展中，人们被引入特定的意境。其中不仅体现了开展情节的技巧，也蕴涵着民族文化的丰富内涵。

1988 年获全国好新闻一等奖的专稿：《汽车拖着火龙奔驰》（《延安报》1988 年 6 月 14 日）在开展情节方面颇具特色。

汽车拖着火龙奔驰

晋阳化工厂突然着火了，火光染红了半个天空，一辆着火的大型日野车冲出了工厂大门，一场生与死的较量开始了……

4月30日晚10点多钟，初夏之夜的山西，临汾市南郊静谧而迷人，马路两旁一对对情侣在甜蜜的柔风中悠闲地散步，来往的车辆络绎不绝。

在地处南郊的晋阳化工厂里，放油员陈海庆正为一辆来自延安的油罐车卸油。这辆装有10吨原油的大型日野车是延安地区煤炭工业局汽车三队的。奔波了一天的司机邢西安，此时正在化工厂办公室里喝水。他太累了，早上5点从吴旗起身到临汾走了十七个多小时。

突然"轰"的一声巨响，油罐车尾部着火了，半个天空顿时变成了血红色。"不好了！油罐车着火了。"随着一声呐喊，尚未喝完一杯水的邢西安已冲出了房子。他二话没说，立即扑向出油口，准备关住阀门。然而已经迟了，熊熊大火已包围了后半个车厢，火舌足有十几米高，人已无法靠近。油罐车的右边是个大汽油罐，左边是装了30多吨的原油池，离车50米就是化工厂的办公室，周围还有密集的村庄。邢西安来不及考虑，再有几秒钟就无法上车了。他一下子跃上燃烧着的油罐车，飞也似的驶出了化工厂的大门。

车在离开大门口50多米的麦田旁停下来了。邢西安试图再一次关住阀门。一切都是徒劳。火越来越大，十几米高的电线被烧着了，周围一大片麦田顿时变成焦土。油罐车！爆炸！人！工厂！快！快！快冲出危险区。这是邢西安当时想的吗？连他也说不清。然而，他驾着燃烧的油车又飞驰而去了。

这辆拖着"火龙"的车，突然出现在太茅公路上，以100码的高速直向通往荒郊的大道飞驰……

正在邢西安背着死神飞奔的时候，陈海庆早已顺利地翻过了晋阳化工厂的高墙，逃之夭夭了。

带着火焰的油罐车继续奔驰在辽阔的纷河平原上。太茅公路两旁的行人纷纷向两旁闪开。邢西安的脑海里闪电般地出现了儿子、妻子、母亲的面容。他刚上车的时候，根本顾不上想这些，现在他突然觉得他活不成了，怎能不想起这些朝夕相处的亲人呢！

"当"一块半砖砸了上来，风挡玻璃碎了。这是乔家庄一位农民干的。当他发现这辆带火的油罐车驶过他的村庄时，他愤怒了。邢西安哪里顾得了这些，更没有时间向人们去解释。他心里清楚，只有走这条路才能尽快驶向荒郊。是啊！他面前有8条路，左边通往军用机场，右边是拥有40万人口的闹市区，而停在化工厂，就会毁掉工厂，毁掉这个离工厂又有500多米的乔家庄和这个搬砖砸车的农民。

2公里、3公里、4公里……油罐仍然带火疾驰着……

邢西安正在体验着人将要死亡的滋味，他感到自己背着颗熊熊燃烧的炸弹，它正在吞噬着自己瘦弱的躯体。他等着听那巨大的爆炸声。

这时，位于太茅公路上的尧凌饭馆正准备收摊。劳累一天的女主人照例去摘门外的招牌。当她看见一辆带火的车迎面过来时，她喊了起来："凤明，快看，车着火了！"吕凤明闻声而出。这时，车已飞驰而过。和弟弟出了一天车的吕凤明倦意顿消。他立即喊起弟弟吕凤刚，一个开摩托，一个抱着风力灭火机，呼啸着追了上去。

……

而邢西安，出事后的第五天，又出车去三门峡了。他似乎根本未感到他干了一件了不起的事情，就像他每次出车前认真将车擦洗干净一样。他告诉记者，这是他一个普通司机所能做到的事。

专稿的开头描绘了一个十万火急的场面：化工厂内火光冲天，着火的日野油罐车飞驰冲出厂门。这个倒插笔镜头立即把人们的关注吸引到奔驰的"火龙"上。司机邢西安是否能制伏随时可能爆炸的油罐车？全篇以此为线索开展情节，险情横生，扣人心弦。高潮是公路上出现的动人场面：前面警车吼叫开路，中间飞奔着随时可能爆炸的油罐车，后面是个体户的摩托车手自愿"保驾"。面临生死考验，素不相识的人们，自觉承担危险、舍生忘死的思想境界确实令人感动。结尾是：制伏"火龙"的邢西安五天后又出车了，他认为这些是"一个普通司机所能做到的"。这个看似平淡的结尾，仿佛和前面万分紧张的情节形成强烈反差，同时把主人公——一位普通司机邢西安的思想境界升华到更高的层次。生动的情节应当是：意料之外，情理之中。读者、听众感到生动引人，又合情合理。万不可人为地制造紧张离奇，如果成了"意料之中，情理之外"，反倒会出现负效果，这个分寸定要掌握好。

思考题：

1. 谈谈对事件专稿内涵的理解。
2. 结合采写实践，谈谈事件专稿的写作要求。

第八章 风貌专稿

第一节 风貌专稿的内涵

风貌专稿又称概貌专稿，侧重反映某一地区、某一方面或某一行业的新成就、新面貌，用以展示地方风光、社会风情、今昔变化等。随着改革开放，人们的视野更加开阔。人们不仅关心自己的周围，还关心外面的世界。风貌专稿可以起到开阔视野、增长知识、陶冶情怀、提高人们文化素养的作用。

近代我国新闻记者在采写风貌专稿方面成果颇丰。特别是 20 世纪 30 年代、40 年代的进步报纸刊登的旅游考察性专稿，反映了我国优秀新闻工作者，面对民族危亡，以强烈的社会责任感对中国社会出路所做的执著探索与思考。瞿秋白的《饿乡纪程》、《赤都心史》；邹韬奋的《萍踪寄语》、《萍踪忆语》；范长江的《中国的西北角》、《塞上行》等都是这类佳作。这些优秀作品不仅记述了记者考察社会的见闻，还加强了议论和分析的内容，犹如生动翔实的社会风情画，启发人们深刻地观察和思考社会，从而推动了现实斗争。这些佳作不仅客观、真实地记录了当年的社会风貌，也为我们提供了采写风貌专稿的宝贵经验。

风貌专稿题材广泛、内容丰富。改革开放以来，国家面貌和社会风情正在发生深刻变革。改革开放首先是信息开放。现代传播技术使“地球村”的理想正在变为现实。当代受众不仅关注身边的变化，更加关注国家的变化乃至当今世界的变化。近年来，新闻媒介增大了对祖国风貌、世界风貌的报道分量。改革开放的时代为记者采写风貌专稿提供了开阔的空间，报纸、广播、电视相继涌现出一批颇具时代特色和人文内涵的优秀风貌专稿类的新闻作品。

第二节 风貌专稿的写作要求

风貌专稿写作力求做到以下几个方面：

一、抓住特点，突出新意

风貌专稿的侧重不是写人记事，主要是通过对地方风情、社会风貌的轮廓式的描述，反映地方或社会的新面貌、新变化。风貌专稿不能停留在浮光掠影的观感上，要求记者深入采访，在“变”字上做文章，要善于发现地方或社会风貌的新变化。突出新意，着力写“变”，往往决定风貌专稿主题内涵的深度和广度。

国际台1997年6月播出的《回归前夕的香港》以系列报道的形式，展示了香港各界对回归祖国的积极态度。记者选取了几个颇具典型意义的层面，如：“香港回流人士的心声”、“香港百姓心态素描”、“香港殖民统治色彩正逐渐消褪”等侧面，立体地展示了香港回归祖国不仅是国人的众望所归，亦是港人的民心所向。《回归前夕的香港》注意从大处着眼，小处落笔，将重大主题表现的“平和自然，给人以细雨润物之感”①。

二、纵横对比，“动”中写“变”

风貌专稿要反映新风貌、新气象，要在“动”中写“变”。记者要善于将最新的、丰富的、扎实的材料通过纵横对比，写出“动”中之“变”。

纵横对比的前提是占有丰富的材料。浮光掠影、观感式的采访写不出具深度和新意的作品。采写风貌专稿记者需要占有以下方面材料：

1. 某一地区（或单位）的基本情况，包括政治、经济、自然条件等。
2. 历史上的材料及其沿革。
3. 现状的基本材料、数字、典型事例、特点等。
4. 认真观察，掌握形象化的材料。
5. 记者独特的、深切的感受。
6. 掌握与被采访事物有关的背景材料，包括对比性材料、有关的知识性材料等。

《地球上的奇迹——来自唐山的报告》（新华社1986年7月16日）在掌握和驾驭材料方面颇具功力。

---

① 吴志成：《独特的视角，独有的深度，独到的表达》，“中国国际广播电台97优秀广播节目选评”，中国国际广播出版社1999年版。

地球上的奇迹

——来自唐山的报告

谈　风　彭占魁　郑战国

一座现代化的唐山在地震废墟上崛起了。

比10年前的唐山市区扩大近1/3的唐山新市区内，耸立起6000多栋防震的楼房，出现了纵横交错的绿荫街巷，宏伟的文化体育设施，鲜花绿树装饰的街心公园，公共设施齐全的居民小区。全国最大的冀东水泥厂、最大的开滦范各庄洗煤厂和唐山发电总厂在这里落成投产了。去年，全市工农业总产值达到78.3亿元，比震前的1975年增加了一倍多。

这是唐山人民在世界抗震救灾史上留下的最光辉的一页。

历史曾经这样记载：公元1600年，希腊克里特岛的地震，使这一块史前文明区从地球上消失了；1906年4月18日美国旧金山一次强烈地震，使这座城市30年后才逐渐恢复了生机；1923年9月1日日本关东大地震，使它的港口城市横滨经过20年的恢复才又成为港口……

但是，蒙受了巨大伤亡和损失的唐山人，在短短10年内，却把这场大自然的劫难交给了历史，而把现代化的文明带给了自己。

许多前来参观的外国朋友惊叹：这是地球上的奇迹！

最使人惊异的是这样一个比例数字：10年间，国家为恢复和建设唐山投资近50个亿，而唐山人民却在冬不避寒、夏不避暑的防震棚里，给国家奉献利税100个亿。这个人称“地震棚里的伟大创举”，是近百万唐山人在一片瓦砾堆上忍着亲人死亡、财产被毁的巨大伤痛创造的，它充分展现了唐山人民遭灾不忘国家、受难不忘贡献的高尚情怀。

地震使开滦煤矿全部矿井大量涌水，面临着矿井被淹没的危险。这时，全矿迅速组成一万三千多人的排水大军，他们有的刚刚从地震废墟里脱险，还没来得及包扎伤口；有的从井下死亡线上刚摸到井上，没有来得及回家看一眼亲人；有的家人死亡了，顾不得掩埋亲人尸体，便又投入了抢险排水的战斗。他们豪迈地说：“没有了开滦，就没有了唐山，只要我们还活着，就一定要保住矿井！”全矿950台水泵，从300米到1000米的井下，一层层往上抽水，经过150个昼夜奋战，从矿井里抽出1.6亿多方水，等于把一个大型水库提到了地面。许多工人的伤口溃烂了，有的人晕倒了，但开滦保住了。英雄的开滦矿工用鲜血和生命从地震的魔掌中夺回了祖国的这一“乌金宝库”！

“早一天恢复生产，就多为国家做一份贡献。”唐山人民在抗震救灾斗争中首先想到的是这一点。唐山第一陶瓷厂在地震中，厂房被震塌，设备被砸坏，要恢复生产面临着重重困难。此刻，工人、干部们自动组织起400把大锤队。他们夜以继日、汗流浃背地抡着大锤，砸碎了1700多立方米折断的混凝土预制梁，收回300多吨钢筋作为建筑材料，仅用了26天就建起了3000多平方米的骨灰瓷简易车间。这个大锤砸出来的车间，每平方米的造价只有四元钱，震后一个月便生产出了第一批陶瓷制品。唐山人民就这样一面清除地震的废墟，一边搭起一间间厂房，修好一件件设备。他们仅用一年时间就使唐山市的工业生产恢复到了震前水平。10年内，他们清除的废墟，如果堆成1米宽、2米高的墙，它的长度相当于两个半长城。

这是一种为国家泰山压顶腰不弯的建功立业精神！

在唐山，有成千上万的这样以国为怀、公而忘私的普通干部、工人。建筑陶瓷厂的安久长，是一个被誉为“防震棚里创名牌”的厂长。当他在北京看到有的宾馆里使用的陶瓷制品全是进口的时，心里难过极了。他对全厂工人干部说：“我们不能躺在废墟上当懒虫，我们要在地震棚里成龙，创名牌，赚外汇，为国争光。”从此，他带领大家，苦干了3年，终于使“胜利牌”卫生洁具和“三环牌”釉面砖夺得国家银牌，打进了国内外市场。他们10年上缴利税1亿多元，等于给国家赚回四个这样的工厂。

地震使16万多唐山人重伤致残，3000多人成为截瘫病人，但是，他们身残报国之心没有残。这里流传着截瘫人宋乃轩多次摇着轮椅登门缴税的故事。地震中被砸成截瘫的宋乃轩，多次拒绝领导让他住疗养院的安排，组织起17名残疾人，办起了童装厂。当他满怀激情第一次带着税款来到税务所时，收税人员被轮椅上的这位截瘫人的精神感动了，以对残疾人的企业不收税为由，拒收税款。宋乃轩拍着自己瘦小的身躯说：“我身上流着40多个异姓兄弟的鲜血，我的第二次生命是属于国家和人民的。只要我还有一口气，就要像蚕一样给人民多吐一寸丝。”在他的坚持下，一年多时间，宋乃轩办的这个童装厂向国家缴了3万多元“心意钱”。

唐山人民这种伟大的奉献精神，来自对党和国家的无限热爱。唐山人民永远忘不了党和国家对他们的关怀。震后四个小时，党中央就作出了调动全国力量支援唐山的决定。此后10年中，唐山人民的抗震救灾斗争，时时处于党中央和全国人民的关注之下。从1978年9月至今年1月，邓小平、李先念、胡耀邦等党中央和国务院的领导同志，先后亲临唐山视察，对重建唐山从规划、设计、投资、施工到建设速度，都作了具体的部署和指示。来自中南海的一阵阵春风，给废墟中的唐山点燃了复兴之火。

在党中央的号召下，来自全国各地的10万名解放军、5万多名干部民工、10多万人建筑队伍、上万名国务院派出的对口支援的工程技术人员以及数十万吨救灾物资，涌进了唐山。“一方有难，八方支援”汇成的巨大洪流，迅速洗掉了唐山人民脸上的愁云，拉开了重建新唐山的序幕：一场大规模的防疫灭病活动，使唐山出现了“大灾之后无大疫”的奇迹；一场按照现代化的经济布局和产业配置进行的恢复和发展生产战斗，不仅使全市270家区属以上的企业1年内全部恢复了生产，而且随着先进技术和装备的引进，使唐山钢铁公司、陡河电厂、冀东水泥厂、唐山建筑陶瓷厂等一些大中型骨干企业步入全国先进行列。一场抢速度、争创第一流居民住宅楼的竞赛，使一批灾民喜迁新居……这些援建人员，远离家乡，住在防震棚里，含辛茹苦为重建唐山奋力拼搏，充分表现了他们高度的社会主义觉悟和忘我的献身精神。

全国闻名的邯郸市第二建筑工程公司，是这些援建队伍的一个代表。1979年初，这支队伍来到唐山的第二年，队长朱林生把干部工人带上凤凰山顶，放眼鸟瞰全市，只见油毡盖顶的防震棚，灰蒙蒙的一片。朱林生激动地挥着手说：“两年多过去了，唐山大人、小孩还住在防震棚里，我们这些建筑工人能心安吗？我们应该怎么办？”工人们齐声回答：“拼命干！”他又指着远处一座没有完全倒塌的建筑问：“那座楼房为啥没有倒？”有人说：“那是因为钢架结构质量好！”朱林生接过话茬斩钉截铁地说：“我们就要为唐山人民建造这样的优质房、放心房！”这个简短的现场誓师会，使干部、工人们心里建起了一本“灾情账”，激发了强烈的使命感。从那天起，在“邯二”的建筑工地上，工人们创造着奇迹，而他们又使自己成为奇迹般的人。在他们当中，有的连续七年没有歇过一次病假；有的8年没回家过一个团圆年；有的7年一直连续上夜班；有的身患重病还坚守岗位……就是这样，他们住着防震棚，7年为唐山人民建楼房1.55万多套，面积达110多万平方米，工程全优品率达到98.5%。唐山人民感激地说：“邯二建造的每栋楼，都是他们的一座功德碑！”

如今，在唐山市中心广场上，巍然耸立起一座高达33米的抗震救灾纪念碑，这座纪念碑由四根巨大的梯形水泥柱组成。它是全国四面八方支援唐山建功立业的丰碑，是社会主义制度具有无比优越性的象征！

（新华社 1986 年 7 月 16 日电）

要表现唐山震后十年的建设成就，可以说材料浩如烟海。记者没有平面地罗列十年建设成果，也没有过多地描述地震发生后的惨状，而是紧扣“新”和“变”，选用了典型数字——十年国家为恢复、建设唐山投资近 50 个亿；唐山人民在防震棚里为国家贡献利税近百亿；选用了典型事例：1.3 万多开滦矿工排水抢险，保住了开滦煤矿；废墟中建厂的第一陶瓷厂；抗震棚里创名牌；伤残人向国家上缴 3 万多元“心意钱”；全国支援唐山等。这些典型材料较好地反映了唐山人民遭灾不忘国家的思想境界和全国一盘棋建设新唐山的伟大奇迹。

三、寓意于景、情景交融

风貌专稿可以反映名山大川，旅游风情，题材丰富，文思开阔，且能糅进记者的见闻感受。记者要真正进入角色，做到寓意于文，寓意于“景”。记者文笔饱蘸感情，以形象的描述展示一幅幅画卷，力争做到寓意于景、情景交融。

《中国日报》记者穆谦（《中国日报》2006 年 1 月 10 日第 13 版）采写的《一个藏族村庄的圣诞节》以生动的笔触勾勒了滇西北茨中村村民过圣诞节的情况，从中反映了天主教在茨中以及滇西北地区的传播和发展。茨中村是云南西北部的小村落，这里有一座近百年历史的天主教堂，还有一群虔诚的藏族天主教徒。作品真实表现了当地天主教徒和藏传佛教徒的和睦相处，以独特视角反映了我国宗教信仰自由的社会现实。记者深入偏远地区，克服了语言和文化障碍，写出了独具新意的报道。这篇报道针对《中国日报》特定的读者群，通过不同文化和宗教的对比，使社会和谐的基调更为突出和放大。

从心理学角度讲，人的各种感觉：即视觉、听觉、味觉、嗅觉、触觉等都是通过大脑皮层引起反映，而各种感觉之间往往是可以相通的。通感手法正是利用这一点，把人的不同感觉通过一定的描写手段沟通起来，使专稿中的情景变得可见、可触、可嗅、可听、可感，激发受众感知事物的体验和兴趣。

英国《大西洋周刊》记者赫尔曼·斯切福采写的《黑雾》，描绘了 20 世纪工业革命年代伦敦空气严重污染的情况。文中写了这样的片段：

黑雾降临了，整个城市被它深深地掩埋了，隐入了午夜时分的那种浓重的幽暗。黑雾又浓又重，它像洪水一样，涌进了城市，涌向大街，灌满了每一所房舍以及每一个居民的肺脏。烟囱吐出的浓烟立即被黑雾压回大地上，使周围的一切变得不可辨认。让我们到寂静的大街走一趟吧。我们只能用手摸着庭院的栏杆，用脚小心地试探着，一步一步向前挪动。突然，我们的前方出现了一个模模糊糊的物体，看来离我们很远，可是，当我们向前一伸手就触到了一个冰冷的铁铸灯柱。我的周围响起了脚步声，极目环视，却看不到人。有时我们能感到周围有人在走动，那是因为我们听到妇女衣裙的响声，或者闻到她们身上散发的香水气息；如果听到手杖敲击路面的声音，或者看到雪茄烟的闪光，那就是男人走过来了。

忽然在黑暗中传来孩子又惊又怕的哭叫声："妈妈，我找不到妈妈了!"

警官高大的身影发出了声音："小姑娘，你的家在哪里?"

孩子说："在福尔汉大街，先生。"

警官无可奈何地说："现在，谁也找不到这个地方。先在这儿等一会儿，等雾散了，我就带你去警察局。"

"小姑娘，你在哪里?"随着一个苍老的声音传来，昏暗中隐约出现了一个驼背的身影。"你在哪儿呀? 我带你去福尔汉大街，来呀，跟我走吧!"

这是一位老人，胡须雪白。他的胸前，挂着一块标记，说明他是一个孤苦无助的盲人。小姑娘抓住老人的手，他们走了两步之后，就被昏暗吞没了。在伦敦成了瞎子的时候，只有瞎子才能分辨出它的路程。

记者以形象的笔触，立体地表现了人的视觉、听觉、触觉、味觉的多重感受，好像把人们带入了毒雾弥漫的伦敦，把当时资本主义工业畸形发展的严重后果生动地刻画出来，给人留下难忘的印象。

风貌专稿状物写景力求朴实，最好少用形容词，努力避免那些用滥了的词语，如：鳞次栉比、心旷神怡、美不胜收、星罗棋布等。在我们常用的词汇中有些词根本没有形象，状物写景尽量少用不能唤起形象表象的词语。表象性的词语，在受众头脑中能够唤起对某件事物的特定形象储备，产生立体的、动态的感受。

四、构思新颖

风貌专稿题材丰富，安排结构要求灵活多变，不拘一格。较常见的结构是以记者的视点转移为序，通过见闻穿插记者的感受，在情景交融中展示主题的寓意和深层内涵。

艾丰采写的《龙须沟流过的地方》（《人民日报》1984年10月）在精心构思和驾驭文字方面显示了记者的深厚底蕴。

龙须沟流过的地方

艾　丰

旧地重游，常常叫人触景生情。

现在，我来到了北京那条出名的龙须沟流过的地方。

龙须沟，早先那块儿，它是脏出了名，破出了名，穷出了名。一解放，人民政府就把它给治了。老舍把这事儿编成了话剧，后来又拍成了电影，这下，它可就名扬四海了。如今，走在这条路上，不再是从旧的里面发现新的，倒是从新的里面回忆旧的了。

那熏人脑浆子的皮厂子呢？啊，现在那儿是北京第一食品厂，放香气儿了。晾粪干儿的粪场子呢？早被“请”走了。现只见光学仪器厂、电子原件厂、北京制帽厂……

金鱼池呢？治过龙须沟，跟脚也就整治了它。清淤泥、筑栏杆、修护坡、栽树木，成了个小公园。当我下了马路，向金鱼池所在地走去的时候，哦？怎么？我看到的只是一片简易楼。那楼确实显得简陋。公用的走廊上，堆满了各种各样的物件。一些人家为扩大居住面积，增添了自行设计和施工的各式各色的窗户……

我碰上了原住在金鱼池西上坡的张大妈，问到简易楼的来历，她说，那是“文革”那阵儿，修地铁，挖出来的土，填到这儿了，上面盖了楼。“那会儿，人们往楼里搬的时候可高兴啦！您想想，过去这湾儿住的净是什么房子？‘破屋顶，烂泥墙，迈腿就上房，雨停屋里下，刮风乱摇晃。’到如今，政府给盖了楼，让你住，谁不感激？”接着大娘把话头一引：“眼下，我退休了，每月还给我几十块钱的退休金。解放前，吃了上顿没下顿，卷起戏报儿当被子，怎么比？我知足了，嘿，年轻人还不知足！我常说他们，要知足，有利工作的事儿，你就多干。”

说到这儿，旁边一个人告诉我，类似这种“知足”与“不知足”的争论，在不少家庭里都有。那些持“不足论”的青年人，“论战”的方法也是对比。近处，拿自己住的简易楼和单元楼比；远处，同电视里的外国比。兴许是前些年动不动就忆苦思甜，把人搞腻味了，不少家里似乎是“不足论”略占上风。

我倒要进简易楼里去看看。在居委会，几位街道妇女干部，只听我要看房，没弄清目的，就指旁边一位老人说：“就看他家的吧，三代人住一块儿，够挤的。”那老人点点头，说了声：“跟我来。”便领着我登上了一座简易楼，上了一层，又一层。我看老人小腿有点“拌蒜”，问道：“您多大年纪了？”他回答：“七十五。”“腿脚不利落？”“不，蛮好。”说话到了三层，穿过楼道堆放的各种物件，拐了几个弯儿，到了他家。里外相连的筒子间，住老少三辈，着实显得挤。可没想到，屋里的陈设，却相当够意思。大衣柜、小衣柜、写字台、酒柜，都是新式样的。儿子正坐在“彩电”前头看球赛，见我们来了，一边招呼，一边扭开电扇，打开冰箱，递过一杯冷饮。

通过我们的自我介绍，我才知道，老大爷叫杨振林，是天桥老艺人，表演钻圈儿的。摔跤的宝三、耍大刀的张宝忠，他们这一拨儿的，眼下健在的就剩下他了。他解放后参加过赴朝慰问团，后在沈阳杂技团，退休回到北京。他家称得上是“杂技世家”，杨振林的爸爸是耍杂技的，杨振林有五个儿女，四个也是演杂技的。

嘿，面前的这位大爷，可算“老熟人”了。小时候在天桥留下的那些印象怎么会消失呢？那在刀圈儿、火圈儿中钻来钻去的身体灵巧的把式，原来就是这位大爷呀。他笑着谈今天的日子：“过去，我是‘臭卖艺的’，靠作揖请安混碗饭吃。现在是人民的演员，没人小瞧咱了。您瞧我们德来——”他一指坐在对面的儿子，“在铁路杂技团，前年去非洲，演了八国；去年又到美国、加拿大，照过去，钻圈儿的，出国？做梦吧。”说着，他用手指头顺着屋子画了个圈儿，“这些东西，过去见也见不着哇！”

看来，他是个“知足派”了。可是，没想到，他接下去也说了“不知足”的话：“就是这屋子太小了。东西没处放，热天，房顶晒透了，像个蒸笼，大人孩子只好睡在水泥地上。”

这时，三十来岁的杨德来接过话茬：“这片简易楼，刚盖那会儿，大伙高兴也是真的，不过现在看，有点失招儿。把金鱼池填了，不一定对。

垫土盖楼，地基费了好多钢筋水泥。盖简易楼房，更是没发展眼光了。”

看来，他是个“不足派”了。不过，他接着作了如下分析：“过去高兴的事儿，现在不满足，说明社会发展了，这是一面。另一面，我们青年人也该知道过去的事儿。拿练功说，我在垫子上练跟头，摔得挺疼，不想练了。爸爸说，他们那会儿就光着脊梁在地上摔。听听这个，我练功就有劲了……”

他们随口说的这些家长里短，却引起我深深的思索。这一老一少，接上了茬儿，搭上了调儿，把“知足”和“不知足”结合得多么和谐自然哪。是啊，我们的人民，在新道上走了三十五年，迈过不少沟坎，眼界更宽，步子更稳了。成绩面前的狂想，失误面前的泄气，已成为过去。他们既知道从“知足”方面增加信心，也知道从“不足”方面寻找任务。

从杨家走出来，一阵秋风吹过，煞是爽快，眼前，天坛北门东边的农贸市场，摆满大米、杂粮、鲜鱼、蔬菜、瓜果梨桃。金秋在这里向人们微笑了。哦，解放前，这一带不是有“鬼市”吗，大都是出卖收来的旧货，天一亮就散。附近崇文门（那时多称“哈德门”）还有出卖劳力的“人市”哩。昔日市场与今日市场又是多么不同啊！翻了身的龙须沟，转眼又显得落后了。啊！生活的脚步有多快！

《龙须沟流过的地方》通过记者的视野所及，展现了80年代中期龙须沟的风貌。通过采访龙须沟，特别是简易楼里的几家住户，反映了普通人家生活水平的提高和他们对改变居住条件的期待，进而点出了主题——从“知足”方面增加信心，从“不足”方面寻找任务。这个主题不仅对当时有强烈的针对性，对当前也颇有启示。记者的文风质朴、深沉，犹如谈心般地直白亲切，还透着特有的老北京韵味。从中印证了老舍先生所说的话：“用顶通俗的话说明顶深刻的道理。”

五、旁征博引，别有情趣

风貌专稿侧重展示风土人情、社会发展变化，还要注意提供有关的背景材料。背景材料的恰当穿插，对开拓主题的容量，增加知识性、趣味性方面有着至关重要的作用。

穆青采写的国际题材专稿不仅立意深远，文字优美，在运用背景材料方面也值得借鉴。如：《十月的罗马》中关于罗马古城的命名、罗马城徽“狼婴”图案的传说；《维也纳旋律》中关于音乐家贝多芬、莫扎特、舒伯特、施特劳斯等人的故事；

《在斜塔下》中关于比萨斜塔的由来和伽利略著名的自由落体运动实验的故事等，这些背景不仅开阔眼界，也提升了作品的可读性。

《高山流水话琴台》中有关俞伯牙摔琴谢知音的传说；《喜看今日钱塘潮》中关于钱塘江大潮形成的科学知识；《今日白帝城》中恰到好处地引用了诗人李白的诗："朝辞白帝彩云间，千里江陵一日还。两岸猿声啼不住，轻舟已过万重山。"诗人杜甫的诗："白帝城中云出门，白帝城下雨翻盆。高江急峡雷霆斗，古木苍藤日月昏。"等。这些背景材料用得恰当贴切，不仅增加知识性，也提高了作品的文化品位。

中国自古以来重视地方志的编写修订。地方志载有当地建制沿革、地理、建筑、物产、风俗、人物、文化等情况。这些材料对采写风貌专稿很值得参考借鉴。当然，运用背景材料要注意紧扣主题，不可喧宾夺主。

风貌专稿无论写自然风貌或社会风貌，无论写国内题材还是世界性题材，都是为了展示时代风貌和人民群众的精神风貌，这也是时代赋予记者的重要课题。

第九章 研究性专稿

第一节 研究性专稿的特点

研究性专稿也称工作专稿，在政策内涵、理性内涵以及思辨性视角方面较好地体现新闻专稿深刻、丰富的深层传播效果。力求从较丰富、较深刻的信息内涵上，反映现实社会出现的新观念、新经验、新问题，具有较强的现实针对性和舆论引导价值。

在新的历史时期，社会处于快速的变革之中，新问题、新现象层出不穷。受多年来“左”的宣传模式的影响，受众乃至新闻从业人员对研究性专稿的导向性、政策性、针对性的认识有失偏颇，甚至理解为指令性、指示性，以致出现图解政策、强硬灌输等弊端，从而引起受众的逆反心理，产生宣传的负效果。新时期的研究性专稿，要求新闻工作者深入一线，通过报道现实社会中的新经验、新问题、新思路，为受众提供正确判断形势、掌握观察问题的方法和思路，起到开阔视野，解疑释惑的作用。新闻报道是以新近发生的事实以及对事实的深入分析解读，对人们进行潜移默化的影响和引导。只能引导不能强制，只能说服不能压服。这是新闻工作的规律，因此，我们应该从更广阔、更长远的战略高度来认识研究性专稿的作用。

研究性专稿的特点主要体现在以下几个方面：

1. 重视对深层信息的解读，突出研究性。消息对报道新成就、新经验、新问题迅速及时，短小精悍。但是，消息往往受到篇幅、时效等条件限制，难以对事实进行详细报道，也不大容易对问题进行透彻分析和解读。研究性专稿，无论是突发性事件或非事件性题材，不仅要求对事物发展的主要进程有较详尽的报道，还要求对新的经验和具倾向性问题做较为透彻的分析，努力满足受众对深层信息的期待。

2. 重视选题的新闻性和普遍性。研究性专稿与工作总结相比，在题材上有相近之处。但是，其传播渠道和受众范围大不相同。工作总结局限在本系统、本部门，主要是上报有关系统的领导或管理部门，专业性、技术性强，属组织传播范畴。研究性专稿的对象是广大受众，属大众传播范畴 。研究型专稿的受众范围广，选材要求具较大新闻价值，有现实针对性。写法上更为自由灵活，讲求接近性、深入浅出，可读、好看、好听。

随着社会的发展和受众水平的提高，新闻媒介也面临着竞争和挑战。为了满足受众对信息深度的要求，新闻媒介更加重视研究性专稿这一特定体裁。

研究性专稿侧重对复杂事物深层内涵的探讨与分析，相对来讲采写难度较大。正如一位资深记者所说："只有那些在社会科学方面目光敏锐、具有一定专业知识的记者，才能明智地处理事实和解释事实。"因此，写好研究性专稿，要求记者不仅纯熟驾驭文字，更重要的是从理论政策的高度和分析问题的深度、用创新思维去提炼主题和表现主题。

第二节　研究性专稿的写作要求

一、从全局出发，把握事物的本质内涵

在从计划经济向社会主义市场经济的转轨时期，经历着诸多前所未有的矛盾和复杂现象。市场经济像一只"看不见的手"，影响着经济和社会生活。在经济运行中存在的变数极多，这就要求当代记者从理论的高度领会党和政府的有关政策，从全局高度把握经济形势的变化和市场走向。用唯物辩证的方法，努力超越表层、浅层或人云亦云的层次，从时代的高度、全局的高度，敏锐把握事物的政策内涵、理性内涵。

党的十七大报告进一步明确了科学发展观是发展有中国特色社会主义的重大战略思想。科学发展观深刻把握了当代中国仍处于并长期处于社会主义初级阶段，又将进入新的历史起点这一基本国情。是国人实现人与自然、人与社会和谐发展的战略目标的基本思想，也是当前具时代意义的重大主题。近年来有关这一命题的新闻力作陆续浮现。《经济日报》记者梁晓亮的《别样的循环经济》（《经济日报》2004年12月3日）就是一篇具代表性的优秀作品。

自科学发展观提出后，循环经济成了环保报道关注的话题。该报道是涉及循环经济题材较早的作品。记者赴江苏基层采访关于企业在环保方面的经验和存在的问题。记者通过深入调研，在某些基层企业中找到了问题的答案——循环经济的真正落脚点应该是"为企业循环"创出实实在在的利润。该报道可贵之处在于拉近了科学发展观、循环经济与基层企业乃至普通百姓的距离，深入浅出地说明了一个朴素

的真理：循环经济并非意味着“投钱”，更多在于“挣钱”，而且是实实在在提升“挣钱”的层次和品位，给受众提供了看得见、摸得着的“循环经济”的范例。

近日，记者走访了江苏一些循环经济搞得好的单位，试图给读者更多一些关于循环经济实现途径的剖析——

别样的循环经济

梁晓亮

卡出来的循环经济

“日本市场上，70%的藕产品都来自我们宝应。我们的藕出口到日本，要通过13项非常严格的考核指标。”扬州宝应县县长林正玉的这个开场介绍颇让记者吃惊，有那么神？

宝应县有机农业的试点是从有机稻米、有机藕、有机蟹开始的。怎么就让这些普通的农渔产品贴上“有机”的标签？

据记者所到的宝应县射阳湖镇立清有机蟹养殖基地里的负责人介绍，这里采取蟹为主、鱼为辅的混养方式，在塘里，蟹、黄鳝、肥水鱼共生，蟹以投放的鲜活螺蛳为饵料，在近4年的基地养殖过程中，未用农药和化学添加剂，这样所产的水产品个大，肉质也好。而在记者所参观的射阳湖镇荷园的有机藕基地，鸟啼声不绝于耳，这里的芦苇、蒲、荷藕及各种野生蔬菜均未受到破坏，鸟类、蛙类、人工及野生鱼、虾、蟹等水产品也在逐年增多。在这个生态圈里，水产的粪便供给稻、藕生长肥料，稻、藕也成了水产的天然生长环境，一举解决了土壤的肥力和清洁的双重问题。

如今宝应的有机大米在上海的超市要卖到12元/斤左右，宝应湖大闸蟹荣获全国十大名蟹称号，作为全国唯一试点的“国家有机食品基地建设示范县”，每年提供国内外市场的有机食品和绿色食品超过5万吨，全县九成以上耕地生产放心食品，其中经过权威认证、认可的有机食品、有机转换食品、绿色食品和无公害产品占80%左右。

其实，仔细琢磨宝应的这种农作物和水产养殖的套养方式，并非什么高门槛的技术，按当地人的说法，早在五六十年代这种套养方式就有人用上了。可后来，随着催肥防害技术的大用特用，蟹长得快了，却不鲜美了，藕长得壮了，却不甜脆了，随之而来的还有水源的污染、土壤的衰竭，以及动植物之间的生态孤立，余下的只是让人眼晕的产品和口晕的品质。

宝应的回归之路，并没我们今天看到的这么轻松。“3年的有机转换期是最难熬的！”耐得住的宝应人如是说。为了不被“绿色壁垒”卡掉，从人工肥化过渡到自然肥化，这种自净的过程需要3年，而此间“有机”的头衔还没戴上，价格没保障，产量又受阻。可一旦突破，身价就会倍增。

尽管如此，林县长还有烦恼：要达到规模，土地资源需整合；要过渡到有机，农民的种植养殖习惯就要强行改变；而要收回本儿赢利，还要与假冒伪劣作斗争……

拣回来的循环经济

“我们附带生产的硫酸铵是做一吨赔一吨的，而治理废水过程中开发的一些新产品，也是不得已而为之。”江苏菊花味精集团的潘小毅仍然还有那么一点不情愿。即使硫酸铵从今年6月试生产到今年9月，共实现了100多万元的销售额，即使他提到的新产品能远销欧美，还是掩饰不了这个味精厂家的种种无奈。

1997年太湖流域治理，菊花的味精污水处理问题被提到议事日程。菊花共投资3000万元建设日处理能力为5000吨的污水处理厂，而潘小毅就是这个有170人的污水处理厂的厂长，“污水处理厂每年的运行成本1500万，菊花都得自己承担，还不从废水里再回收利用点儿？那就更赔了！”

味精废水中含有大量有机物，正是这些废水在污染着环境。菊花一方面对污染物进行有效治理，削减排放量，另一方面从废弃物中提取可利用的物质。每天产生的近3000吨淘米水中含有大量残粮、淀粉、微生物发酵菌，菊花从中提取菌体蛋白做成浓缩饲料，年产1000万元，创利300万元；不仅是淘米水，在pH值味精废水中，菊花也通过3年的技术攻关，提取了菌体蛋白，不仅创效300万元，而且每年可为企业节约废水处理费500多万元。在味精的加工过程中，会产生大量活性污泥，每年的处理费就要花去60万元，而且会产生“二次污染”。菊花独创出的在污泥中加入絮凝剂生产水生物蛋白的新技术，使黑黢黢的污泥经过分离、处理、烘干后变为香喷喷的水生物蛋白粉末，成了上好的鱼虾干饲料，年销售收入60万元。大米发酵后每天会产生约300多吨的米渣，如果以每吨500元的价格卖作猪饲料，不仅销路差，而且大量堆积的米渣还会散发出臭气，菊花从米渣中提取大米蛋白做成的大米蛋白粉80%远销美国、韩国、荷兰、意大利等国，价格卖到每吨3000多元，每年可创利200万元。

就是这些一来二去的小钱，拣多了也能凑个大数目，“没有废物，只有放错地方的资源”的理念已深入菊花人心。

味精，当初从日本传到中国来，自此中国就有了菊花、莲花、红梅等一批味精名牌企业，可现在整个味精行业的日子都不大好过了。一方面因为行业的整合，正在向规模化发展，小企业纷纷倒闭。另一方面，味精厂所面对的环境压力也越来越大。

前一阵子关于莲花味精向淮河排污的新闻报道着实让河南莲花味精集团恼火了一段时间。当记者跟菊花的工作人员提及这件事情的时候，他们谨慎地避讳开了。潘小毅只是笑着说：“环保局在盯，周围老百姓也在盯，味精企业的污水治理是大势所趋，早晚都得干，还是早点动手好，变被动为主动。”

菊花的可贵之处不仅在于不回避责任，不给自己找借口，更在于其能够积极面对，与其消极抵制，不如在“面对”的前提下努力使自己的利益最大化。而记者最佩服菊花的一点是——在菊花的这些再利用技术中，有好几项是自己研究出来的，拣回来的利润虽说不大，但却是不小的安慰。

招来的循环经济

在张家港保税区，记者学会了一个新词——“绿色招商”，即评价一个新项目是否“绿色”，不能只停留在其技术的先进性、环保的优越性上，而是在此基础上考察其在产业链中能否起到节点的作用，使进入保税区的企业尽量都有相关联，“唇齿相依”。

在园区内的苏州精细化工链条已经形成最为复杂的一个产业链条，其生产链条涉及近10家中外企业，“资源——产品——再生资源”的经济增长方式，上家企业的产品或废料是下家企业的原料或辅料，以最小的成本获得最大的经济效益和环境效益。保税区除了多家企业组成的工业链条，还有东海粮油这样自己形成的相对独立的循环体系。东海粮油能够用大豆、稻谷、小麦这三种原料的相互配合下生产出磷脂、饲料、游离脂肪酸、皂角、特种油、面粉、大米、米糠油等产品。

据保税区季颂元副主任介绍，为了鼓励“绿色招商”，保税区采取联合计算，即招商人员如果找来由几家上下游企业组成一个工业链条，可以得到更多的奖励，而这个工业链条的各企业也会有更大的优惠政策。往往是一个核心企业带来了一批上下游企业，从而形成一个工业链网。

循着东海粮油和苏州精细化工的产业链条示意图走下去，你会觉得这一切都衔接得近乎完美。源头控制和过程控制相结合，使得走在这个化工、粮油、机电、纺织四大产业云集的工业园区内，嗅不到一点不和谐的味道。

这个绿色招商的概念是怎么形成的？张家港环保局局长赵建明说："招来的啊！跟这些企业打交道过程中学到的东西也出乎我们的意料。"

正是像陶氏化学、雪佛龙这等化工巨头的带动，才使化工的扎堆效应在化工园得到很好的应用。赵建明说，这些化工巨头真的给他们开了眼界，不仅在招商上有了借鉴，就是一些环境理念和做法也让他们折服。陶氏化学在工厂开工前，从工厂的所在地上取了一罐土壤，说是50年后将这块土地还给张家港的时候，一定还会保持这个土质。雪佛龙要建和美国总部能联系起来的监测网络，以便工厂对环境造成的影响受控于美国总部。这些都成了张家港保税区管理上无比宝贵的经验。

《别样的循环经济》属专业性相当强的报道题材。记者选择了三个生动的动词"卡"、"拣"、"招"，引出三家企业颇具特色的循环经济投入模式。每个故事之后记者发表了采访的感悟与思考，记者点评画龙点睛，拓展了报道的理性内涵。

二、深入调研，将舆论监督效果落到实处

研究性专稿往往涉及某些社会热点、难点、焦点题材。往往是群众最为关心，在国家政治、经济生活中带有普遍性，党、政府及各级领导重视的问题。这类题材不仅内容重大，而且涉及方面多，报道难度大。因此，要求记者具有大局意识，责任意识，深入调研，讲求实效。特别是涉及违背国家法律，危害群众利益、国家利益的现象和问题，成熟的记者，通过采写研究性专稿，引起社会和有关方面的关注，从而形成舆论监督氛围，切实担负起新闻媒介神圣的社会责任。

新华社记者陈芳、张洪河采写的《连闯"红线"上钢厂 毁田拆房惹民怨》（新华社2004年4月4日）关于常州"铁本"在长江边违规建钢厂的调查，是2004年度中国宏观调控产生重大影响的独家报道。记者在调研中获知常州有个企业在长江边建钢厂的信息。记者凭多年采访有关土地问题的丰富经验，顺藤摸瓜，采访了200多名民众、几十位各级干部，形成了支撑主题的有力证据。该报道涉及诸多利益单位和个人，情况复杂，难度大。记者抓住事件背后暴露出的深层次和普遍性问题，将这起地方政府及有关部门失职违规、企业涉及违法犯罪的重大典型挖掘出来。

连闯“红线”上钢厂　毁田拆房惹民怨

陈　芳　张洪河

新华网南京4月4日电　民营企业江苏铁本钢铁有限公司，未经国家有关部门审批，违法占地近6000亩，去年6月在长江边开建800万吨的钢铁项目，其中60%是耕地，涉及1400多户、4000多农民被迫搬迁。不少过上小康生活的农民已有8个多月无“家”归、无地种，有的甚至住进窝棚、桥洞、废弃的渔船。一些农民说：“占这么多的耕地，建这么大的钢厂，是谁给‘铁本’这么大胆子?!”

上千农户被迫拆迁　部分农民生活艰难

3月24日，记者来到曾是“鱼米之乡”的江苏常州新北区长江边，这里因铁本公司建钢厂而呈现出另一番景象：在一块“基本农田保护区”的牌子后面，是一排排隆起的高架设备，被毁的黝黑耕地和拆迁后的散乱瓦砾随处可见。

长江村附近的一条小河里，停泊着几条废弃的渔船，船上用木板和砖垒起一些临时“窝棚”；河沿上一个低矮潮湿的窝棚旁，搭起一排猪圈，七八桶喂猪的泔水，散发着阵阵恶臭，70多岁的村民刘纪宝和他的老伴在这里已住了8个多月。记者弯腰走进黑洞洞的窝棚，一张堆满被褥和杂物的床占去一大半空间。刘纪宝说：“因为建钢厂，家里的小楼给扒了，承包地全占了，补偿款买不起新房，儿媳妇又得骨瘤花了十几万元，只能靠养猪过活。”

在魏村老水闸两侧的桥洞里，也聚居着四五个拆迁户。东进村12组村民赵年夫和他的老伴，正在“家”门口分拣破烂。赵年夫说：“家里原本两间平房一亩六分地，吃的烧的都不用买，可如今样样都要花钱，捡破烂挣的这几个钱，根本不够用。家里的存粮快吃完了，往后可咋办?”

长江村一片8组村民贯龙福一家，拆迁前住着6间房，如今租住一间临建房，90多岁的老母亲住在废弃的教室内。屋内四处漏风，老人裹着头巾，盖了好几床被子躺在床上。贯龙福说：“母亲是军烈属，我们多次反映拆迁后生活困难，镇上干部却说‘你们不要给我出难题，工程要紧’。”

许多被拆房占地的农民气愤地说，这里是“鱼米之乡”，老百姓日子一直过得不赖。自打耕地被毁、房子被拆后，生活倒退了好多年。

近6000亩地未批先占　未办“环评”钢厂开建

注册资本3亿多元的江苏铁本钢铁有限公司，是一家成立8年的私营企业。据了解，由于企业生产工艺、技术装备相对落后，污染严重，周边居民多次上访，要求企业搬迁。如今，这家企业在长江边新上钢铁项目，在项目审批、建设用地、环保审批、银行贷款等方面暴露出诸多问题：

——项目审批：常州市高新区管委会将整个钢铁项目一分为四，为办理土地等手续，又将项目分成14个基建项目。常州市委市政府的有关材料显示，这14个项目在投资规模上都属于越权审批。

——建设用地：按照《中华人民共和国土地管理法》的有关规定，涉及征用基本农田要由国务院批准。然而，铁本公司与当地镇政府仅凭双方签订的投资、供地等“协议”，未向国务院报批，乡镇就越权供地近6000亩，相当部分是基本农田，企业则违法占地，进行拆迁、腾地，开工建设。

——环保审批：按国家有关规定，总投资2亿元人民币及以上的钢铁工程，应由国家环保总局负责审批其环境影响评价文件。在环保结论尚未出来前，一草一木都不能动。而据调查，这个投资概算为104亿元的铁本项目，在运作中分成了5个项目，其中除一个年产150万吨的宽厚板项目由江苏省环保厅立项，其余项目至今“审批手续在办理之中”。

——银行资金：截至目前，一些金融部门已对铁本公司及其关联企业发放各类贷款43.4亿元。有关部门认为对铁本项目的贷款贷前调查分析不深入，贷后检查不到位，对贷款担保能力审核不严，贷款担保中关联企业担保多，抵押贷款少。

春江镇党委书记魏士章说：“2002年铁本公司的董事长戴国芳说看中沿江这片地，要投巨资建钢厂。我们觉得项目有吸引力，可以解决部分劳动力就业。至于项目报批，企业说他们自己去办。现在看来，这个项目与国家产业政策矛盾，用地审批不规范，属于边报边建。”

全国人大环资委有关专家指出，钢铁项目属于较重污染的项目，又是国家明令限制的项目，修建大规模的钢铁厂，按规定就不宜建在长江边，很容易破坏水源，即使有必要上，也要进行科学论证。

“半拉子”工程进退两难　诸多问题开始凸显

日前，铁本项目已被有关部门暂时叫停，这个已投入巨资的“半拉子”工程给民工、拆迁户、银行、政府等多方面带来的问题也开始凸显。记者在几天的采访中了解到，工地最多时有几千民工，拖欠工资款、工程款、材料费问题十分严重；银行投入的大量贷款很有可能难以偿还；生活艰难的不少拆迁户和失地农民，担心补偿无着落而产生心理恐慌，形成不安定因素……

记者了解到，铁本项目中，镇政府对耕地补偿分三部分。其中“青苗补偿费：耕地全年800元/亩；非耕地600元/亩；附着物按评估价兑现；征地补偿费：从2004年起按实际征用总面积每年每亩补偿750元，10年后根据多数村民意见，可按耕地15000元/亩，非耕地10000元/亩，沟塘5000元/亩的价格支付补偿费”。

关于拆迁安置，镇政府则规定：“每个安置人口40平方米，安置价500元/平方米，超过面积另计；过渡费：每月每平方米3元，先付6个月。”当地农民算了笔账，若按此标准，一家四口人得交8万元才能得到安置房。补偿费这么低，还要分若干年才付清，已经无力买房子，往后的补偿费就更没着落了。(完)

该报道一经播出，引发社会强烈反响和政府有关部门的重视，国务院派出由11个部委组成的联合调查组前往当地进行核查。十天后国务院公布初步调查结论。4月28日国务院总理温家宝主持国务院常务会议，相关责任人受到严肃处理。此后国家针对金融、土地等方面进行了系列宏观调控措施。该报道在中央加强宏观调控的关键时刻发挥了积极的舆论影响作用。

三、深入浅出，善于用形象说话

研究性专稿要给人以思想启发，不能靠单纯说理，更不能从概念到概念。不仅要用事实说话，还要求用形象说话。记者要善于发挥自身媒介优势，运用具体、生动、扎实的材料，包括采用记者亲历式的报道方式，使报道做到贴近百姓，深入浅出。对人们常见的，但未能引起重视或没有深入思考的问题，记者要敏锐发现问题，鲜明地提出问题，剖析矛盾，引发社会舆论和政府部门的关注，有助于促进问题解决。

《挖墙脚的人们》（北京电台1994年3月1日播出）是一组引起强烈社会反响的研究性广播专稿。1994年2月，北京电台记者张勉之上班路上，有人鬼鬼祟祟向他兜售空白发票，引起他的警觉，“这是一种挖公有经济墙脚的现象。”记者意识到该题材事例鲜活，社会内涵丰富，当即决定采访。怎样获得真实又重要的事实？记者决定采用隐蔽录音的方法。记者穿着旧大衣，背着旧皮包，整天在街头与票贩子周旋，采录了大量录音素材，将“挖墙脚的人们”的违法行径公诸于光天化日之下。

挖墙脚的人们

张勉之

作为一名记者，这些年，我见到过好些挖墙脚的事儿。比如。医院里的护士上厕所不用手纸，而是用纱布；工厂里的工人把产品偷出来，在市场上低价出卖；企事业单位的职工，领着工资，泡着病号，在社会上炒股。今天要跟大家说的，是另外一种。

（录音实况:“报销的!”“报销发票!”“汽车票！旅馆票！要吗？……”“都有些什么样的发票？……”“要吗？……”“当然要啦,不要我问你干吗?”以下混入）

假如你到东单去的话，在马路的西侧，在过街天桥和东单售票处之间，能见到一些溜溜达达、东张西望的男女。你从他们身边经过的时候，他们会用低微的声音叫喊：“汽车票，旅馆票！”这都是些卖空白发票的人。如果你表现出兴趣的话，他们马上会把你拉进附近的小胡同里。

我这个人，生来一身土气，说话又带着明显的山西口音，常常被他们当作外地来北京出差的，这给我的采访带来了好些方便。

（录音实况：“你这是不是刻的假公章呀?”“你看我会刻章吗?”“我回去报账会不会惹出麻烦来呀?”“没那事儿！人家出差的都买!”“啊?”“人家出差的都买!”“我听你的口音好像……”“四川的。”“四川人怎么可以拿出北京单位的发票来呀?”“有人能拿出来呀！我拿不出来，人家能拿得出来。”“买的人多吗?”“不多我吃什么呀?”“你怎么全塞在袜子里边?”“啊哟，你别那么说!”“肯定是假的。”“你要不要吧？说那么多话!”“啊呀，你袖子里面、袜子里面全筒着呀?”“工商来了给我全没收了，我不就赔钱了吗?”“那就是因为你是假的嘛，真的人家没收你干吗?”“你拿回去填了不是国家的钱嘛。”“你看你这袜子里面、鞋子里面、裤子里面、袖子里面全筒着这玩意儿。”“你不知道，真的假的他都不让你卖。”“我就害怕你这是假的。”“你别拿在手上。”“行，行，我装在口袋里面。是真的吗?”“你看人家戴眼镜那个还比你灵气，还比你聪明，人家都买了走了，买了好多次了，好多人出差都买，假的他还又来买？”“有没有人家回去报不了来找你们麻烦的？”“没有报不了啦！”“都报啦？”“对，卖5年啦！”“在这卖5年啦？”“对，卖5年啦！”“被抓进去过没有？”“抓进去给我没收了，又放出来呀！拘留都不够格还给我判刑？别浪费我的时间，我一个人挣钱，供四个人，我两个小孩儿……”“我就害怕你是假的，我回去报不了。”“假的，刚才那人你都看见了的，他穿得那么漂亮，我都不认得他，他买了就走了。”“是不是你们的托儿呀？”“人家穿得那么漂亮，戴眼镜，还给我当托儿？”“那有可能呀！”“人家出差的呀！”“说不准是你丈夫。”“啊呀！我丈夫在那边，还没过来！”“他也是卖票的吗？”“对。”“卖发票？”“对。”“卖发票的人还不少哪？”“光东单就有一百多个，就这个地方就有一百多个卖发票的。”“别的地方也有卖的？”“西直门啊，前门哪，都有的。”

我呢，先到了前门。卖空白发票的人们主要集中在前门售票处的大门口。和东单不同的是，这儿的人大都操北京口音，似乎是北京人的地面。和外地人相比，他们要精明得多，老练得多。从他们口中，很难得到深入的东西。

（录音实况：“嗬！你这哪来的这么多……”“花钱买来的，你以为大风刮来的？”“是真的还是假的呀？”“都是真的，这国家税务局的钢印砸着，不是假的。汽车配件的要不要？”“汽车配件的不要。”“五金电器的要不要？”“五金电器的不要。”“建材的要不要？”“建材的不要。”“药店的要不要？”以下混入）

说到票据的种类，应有尽有：百货商场的，副食商店的，旅馆的，饭店的，宾馆的，招待所的，饭馆的，餐厅的，书店的，药店的，维修服务部的，公共汽车的，长途汽车的，出租汽车的，等等。

在各种票据当中，医院的票据要价最高。友谊医院的，同仁医院的，天坛医院的，人民医院的，北京医院的。一张天坛医院的住院结账单加一张诊断证明，开价500元，而一张西单商场的发票开价只有15元。

（录音实况：“能报多少呀！”“报多少你随便填呀！你摞起来，装兜里，别在手里拿好不好！你想填多少就填多少，填个五十六十没人管你，报完了就完了嘛！咱们都是税务局有人才弄出来的，要不都弄不出来。”）

为着友谊医院的一张住院结账单，我和另外一个女的僵持了好半天。

（录音实况：“你给多少钱？”“二十。”“你可真是的，随便填，这是住院的，不是门诊的，这么着吧，你给二百行不行？”“你买的时候多少钱？”“我三百给我二十，你可真是的啦，你车票能报我再给你搭点车票。”“车票报不了哇！”“给你搭点别的票！”“我最多就出这个价。”“你也太黑了朋友，真是的，他写二三百，他给我二十。”“我们光给人家送东西就他妈好几十。”“我上价都来不了！”“光给人家送东西，还不算本钱！”）

在东单、前门和西直门三个点当中，西直门卖空白发票的人数最多，从西直门立交桥到火车站售票处，还有旁边大停车场的周围，到处能看到溜溜达达、东张西望的人。

（录音实况：“你怎么能给我说明这是真的假的呀？我怕买回去假的惹出麻烦来怎么办呢？”“你看看，这全国统一，这是税务局的章，这副款是咱们留着报销的。我不会骗你的，我都成本成本往外发，你要有工作可以报销你就买这个，保管你好使就完了。”“他们说是有假的嘛。”“他们说，凭我说，凭你看，我也不是卖你一个人，我这钱都满了，我也不是吹牛皮的，你看看，我刚到这儿不到一个小时呢，你自己看看，这什么钱都有，有多少钱了，你看看。”“噢，已经卖这么多了！”）

卖发票的女的从裤口袋里掏出的一大卷钞票，的确叫我惊讶。在西直门立交桥下，我看见两个中年妇女买了几张旅馆的发票。

（录音实况：“你买的是旅馆的，是吧？弄不清楚真假。”“能报啥都能报，不能报真的都不能报。”“谁还来这查一回呀？”“这么老远反正没人来查，有个证明就得了。”“啊？”“有个证明就得了。”）

不管真的假的，买回去都能报账，没有哪个单位会千里迢迢跑到北京来查真假。这话说得多么坦率呀！这里，我们不妨来算一笔账：北京卖空白发票的只以300人计算，平均每人每天卖出的发票即便只有20张，每张发票从企事业单位只报销50元钱，那么，一年下来，从公有经济中挖走的钱财将超过一个亿。据说，在上海等一些大城市，也都有卖空白发票的人，全国一算，该是一个多么骇人听闻的数字呀！

各位听众，关于这些被出卖的发票究竟是真的还是假的，它们又是怎么样到了这些票贩子们手中的？我们将在今后的《时事追踪》节目里继续向您报道。

（北京电台1993年3月播出）

《挖墙脚的人们》是十多年前的作品，它是有关打击假发票报道较早且影响最

大的广播新闻作品。

《挖墙脚的人们》播出后，社会反响强烈，特别是其中活灵活现、触目惊心的对话，给听众留下强烈印象。记者决定继续进行深入报道，记者带着买来的空白票据，按公章或单位名称，进行核实，最终证明绝大部分是伪造的，于是播发了假发票问题第二篇《迷乱的票据》。紧接着，记者又走上海、广州、成都，陆续完成了《假发票在上海》、《难于估测的黑洞》、《蔓延的病毒》、《经济学家们这样评说》等后续报道。随着报道的深入，记者对假发票的危害认识越来越深入。假发票不仅导致成亿或更多公众财产流失，而且跟数不清的社会黑幕和违法犯罪活动连在一起，随着报道播出，社会反响越来越大，引起了包括国税部门的重视。1994 年 6 月，国家税务总局召集全国部分省市打击假发票座谈会，会议期间，专门安排时间收听了关于假发票问题的广播新闻报道，并请记者张勉之在会上发言。后来，国家税务总局专门致函电台，信中说："这些报道以一个新闻记者特有的敏感，捕捉并披露了当前经济领域中的热点、焦点和难点之一——假发票现象，而且客观地分析了这一现象的成因，提出了不少有见地的富有建设性的意见。对此，谨向贵台及张勉之同志表示感谢。"关于假发票问题的报道引起北京和全国不少报纸、刊物的兴趣，至少有 20 家报刊先后刊登了报道的局部或全部。中央电视台还和张勉之合作，共同拍摄了专题片《触目惊心的假发票》在《焦点访谈》栏目中播出。1995 年 3 月底国务院领导亲自主持召开了全国打击假发票的电话会议，紧接着最高人民法院、最高人民检察院、公安部、国家税务总局联合发出了关于开展打击假发票专项斗争的通知。之后，打击假发票的呼声日益高涨，假发票现象更成为新闻界报道的热点。

思考题：

你认为当前采写研究性专稿主要存在哪些倾向性问题？应如何改进？

第十章 专　访

专访是记者对新闻人物、新闻事件进行专题性访问和报道的新闻样式。也是近年来颇受新闻界重视并有长足发展的一种新闻专稿体裁。在广播和电视新闻类节目中，访谈类节目已逐渐成为主打节目样式。

第一节　专访的特点

与消息相比，专访内容更为生动、形象、丰富；与一般的专稿相比，专访则更为灵活、自如、快捷，通过访谈互动能够较充分体现记者的个性风格。

专访的特点主要有以下几个方面：

一、采访话题具较强的现实针对性

并非所有的新闻人物和事件都适合做专访。专访的话题要求具有重要新闻价值和现实针对性。要抓住群众关心的问题，有具吸引力的“新闻由头”。明确专访的特点，有助于选择适合的采访对象，有利于把握专访的内容。专访的访问对象主要是人们关注的新闻人物、新闻事件当事人，或重要问题的知情人以及某些方面的权威人士；也包括现实生活中富有时代内涵的人物和事件。专访的采访对象应该是群众关注的人物和事件，访谈的话题应是群众迫切关心的问题。

二、选择恰当时机

专访的“专”字包含特定对象、特定场合、特定问题，也包括特定时机。专访不仅要求必须具备新闻体裁的迅速及时，还要求选择恰当时机。如：重大新闻事件的发生之时；取得重大成果之时；新闻人物参加重要活动之时；重要历史事件纪念日到来之际、重要问题分歧争议之际等。抓住适当时机，采访对象印象鲜明，有激情，容易展开话题，有利于专访的顺利进行。如果良机错过，往往会削弱乃至丧失了事物原有的新闻价值。记者一旦选准了采访对象，就要抓住时机；争分夺秒，在

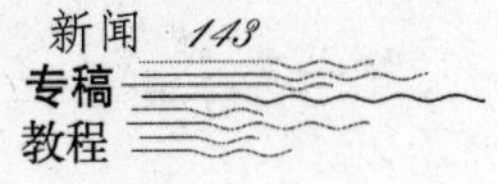

保证质量的前提下迅速成文。

三、专访的主干——记者与采访对象的访谈实录

专访的要素主要包括：采访对象、记者、采访现场。专访的主要内容是记者与采访对象的专题性访谈实录。专访是以记者对于现场人物的谈话、对现场的观察，包括人物的音容笑貌、思想性格，以及对周围环境的印象和认识，而以采访人物的原始谈话的记录为主。因此，记者能否营造良好的访谈氛围，熟练驾驭访谈技巧，直接关系着专访的成败。

第二节　专访的特点和要求

专访（或称访谈）就其规律性而言，与一般意义上的专稿在写作上有其独具的特点和要求。

一、立意新颖

选准人物，把握恰当时机是访谈成功的重要因素，而影响专访质量的决定因素是专稿的立意——鲜明、新颖的主题。近年来专访这种新闻样式在广播、电视、报纸采用数量上有所增加，专访常见的毛病是面面俱到，水分多，一般化，也有记者提问有失水准等，以致在不同程度上影响了专访的整体质量。专访不是一般性访谈，而是通过与特定采访对象的访谈实录，通过访谈形式展示新闻人物、新闻事件的丰富内涵。专访的目的性、专题性、针对性在于鲜明、新颖的主题。如《有困难，找社区警察王法金》（浙江电台2004年11月10日播出）的访问对象是扎根社区的片警王法金。王法金热爱自己岗位，踏踏实实为社区民众办了许多实事，创新了社区安全防范措施，推出许多有创意的好点子。通过全国1700万张选票，王法金被评为10位人民群众最喜爱的人民警察之一。《有困难，找警察王法金》的记者、主持人进入直播室之前，采访了与王法金有关的人物40余人次，掌握了大量的录音素材，有些事例成为报道的骨干材料。节目的主持人有丰富的驾驭话题的经验，在直播中主持人通过拉家常的方式，与采访对象亲切谈心，精心挑选录音素材穿插在直播节目中，使节目内容更为丰满。

……

在今天我们节目当中，将播放一些对王法金身边的人的采访录音，这些采访都是在王法金不知情的情况下进行的。王警官，我们先来听第一段录音。

王法金：好的。

[出录音

记者：小朋友，你知不知道王法金啊王警官？

小朋友1：知道。

记者：你怎么知道的呀？

小朋友1：就是那个“墙上”的。

小朋友2：常常在一幢楼的旁边都会有一张贴着的告示，上面都是写着王法金的名字和电话号码。

记者：那你知不知道对你来说有什么用啊？

小朋友2：我想万一我们家出什么事就找王警官。

录音止]

主持人：哎？小朋友都认识你哦？你告诉我你的社区有几幢居民楼？

王法金：居民楼有65幢。居民住户有1824户。

主持人：1824。人口？

王法金：人口是5200多人。

主持人：怎么会连小朋友都认识你啊？

王法金：我推出了警民联系牌，我挨家挨户地送警民公开信。

主持人：要有那么大的勇气，把自己的电话、照片、手机号码都公布出去了？

王法金：老百姓是我们的服务对象，你要取得老百姓对你的信任、理解和支持。

（浙江人民广播电台　叶峰、叶莉、叶晓刚　2004年11月10日播出）

《有困难，找警察王法金》的整个访谈过程对警察王法金没有出现鉴定式的话语，而是尽量通过群众的反映和王法金本人的讲述，透过“白描”式的质朴、贴近的话语风格，平淡中显示了不平凡的内涵。

二、生动展示现场情景

专访多数情况是记者直接出面，通过记者细致的观察和生动描述，真切再现现场情景和人物形象，包括传神的细节。成熟的记者要善于将受众“带进”访问现场，用简洁、生动的语言，使人如临其境。如：美联社记者苏尔·佩特的人物专访《访基辛格》，以形象的笔墨描绘了这位前国务卿非同一般的繁忙：

一个小时之后，身不由己的基辛格终于在接待室东头出现了。他连连向客人道歉，解释说他刚从总统那里回来，并请客人进他的办公室。正要进门的时候，基辛格却被一名助手挡了驾，他们推开另外两扇紧闭的门走了进去，在那里消失了。过了一小会儿，他再次出现了。这一回，又是没等客人进门，他就一头钻到另一个助手的两扇门紧闭的办公室里去了……好啦，基辛格总算出来了。他一面嘟嘟囔囔地说："对不起，还有一点事儿，"一面走进洗手间。最后，他总算把国家大事和私事统统处理完毕，这才把客人领进办公室。

基辛格的办公室很安静，它是白宫西北角一层的一套房间。客人一进去，立即注意到墙上挂着一幅彩色大照片，画面是一个兽医打算给一条受了惊的狼狗打预防针。客人事先已了解到，这幅照片在俄国某展览会上展出过，由于基辛格喜欢，俄国大使安那托里·多勃雷宁把它送给他了，大使在照片背面题了词："亨利：别太认真了，别紧张，悠着点儿。"

现在，基辛格完全轻松了，他一屁股坐到安乐椅上，做了一个优雅的手势，请客人也坐下。他今年47岁，身高5英尺9英寸，体重175磅。15岁那年，他以一个德国难民的身份来到美国，最后成了哈佛大学名教授、东部知识阶层的名流和解决国际困难问题的权威。现在，他讲的英语仍带有很重的德国口音。他那棕色的头发在前额后面卷起小小的整齐的波浪，角质框架眼镜的后面，是一双灰绿色的眼睛，从这双眼睛里，人们仿佛可以看到他那敏锐的头脑在努力适应别人的迟钝。

记者对基辛格办公室内紧张忙碌的氛围以及人物形象作了生动描绘，突出了这位前国务卿在当时美国高层人士中不寻常的地位。

真切的现场感来自记者的细心体察和深切感受。访谈过程处于不断变化的动态之中，记者要集中注意力，合理分配注意力，强化现场应变能力，提高文字和口头表达能力，真切再现现场氛围，使受众萌生如临其境的真切感受。

三、恰当运用背景材料

专访对人对事一般不做全貌式的表现，而是选择特定场合和时机，通过与采访对象的访谈展示主题。采访对象及访谈内容有些是受众陌生的、不甚了解的。记者要在专访的适当部位，恰当穿插背景材料。如：介绍人物身份、经历；介绍事件的历史渊源；介绍有关的知识性背景资料等。背景材料运用得当，可以增加专访的知识性、趣味性，起到烘托主题的作用。

《两岸客家亲——访赴台记者郭伟峰》（中央台1991年12月27日播出）是中央台台播部记者对访台归来的大陆记者郭伟峰的录音专访。这篇专访从乡音乡情入手，请客家籍记者郭伟峰讲了他在台湾的见闻、观感。其中特别介绍了台湾客家人和大陆客家人的相同的渊源、相同的习俗，选用这些背景材料，如烘云托月，起到烘托主题作用，突出了海峡两岸客家人对中华文化的认同和盼望交流的热切愿望。

……

台湾客家人有400多万。近40万人口的新竹县，八成以上都是客家人，这些客家人的祖先在二三百年前冒着被风浪吞噬的危险，先后渡海来台开垦，他们吃苦耐劳，团结奋进，艰苦创业，生生不息。至今，这种精神仍在发扬光大，这也是郭伟峰先生最受感动之处。

（出录音）

郭：我特别受感动的是拜访新埔镇义民庙，在二三百年前，客家人从大陆到台湾后，当地一些不法之徒前来骚扰乡民，为保家卫土，客家子弟同他们进行抗争，牺牲200多人，为纪念这些子弟，客家人修建了义民庙，每年都要举行纪念活动。我在大陆就知道有义民庙，我到台湾最大的心愿就是到义民庙烧一炷香。（记者插话：你去了吗？）去了，那天正好下大雨，路不好走，我还是去了，我烧香时默默念了一句话：义民爷保佑台湾客家人。

我在台湾还访问了新竹的科学园，新竹是客家人居住地方，科学园建在新竹，从另一个方面也说明，客家人读书风气好。我见到许多文化界人士，一说开来，都是客家人。我觉得台湾客家出了不少人才，所以在义民庙时，乡亲请我讲话，我就说，我为台湾客家人感到骄傲。

（录音完）

台湾的客家人，仍然保持着浓郁的客家特色。博大精深的中华传统文化，早已随着客家先民的踪迹所至，在台湾的泥土里根深蒂固。客家的姓氏、堂号、郡望、族谱都来自大陆，根在大陆。近些年来，随着一批又一批客家人渡过海峡，到广东梅县、闽西等客家人祖地去寻根，一个又一个对客家学有研究的专家学者，则致力于客家源流、习俗、语言、文化等研究，促进客家文化的发展。他们创办了客家文化夏令营，举办客家话演讲比赛，客家民谣演唱比赛，客家山歌擂台比赛，他们还出版客家杂志，对客家传统进行全面深入的探讨。

海内外许多专家学者认为，客家文化，不仅仅是一种地方方言，它是中华传统文化不可缺少的部分，几百年来，为汉民族文化的发展，为中原文明的传播发扬光大，产生过不可估量的作用，应该把它放在整个汉民族的格局中进行研究，这就需要两岸专家学者的通力合作。对此，郭伟峰先生也有相同的认识。

(1991 年 12 月 27 日播出)

四、构思巧妙

专访题材相对来讲比较集中，主要的内容通过访谈进行。如何突破一般化、模式化的局限，记者就构思努力在新颖、不拘一格层面下工夫，《访乔羽》(《北京日报》1989 年 1 月 24 日) 的构思就颇具特色。

访 乔 羽

初小玲

20 元一张票，可真够价！

“乔羽歌词作品演唱会”的票价就这么高。

我想采访乔羽。万万没有想到这次采访“乔老爷”，竟是我来报社十多年来最尴尬的一次。

我一见到乔羽，就把酝酿已久的问题提了出来：“您的歌为什么让人久唱不衰?”

乔羽慢慢吐了一口烟，面部笑肌把原本不大的眼睛挤成了一条缝：“我不知道。”

我一下“卡壳”了，突然发现自己这个问题提得有多傻。

他也许发现了我的不自在，用力吸口烟，自己说了起来：

“我写的歌词，经人谱曲流传出来的，按比例说，大概只有 1%，那

99%是不流行的。这是为什么，我也不知道。那99%的词不一定写得不好，可就是不流行，我有什么办法?”

“您能否说点具体情况?”我需要的不是这些——我心里暗暗想。尽管他说得坦白、真诚，并非矜持，也无做作。

“就说《思念》吧，歌词是10年前写的，也有作曲家谱了曲，并且都发表了，可就是无人知道。去年经谷建芬谱曲，在春节联欢会上毛阿敏一唱，就流行了。有人说我赶得上时代，可《思念》是10年前写的，10年后它却流行了，真有点滑稽。更可笑的是，去年除夕，我与家人一起看电视，事先我一点不知道当晚毛阿敏要唱这首歌。待电视播完后，我还很纳闷儿，怎么大过节的唱这离别之苦的歌?过了一会儿，一个亲戚打来电话：听到您的歌了。这歌太好了，自从我们与台湾关系松动，许多人写歌，谁也没写好，怎么您一写就成了……我拿着电话真是哭笑不得。没有办法，诗是无法解释的，人家怎样理解就是怎样，歌词也一样。”

那么其他的歌儿呢?我有点急了。

他仍是慢条斯理，一口接一口地吸烟：“我写的歌词大多是‘遵命文学’，遵朋友之命。比如说《我的祖国》，那是我1956年写的。当时，我是长春电影制片厂的特约编剧，在江西写《红孩子》电影剧本。电影《上甘岭》导演沙蒙接连不断地来电报催促我回长影，为《上甘岭》插曲作词。我曾看过剧本，除了坑道就是大炮，这能写出什么好歌词?沙蒙也很固执，电报不断。我索性放下手头的创作，八千里路云和月，赶到长春。看完样片，我被银幕上战士的爱国精神感染了。‘对歌词你有什么要求?’我问沙蒙。他说：‘只希望将来片子没人看了，歌仍在流传。’好家伙，他这一句话可把我憋住了。我把自己关在长影‘小白楼’的房间里，不停地抽烟，不住地喝酒。一天天过去了，沙蒙每天到这儿来看看，喝口酒就走，什么也不说。可我心里明白，他是在催我的词呀。10天过去了，我将憋出来的歌词递给沙蒙：‘好歹就是它了。’沙蒙默默看了几分钟，一拍大腿：‘就是它了。’没过几天，沙蒙又找我，让把歌词里‘一条大河波浪宽’改成‘万里长江波浪宽’。我说，这可不行。这首歌是写家乡、写祖国的。人们都会思念故乡的河，哪怕是家门前一条小水沟，在心目中也是一条大河。这样‘我家就在岸上住’，才使更多的人感到亲切。”

听着他的娓娓叙述，我发现这个“乔老爷”感情原本是挺细腻的。

他接着说，“这首歌词也把大作曲家刘炽憋坏了，四天之后他拿给我看，并唱给我听，嘿，绝对的好！你别以为歌唱家唱歌好听，所有的歌都是原作者唱得最好。你说怪不怪，郭兰英领唱的这首歌到电台录音后，第二天电台就广播了，很快就在大街小巷、乡镇村庄流行了。我也不知道为什么这样。"他顿了顿，似乎结论就是如此。

"《我的祖国》这首歌写得确实'漂亮'，可那是作曲界骄子刘炽的'漂亮'。这首歌传唱后，我们去北京大学，学生们兴奋得把刘炽扔了起来……"他又兴致勃勃地讲起了刘炽。

"没人扔你吗?"我笑问道。

"没有。我是一辈子没变成天鹅的丑小鸭，我当时也崇拜刘炽，我都想挤上去扔他。"他倒是挺实诚。"不过我这个人很幸运，我与作曲家合作，几乎都是这些作曲家的创作高潮，黄金时期。刘炽也是如此。"

对乔羽的第一轮采访结束了，整理出来一看，从他的嘴里依然得不出为什么"久唱不衰"的答案。不行！我咬咬牙，坐了一个多小时汽车又来到航空饭店。我按钟点到了，他还未到。闲坐着无聊，看见郭兰英在楼道闪过，"何不先去找她聊聊"，我追了过去。我正与郭兰英夫妇交谈，乔羽来了，我一时不能中断谈话，等结束后，他又要出去了。真是鬼使神差。我只好硬着头皮与他同去，在行进中的车上，我又开始了新的采访。

"您在不同时代作词的歌曲为什么能流传下来?"我还是固执地再次提出这个问题，想从他嘴里抠出个究竟。

见我"穷追不舍"，乔羽吸着烟，把头靠在车座背上，"让我想想。"沉思片刻，他这样对我说："如果说，我的歌词还有可取之处，那就是我注意在不同年代写人民群众心里的真实感情。还是说《我的祖国》这首歌，当时正是新中国诞生不久，这可是来之不易啊，每个中国人都憧憬着未来的美好生活，这种朴实的感情我是深有体会的。那是1948年底，北京即将和平解放，我们这些华北大学的学生，也还是20郎当岁的孩子，可当时谁也不觉得自己小，都顶天立地的。进北京那天，我作为文管会成员，带领长辛店3000工人参加入城仪式，从前门大街进来，别提多高兴了。从北京到涿县有二十多个车站是我亲自接手解放的。那时心里对今后祖国的发展前景充满了信心，那种向往之情真是无法言喻。上甘岭的战士也是怀着这种心情走上战场的，这种感情就是50年代人民大众心里最美好的东西，我把它融进歌里，再现出来，人民就接受它。当时社会上流行的口号是：'身在坑道，放眼世界'、'保卫无产阶级政权'、'坚决消灭入侵之敌……’等等。但歌是艺术，不是口号，我不能那样写，这种创作思想一直贯穿到今天。”

乔羽的这段话使我不由得想起1984年，中央电视台在粉碎“四人帮”后第一个实况播出的春节联欢晚会的情景，除旧迎新的钟声刚刚敲过，坐在电视机前的许多人此时心里有多少想说的话，对昨天？对今天？对明天？……此时电视机里传来赵忠祥深沉的朗诵：“难忘今宵，难忘今宵，不论天涯海角，神州万里同怀抱，共祝愿祖国好！”歌声响起，多少历经磨难的人热泪盈眶，这首由乔羽作词的歌，在这个时候再一次表达了中华民族每个人的感情与祝愿。

我明白了，乔羽在不同年代写的歌之所以能流传，不仅由于他深蕴的创作实力，而且他寻到了艺术的真谛：不论在任何时候，都要去表达这个时代人民大众心底最美好的感情，正是这种感情，使乔羽的歌久唱不衰。

记者通过一次“尴尬”的采访——探究作曲家乔羽的歌为什么“久唱不衰”的答案，从乔羽回答“不知道”，采访“卡壳”，到几番深入访谈，波澜起伏，引人入胜。结尾记者寻到了问题的真谛：“不论在任何时候，都要去表达这个时代人民大众心底最美好的感情，正是这种感情，使乔羽的歌久唱不衰。”这段文字画龙点睛，较好展示了作曲家乔羽的创作境界和个性风采。

第三节　专访应注意的问题

如何把握专访的优势，提高专访质量，以下几点值得注意：

一、认真做好访问前的准备

专访前的准备直接关系着访谈的效率与质量。以采访世界风云人物著称的意大利记者法拉奇非常重视专访前的准备工作。访问前她往往花一到几周的时间认真准备。法拉奇说：“我的人物采访大多连续进行两次，第一次主要是互相熟悉。当然，我做了大量准备。例如访问邓小平以前，我看了好几公斤的材料。”每次访问前的准备紧张程度“简直就像学生准备大考一样”。法拉奇每次访问之前，总是尽可能了解和认真研究采访对象的有关材料，为她的人物专访的成功打下扎实基础。

采访前的准备还包括制定切实可行的访问提纲，明确专访的主题，访谈提出问题的大致顺序，以及对采访中可能出现问题的应变对策等。采访的准备越充分，访谈中记者越能够掌握主动权。

二、提高驾驭话题的能力

从传播学角度讲，访谈是人际交流的有效方式。通过记者与被访者的面对面交流，实现双方的即时反馈，可以深化交流的信息层次，取得较为理想的传播效果。访谈过程中记者要成熟驾驭访谈局面，营造良好的访谈氛围，有效应对现场变化。记者在访谈过程中要注意以下问题：

1. 平等相待，使采访对象解除思想顾虑，才能敞开心扉，谈出心里话。

2. 寻找对方感兴趣的话题，使访谈有一个良好的开头。

3. 访谈中提出的问题力争适应采访对象的思路，使访谈有序进行；可以适当鼓励对方，提高对方的谈话兴致，同时尽可能控制话题的走向。如果发现谈话跑题，可以委婉地进行调整和引导。

4. 认真倾听采访对象的谈话，不要轻易打断对方。敞开思路，注意发现和吸收采访对象谈话中的新的见解、新的情况。

5. 涉及某些重要问题的访谈，可能出现采访对象不够合作的局面。记者不要轻言放弃，应努力调整访谈氛围，变换多种角度，力争取得对方的配合。

一位国外同行的经验是："专访报道是否有趣，最终取决于访问能力。访问是通过提问得到对方的回答。高质量的提问，会得到高质量的回答。大钟之所以发出美妙的声音，因为敲击得法。访问的成功与此同理。"

6. 要注意及时整理访谈记录，包括录音、录像资料，及时整理和分析资料，以提高专访的采写创作效率。

三、注重访谈的纪实性

专访主要方式是访问交谈。采访对象身份各异，谈话风格、思维方式、性格特征各具特色。要尊重采访对象的个性风格，访问和写作中尽量保留谈话的本来面目。注意不可歪曲对方谈话本意，防止强加于人。注重纪实性不仅关系专访的真实性，还体现了记者的职业道德。

四、展示记者的风格

多数情况下记者本人直接在专访中亮相，并以第一人称提问交流。广播、电视记者的专访往往是记者直接"曝光"，成为作品中不可或缺的要素。因此，广播电视访谈给记者提供展示个性风格的天地，也增加了采访的风险和难度。记者个性风采指的是记者素质的创造性发挥，绝非喧宾夺主的自我表现。如：有的记者偏重理性思考；有的则风趣幽默；有的热情洋溢；有的委婉细腻等。记者的个性风格是记者多年采写实践的积累和升华，逐渐锤炼而日臻完善。记者个性风格的形成是建立在敬业精神和一丝不苟的全力投入基础上。法拉奇的体会是："每当我经历一次重大事件，或进行一次重要的采访时，往往深感苦恼，就像隐蔽在历史丛林中的小虫子那样，害怕缺乏足够的眼睛、足够的耳朵、足够的脑子，去看、去听、去理解这些人物。我说在每次采访活动中我都耗费许多心血，这一点也不夸张。"以访问世界风云人物而著称的法拉奇道出了专访的难度和对记者素质的要求。

思考题：

谈谈你对专访优势和难点的理解。

第十一章 特 写

第一节 特写的内涵

一、什么是特写

“特写”这个词来源于电影，即电影中的特写镜头。特写在摄影中是放大的近景，即在拍摄中把人物、事件的某一细部放大，并延续时间，从而形成突出、清晰的视觉效果。电影拍摄运用特写镜头，是电影艺术手法上的一个飞跃。使电影镜头语言更加丰富，更具有独特的表现力。

作为新闻体裁的特写，正是借鉴了电影特写镜头的表现手法。特写是对新闻事件中富有特征的片段，加以细微描绘和再现的一种新闻体裁。特写适应了人们观察事物、认识事物的接受习惯和心理特点，给人留下鲜明、突出的印象。

二、特写概念的演变

关于特写的概念，我国新闻界、文艺界、西方和前苏联新闻界有若干不同的论述和提法。

（一）前苏联新闻界对特写的有关论述

高尔基说：“特写是介乎研究性论文和短篇小说之间的一种作品。”①

前苏联作家、名记者波列伏依认为：“特写成为一种独具风格、武装报纸的文艺体裁。它跟其他政论体裁的不同之点，是在于它含有艺术的、形象的描绘成分；它和其他文学体裁的不同之处，是在于它是根据具体的事实，含有政论文章和研究性论文的成分。”②

---

① 高尔基：《论新闻和科学》，中国社会科学出版社 1981 年版。

② 波列伏依：《论报纸的特写》，新文艺出版社 1954 年版。

以上提法，可以看出前苏联新闻界对特写的内涵更多强调它的文学性、政论性，明确提出特写属文艺体裁。所以，前苏联新闻界对特写的提法，实际和报告文学更加接近。

（二）西方新闻界对特写的有关论述

美国新闻学者斯台格曼认为：“特写作者不仅在报道事实，须将事实予以戏剧化”，“读者需要色形、戏剧与悬念。”

美国新闻学教授阿伦森认为：“特写，通常指报纸上篇幅较长的某类稿件，这类稿件没有正规的新闻导语，写的是有关某人、某机构的一桩新闻事件或某一政治事件或社会事件。”①

美国名记者海顿：特写“可以将纯新闻报道与非纯新闻报道区别开来”。“它不是非报不可的新闻，报纸可以不刊登这样的新闻。然而，这种报道都能引起人兴趣。”②

从这些论述可以看出，美国新闻界对特写范围的限定相当宽，以至泛指非“纯新闻”报道，对题材、写法无严格要求，更侧重它的“趣味性”、“幽默”、“悬念”等，强调“戏剧性”的传播效果。

（三）我国新闻界对特写认识的衍变

50年代刘白羽在《论特写》中提出：“近数年来，特写作为一种文学样式是从苏联介绍过来的。”认为特写和诗歌、小说、戏剧等形式一样，是一种文学体裁。看来这里的特写似是指报告文学。

60年代，新闻界和文艺界提出用“报告文学”代替“特写”、“文艺性通讯”等概念。如今报告文学已成为一种独立的文学体裁。

目前我国新闻界提到的“特写”是一种独特的新闻体裁，也有人称为新闻特写。特写以强烈的新闻性、时效性区别于报告文学；又以选材的片段截取和生动、再现的立体感区别于消息和专稿。因此，我国新闻界的认识：特写已成为独具特色的一种新闻体裁。

第二节　常见的特写种类

当前常见的特写种类主要有以下几种：

---

① 阿伦森：《新闻采访和写作》，新华出版社1985年版。

② 海顿：《怎样当好新闻记者》，新华出版社1980年版。

一、人物特写

通过真切再现人物和场景，反映特定人物的思想风貌以及其中深层的人文内涵。如：2005年中央电台温秋阳、张孝成合作采制的广播特写传留至今的千年史诗——《玛纳斯》，该作品获亚太广播发展机构最佳广播节目奖。特写以柯尔克孜族留传千年的史诗《玛纳斯》为题材，讲述了玛纳斯传人居素甫老人和他孙女巴童的故事。其中反映了政府多年来抢救和保护珍贵民族文化遗产《玛纳斯》史诗的成果；也展示了面对《玛纳斯》文化居素甫老人和孙女巴童之间的审美差异和观念碰撞。从中体现了千年史诗《玛纳斯》文化的浩大厚重，也体现了居素甫祖孙之间的亲情与默契。这一主题印证了当代文化的走向：只有民族的、人本的、才是世界的、人类共有的。

传唱到今天的千年史诗

[出长笛：柯族音乐压混、出录音]

柯族男：作为一个柯尔克孜族，我从懂事的时候起，就知道有这么一部《玛纳斯》史诗。

柯族女：我觉得玛纳斯就是我们柯尔克孜族集体的偶像。

柯族男：只要你到一个柯尔克孜族牧村，一到节日，一到晚上，就有人出来演唱《玛纳斯》。

柯族女：我爷爷唱，一唱就唱了三天三夜。

[出歌声：不同年龄、不同性别的柯尔克孜族人在不同场合演唱《玛纳斯》，压混]

男：这是一部传唱了千年的史诗，每一个柯尔克孜族人都知道它的名字——《玛纳斯》。史诗讲述了英雄玛纳斯和他7代子孙的故事。序诗中唱道："荒滩变成了湖泊，湖泊变成了桑田，山丘变成了沟壑，冰川变成了河湾，一切的一切都在变幻，祖先留下的故事代代相传。"没有文字、没有曲谱，完全靠口头传承，柯尔克孜人把《玛纳斯》传唱下来，一代又一代，穿越帕米尔高原的白云和草场，《玛纳斯》史诗从公元10世纪传到了今天。

[音乐渐弱]

男：采访日记，10月3日，新疆阿合奇县，晴

[出汽车行驶声]

温：早就在中国地图上找好了位于新疆克孜勒苏柯尔克孜自治州的阿合奇县，也记熟了一个很长的名字——居素甫玛玛依，因为他是当今世界上能最完整吟唱《玛纳斯》史诗的人，就住在阿合奇县。

温：师傅，打扰问一下，您知道唱《玛纳斯》唱得特别好的那位老人吗？

司机：知道，居素甫玛玛依么。

温：你们当地的人都知道他？

司机：都知道。

温：他有多大年纪？

司机：八十多岁。

[压混、出街头音乐]

看资料上说，柯尔克孜族是跨国民族，在中国、吉尔吉斯斯坦、乌兹别克斯坦等国都有分布。这些国家都有人会唱《玛纳斯》，而我国的居素甫玛玛依因为能唱全本 8 部 23 万行而成为世界公认的演唱《玛纳斯》最完整的人。

都说《玛纳斯》是一部柯尔克孜族的百科全书，包含了柯族的历史、政治、经济、民俗等方方面面的内容，能把百科全书背下来的人会是什么样呢？

[马蹄声、摩托声]

走在阿合奇街头，随便问哪个人，都知道居素甫玛玛依，都会告诉你这位老人住在哪里。

[脚步声/敲门声/开门声]

温：加科什巴，您好。(用柯语问好)

翻译：中央人民广播电台的记者……

[压混]

门一打开，一位白胡子老人站在我面前，就像所有童话里的白胡子老爷爷一样，他微笑着，眼睛里满是慈爱。老人身材很高，头上戴一顶柯尔克孜传统的白色毡帽。他就是被称为“活着的荷马”的居素甫玛玛依老人。

温：我们听好多人说，特别佩服您，能把那么长的《玛纳斯》背下来。

老人：[柯语、压混]

翻译：第一个是努力、用心，第二个，他父母他们特别喜欢书。小时候，从他懂事认字开始，他父母让他念书。小时候没有电灯，都用蜡，他给父母读书，读读就困了，就睡在那了，他父母把被子一盖，就地就睡觉。（笑）

温：小的时候，您放羊的时候，唱不唱《玛纳斯》呢？

翻译：那时候，放羊的娃娃聚到一块也唱《玛纳斯》。放羊的时候没有人，羊也不会说话，自己就背《玛纳斯》。（笑）

温：是不是对着羊群表演啊？

翻译：就是对着羊群唱。（笑）

[压混、出居素甫玛玛依唱《玛纳斯》]

老人说，他从8岁起就开始跟比他大22岁的哥哥学唱《玛纳斯》，到壮年的时候，他能完全靠记忆演唱8部23万行《玛纳斯》。人们都说，那是个奇迹。

[居素甫玛玛依唱《玛纳斯》扬起]

这是居素甫玛玛依前些年演唱《玛纳斯》的录音。《玛纳斯》史诗说的是玛纳斯家庭8代英雄带领柯尔克孜族人民反抗外来侵略的斗争生活故事。每个柯族人都热爱的玛纳斯在史诗中是这样的形象："眼睛深得似湖泊，胡须如同苇草丛。凶猛的豹子玛纳斯，吼声震得大地在晃动。"而扣人心弦的战争则是这样的场面："这场厮杀吓得高山发抖，滔滔的河水也停止了奔流。战场上弥漫了遮人的尘沙，日光暗淡无华。"说到爱情，峰回路转，"高山上的鲜花，也比不上她的漂亮，卡妮凯像草原上的彩霞，她的芳名刻在玛纳斯的心上。"

[柯族歌舞剧片段：大风呼啸]

这是柯族的一部歌舞剧，再现了柯族历史上西迁的艰难历程。因为战乱，原来居住在叶尼塞河上游的柯尔克孜族多次西迁，迁到天山山区和帕米尔高原。在不断的动荡中，民族英雄玛纳斯的故事诞生了。那是在公元10世纪左右。没有人说得清它的作者，柯族人就是靠着口口相传把玛纳斯家族8代英雄的故事流传开来，到了13世纪发展成为一部比较完整的史诗。

[众人唱《玛纳斯》]

就这样，《玛纳斯》一代又一代地流传着，流传了一千年；千年间一代又一代的柯尔克孜族人在祖先留下的故事里成长着，他们的价值观念、审美取向、生活常识都潜移默化地受着《玛纳斯》的影响。

[采访录音压混]

居素甫玛玛依老人说，他没上过学，《玛纳斯》就是他的老师。有一年，牧区流行传染病，死了很多人，情急之下，他想起《玛纳斯》里提到办法，就如法炮制，给牧民治病，还真的治好了。

[出长笛：柯族音乐、居素甫玛玛依谈话压混]

就在我还沉浸在千年的古风古韵中时，从门外走进来一个一头长发一袭长裙的女青年，翻译介绍说，她是老人的孙女，刚从陕西师范大学毕业，汉语说得特别好。

[出录音]

温：怎么称呼你呀？

巴童：巴合提，汉语名字叫巴童，我自己起的网名。昨天晚上还上网呢。

温：老人家，您懂刚才孙女说的上网吗？

巴童：他不会上网。(笑)

温：听说过吗？

巴童：现在知道，因为我经常给他说上网，还给他起网名叫 country boy，(笑) 我爷爷说，行行行，哪天教他上。我去上网，他还陪我去过一次，就在旁边看着我。

温：问问老人家，看你上网什么感受啊？

老人：(柯语、压混)

巴童：就是他看到这些现象的时候，看到自己的孙女在玩这些东西，感到社会在发展，毕竟自己的孩子懂得的比自己多是件好事。

温：老人家有没有过这个想法，把你们的《玛纳斯》写到网站上，让更多的人看到？

老人：(柯语、压混)

巴童：他说，我想过很多，今生今世的愿望就是《玛纳斯》被更多的人了解，能传播到世界各地，用各种的方式和文字语言。

温：包括网络。

巴童：对。

温：他唱了一辈子的《玛纳斯》，他什么时候第一次表演《玛纳斯》？

巴童：最开始的时候，十八九岁的时候有过一次，一唱就唱了三天三夜。

温：这次唱三天三夜是一种什么状况？在什么地方唱的？

巴童：当时，前苏联和中国在边境上修路，有三个人说自己会唱《玛纳斯》，大家就围着，让他们唱，我爷爷听了很不舒服，有些地方跟他学习的《玛纳斯》有出入，就演唱了。他说，他一直唱到最后才知道自己唱了三天三夜。

温：三天三夜的过程中，没有睡觉吗？

老人：（柯语、压混）

巴童：没有吃饭也没有睡觉，饮用的唯一的东西就是酥油。就是把酥油熔化以后一碗一碗地喝掉。真正到演唱《玛纳斯》的气氛下，根本是睡不着的，而且不会想到去睡觉。

温：关键是您不睡，观众也不睡？

老人：（柯语、压混）

巴童：当时是这样的，群众也不会睡觉，我当然也不会睡觉。比如举个例子，1962 年，柯尔克孜州来了一个统一战线上的领导，开完会之后，让我爷爷演唱《玛纳斯》。从当天的下午 3 点钟一直唱到第二天早上 8 点钟的时候，有人向领导报道说，大家都误工了，都不上班，可不可以停止。然后，蔡书记感慨地说，他演唱《玛纳斯》这段时间，没有人出入，没有人睡觉，都在聚精会神地听，看来《玛纳斯》史诗已经渗入到柯族人的血液之中。

很遗憾，我没有机会听到居素甫玛玛依老人不舍昼夜的演唱。但巴童说，她从小就听爷爷唱，在家里唱、在舞台上唱，给前去搜集《玛纳斯》资料的专家唱。爷爷唱一句，专家记一句，现在我国唯一出版的史诗《玛纳斯》就是爷爷唱的版本，一共有 8 部，厚厚的 18 本。

温：你会唱吗？

巴童：我不会。我真的不会唱。（笑）

温：你有过系统的看一遍《玛纳斯》吗？

巴童：我倒真的没有细细地去看。

温：你现在有没有这种想法，学上那么几段？

巴童：学上几段，有这样的想法，我觉得选一些精辟的、大家都不会的。（笑）

温：唱起来听着比较新鲜的。

巴童：对，而且，唱起来比较现代的，我想，可不可以把它换一个曲调，比如说轻摇滚（笑），说唱，都有可能。

在我和巴童谈话的时候，居素甫玛玛依老人坐在一旁，很慈祥地看着我们。不懂汉语的他不会知道，此时他的孙女说的是要把《玛纳斯》改成轻摇滚。

温：你平常喜欢什么呢？

巴童：我平常喜欢跳舞。

温：跳柯族舞还是现代舞？

巴童：民族舞跳得还不错，但我挺喜欢蹦迪的。（笑）

喜欢民族舞也喜欢蹦迪的巴童，从十几岁的时候就离开家乡，她高中在北京的中央民族大学附中就读，大学读的是陕西师范大学。她的一双大眼睛不仅熟悉家乡的雪山和草地，也看惯了外面世界的精彩和美丽。

而对久居故土的居素甫玛玛依老人来说，很多外界的东西都是新鲜的，包括我采访用的MD机。在我们闲聊的时候，他拿起我的录音机，左看看右看看。

老人：（柯语）

温：爷爷问什么？

巴童：他在研究你的话筒和你的录音设备。

温：爷爷你说句话，然后我放给你听。

[居素甫玛玛依唱《玛纳斯》压混]

这就是居素甫玛玛依老人对着我的话筒唱出的《玛纳斯》。[突出唱]遗憾的是，他只唱了短短的16秒。面对这位84岁白发苍苍的老人，我不敢提出让他多唱一些的要求来。

[烧茶声]

炉子上烧的奶茶开了，飘起淡淡的薄雾。青春时尚的巴童和她的白胡子爷爷并肩坐在我对面，像一幅对比鲜明的图画，在渐渐散去的薄雾中愈发清晰起来。

（谈笑声压混）

男：10月4日，阿合奇县城，晴

昨天在居素甫玛玛依老人家采访的时候，听说他今天中午要到一个柯族人家参加乃兹。翻译告诉我乃兹是柯族人传统的祭奠活动。我约上翻译，今天一起赶过去。

[脚步声/进门、洗手声]

按照柯尔克孜族的习惯，一进门，主人拎一壶水站在门口，请客人洗手，而且要洗三遍。(唱经声) 院子里聚集了很多人，大多是老年人。翻译带我走进房间，在墙上用柯尔克孜语印的挂历上，我看到了居素甫玛玛依老人的照片，翻译说，很多柯族人家都有这样的挂历，因为他是柯族人的骄傲么。

这是典型的柯族民居。是个套间，房间里有些昏暗。几个柯族妇女坐在炕上正在吃用马肉做的手抓饭，而里屋，传出了怀念死者的哭歌。

[妇女唱：哭歌]

从作乃兹的人家走出来，帕米尔高原正午的阳光晃得人睁不开眼睛。沿着阿合奇县城新修的柏油路往回走，路边一个醒目的牌子上面写着“一往情深”，这是一家网吧。同一条街上，相隔几百米，古老的乃兹和现代的网吧，让我有种穿过时间隧道的恍惚。信步走进网吧，我想看看巴童是不是在里边。

[出网吧音响压混]

巴童不在，但和她有同样爱好的大有人在。

温：你有多大了?

柯族少年甲：13 岁。

温：你喜欢上网吗?

柯族少年甲：是。

温：看什么在网上?

柯族少年甲：在网上跟朋友聊天。

温：小伙子，你好！是柯族吧?

柯族少年乙：是。

温：你听说过《玛纳斯》吗?

柯族少年乙：听说过。

温：会唱吗?

柯族少年乙：不会。

温：一句也不会?

柯族少年乙：嗯。

温：你这些柯族同学里有没有会唱《玛纳斯》的?

柯族少年乙：不会。

温：那你现在喜欢什么？

柯族少年乙：就是《对面的女孩看过来》，赵薇那些。

温：喜欢赵薇？

柯族少年乙：嗯。

[出流行歌曲《对面的女孩看过来》压混]

虽然和居素甫玛玛依老人同住在一个县城里，但老人和他唱了一辈子的《玛纳斯》离年青一代似乎已经很有些距离了。

《玛纳斯》序诗中唱道“一切的一切都在变幻，祖先留下的故事代代相传。”但让祖先无从想到的是，千年的史诗在20世纪末21世纪初遭遇了互联网、流行音乐和电影电视的冲击，虽然还走在祖先曾走过的土地上，但今天的少年已不是面对羊群高歌《玛纳斯》的少年了。

这样的现实对研究《玛纳斯》的学者贺继宏和阿地里来说无疑是严峻的。

贺继宏：现在的生活对于他们继续传唱《玛纳斯》肯定是冲击比较大，不可能发展到像现在那种大玛纳斯奇，一个人能唱多少部、几万行，这个就不太可能了。

阿地里：当今全球化，再偏僻的农村他也接受很多新的东西，所以，年轻一代对这个逐渐淡漠是可以理解的。

像《玛纳斯》史诗，包括我们中国其他两部《格萨尔》、《江格尔》这种目前还处在一种活动状态、以口头形式流传的这种文化遗产，对解释庞大的史诗作品的产生过程是最好的活的化石和活的标本。我们应该通过国家立法的形式来保护这种文化的生态。

[出柯尔克孜族民歌]

当亘古荒原上竖起了电线杆，当公路修进柯族山村，当山里的孩子兴致勃勃地观看电视转播的意甲联赛，当柯尔克孜族人告别毡房住进砖瓦结构的新居，正应了史诗中唱道的：“一切的一切都在变幻”，而柯尔克孜人唱了千年的《玛纳斯》呢？

[出居素甫玛玛依老人唱《玛纳斯》]

录音机里传来居素甫玛玛依老人的演唱，我想起贺继宏说的话，以后，再也不会有这样的玛纳斯奇了。

男：11月19日，北京，晴

[地铁里的音响、压混]

回到北京已经一个多月了，每天早晨上班，被地铁里的人流裹挟着向前走的时候，都不由得怀想起阿合奇小城的清凉和宁静。还有巴童，听说她到乌鲁木齐找工作去了，不知道有什么结果了。我把电话打到巴童在乌鲁木齐的姑姑家。

[铃声]

巴童：喂！

温：巴童吗？

巴童：是我。

温：我是温秋阳。我听说你现在到了乌鲁木齐了，你想找什么地方的工作？

巴童：电视、广播、媒体之类的。

温：你为什么决定在乌鲁木齐找工作呢？

巴童：当时要找别的地方也可以找到，签约，推销自己，家里人肯定不会答应。

温：家里，是你爸爸、妈妈还是爷爷、奶奶？

巴童：所有的亲戚都希望我回来。

温：你自己的想法呢？

巴童：我自己的想法是，哪里条件好、哪有工作，我当然愿意去了，但是家里就，这个也说不来。

温：你这样在乌鲁木齐找工作，算不算是对他们的一种妥协？

巴童：妥协，生活中很多方面都妥协，比如说穿衣服吧，每次回老家我都会向他们妥协，穿长裙子、长裤子、穿袜子。其实，我穿凉鞋喜欢光脚，但是在那边就不行。

温：比方说，你在北京、西安，喜欢穿短裙是吗？

巴童：短裤！喜欢穿短裤，那样轻便些么。老家的亲戚，我发现过几次，他们对我的衣服很不满，觉得我穿得乱七八糟，就对我爷爷发牢骚，说你也不好好管你这个孙女，她在外面上学都变成什么样子了？我听到过，我这样虽然自己觉得很开心、很个性、很酷，但在那种民俗地区，就不太入围。差别总之是很多的。我觉得闭塞、过于传统、过于封闭毕竟不是好东西。

温：总结你这二十几岁的人生，因为你走出来了，你视野开阔了，你认识问题的角度和水平都不一样了。

巴童：这个我不得不承认，如果我从小生活在闭塞的山庄，跟现在的想法肯定很不相同，而且也许根本就没有办法和你交谈。

［出音乐压混］

是啊，如果巴童只是个牧羊姑娘，如果巴童从没有走出过家乡的草场，也许她会像爷爷一样唱《玛纳斯》，唱一辈子。但在巴童身上，没有如果、也没有也许，她正在用自己看过外面世界的眼睛挑选自己未来的路。我想起这样一句话："在相对停滞的社会，老年人的现状就是年轻人的未来。"而今天的巴童清楚地知道，她的未来肯定不会是爷爷的现在。我想她也知道，不管走出帕米尔高原多远，她永远都是玛纳斯的子孙，也因为走出了帕米尔高原，《玛纳斯》不会再是她生活的全部。

［出居素甫玛玛依演唱《玛纳斯》录音扬起、渐隐］

（温秋阳、张孝成　中央电台2002年12月28日播出）

作者选择了采访日记的结构方式，厚重的主题和纷繁的材料在三则采访日记中时空概念更为明确，逻辑层次更为清晰。通过记者第一人称的见闻和感受，与听众的距离拉近了，也使整个节目强化了个性化色彩。广播特写的主题依听觉逻辑层次有序展开。《传唱》的逻辑层次定位可归纳为"史诗的博大"、"老人的深邃"、"巴童的明媚"，其中对史诗《玛纳斯》的立体展示犹如对主题的多重变奏，尤其是老人面对采访机吟唱16秒《玛纳斯》的片段成了音响中的经典。特写以老人演唱的《玛纳斯》结尾，使"原生态与现代文化的对垒与和谐"的主题在音响逻辑层次的延伸中引发了听众的联想。

二、事件特写

事件特写着力描绘重要事件中有特色的场景或镜头。20世纪60年代的颇具影响的特写——《纽约大停电》生动展示了1965年11月6日世界上最大的一次停电事故中出现的种种场面：

"若干年前全世界最大的一次停电事故，让成千上万的纽约人扮演了一种平日无法想象的角色"，请看：

纽约大停电

行驶中的地铁列车无声地向前滑行几米后，悄然停止不动了，地铁车站所有的灯光也同时熄灭。事情发生在1965年11月6日的纽约，时针指在下午5时。

从这个时刻开始，美国这个大都市一切用电力来发动的东西，全部都宣告休克。光明变成黑暗，运动变成僵死，声音变成寂静。

造成这场特大停电事故的罪魁祸首，是一个4平方英寸的小小继电器。它的突然失灵，使美国和加拿大的部分区域遭受了一次突如其来的“电子暴力行为”的打击。而纽约，则为停电事故中无数令人意想不到的话剧的上演，提供了一个绝妙的大舞台。

让我们的目光定格在纽约，从地下到地面，从地面到空中，在22年前的黑暗中，去看看突然“失明”的纽约人吧。

地下——

50多万人被困在地铁和地铁的车厢里。600辆地铁受阻。在长达数10个小时的黑暗世界里，乘客们用什么来打发这段时间呢？

在一个车厢里，一名乘客带领大家唱起卡波利小调并且用手打着拍子，当乘务员摸黑来到，带领他们通过一道安全井走到地面上时，合唱发展成了舞蹈，人们聚集在地面上一对对地跳起舞来，久久不愿离去。

在另一节车厢里，一位妇女突然昏倒，消息从一个人传到另一个人，直到从某人那里找到鼻烟，这鼻烟便立即通过一只只手准确地传到了昏倒的妇女身边。

还有一节车厢，一场独特的“聚餐会”正在黑暗中举行：长时间受困的人们把他们口袋里的一切可吃的东西都拿了出来共享。花生、野樱桃糖、什锦糖果、甚至抗酸片。难得的美味则是炸面包圈和意大利香肠，大家正愁找不到刀，一个人掏出了身上的指甲刀，把香肠一片片切开。半夜，运输当局给尚未获救的人们送来食品时，看到的是人们相互倚靠着睡觉的感人场面。

在一座地下铁路车站里，只见一群人手拉着手，在一名女士的带领下，顺利地找到出口。很多人以为这位带路的女士具有在黑暗中辨别方向的超凡能力——他们却意想不到，这位经常搭乘纽约地铁的女士，是一名盲人，黑暗对她根本不构成威胁。

事后，一名在地下火车里待了6个小时的家庭主妇说：“我根本没有想到纽约人会是这个样子，我的意思是说，每个人好像都没有火气了。”

地面——

由于停电正好发生在交通最繁忙的时间，运输当局开出了全部4000辆公共汽车中的3500辆，仍未减轻压力。于是，难以计算的人们徒步跨过大桥或走上大道回家，看上去像是一场由于参加人数太多而挤来挤去的“倾城马拉松”。

一位上了年纪的妇女在想通过第5号大街时胆怯地停下脚步，马上有四个人自告奋勇地上前护送，与此同时，街边的一个乞丐依然在不断地拦住行人行乞。

当黑暗完全笼罩了整个纽约时，有一个大胆的歹徒在商店仅有的一点烛光下大模大样地抢劫一间经营稀有古币的古董店——这天晚上，约有100个橱窗被砸开，约有41个抢劫者被捕，12家商店被抢劫，因抢劫、偷窃或袭击而被捕的有85人。然而纽约市警察专员布罗代里克表示：这天晚上因犯罪而被捕的总人数只有平时夜间犯罪的25%，此外，造成伤害的车祸只有32处，造成损失的车祸有45起——这是世界上最大的城市在完全没有红绿灯的情况下发生的！

一些商店里，每支蜡烛卖到1.5美元，手电筒的售价也比平时暴涨了几倍——停电给这些店主带来了意想不到的收益。然而，当时像资本家那样行事的人较少，而像人那样行事的资本家则较多。马锡商店在这天夜里招待了5000名顾客和雇员——邀请所有的人到店里来歇脚，向他们提供咖啡、三明治和甜饼；布卢明达尔斯商店向停留者免费开放了它的家具部——一名妇女就睡在一张价值800美元的沙发上过了一夜。而这种慷慨行为的高潮是在第二天早晨，商店职员还向每个人免费提供早餐。据统计，这一夜，在世界闻名的“席梦思”高级床上用品公司的陈列厅里，有40个人在那里安然入睡。

纽约的两家出名的饭馆“二十一”和“四季”，采取一种其危险性近乎“各尽所能，各取所需”的政策：“二十一”饭馆免费敞开供应炸三明治和饮料，“四季”则免费供应菜汤，当人们兴高采烈地享用这些免费食品时，饭馆里的乐队则以一种超然而幽默的姿态不停地演奏一支乐曲：《我的家产快给你了》。那天夜晚，古老战争年代的一首流行歌曲在聚居的纽约人群中再次流行，那首歌的名字是《阳光再次普照大地》。

医院，在那天晚上成了停电事故中受害者的专门诊室。仅在贝尔维尤医院的急救室里，就有145名病人是因停电受伤而接受治疗，许多心脏病患者在停电期间发病，不是由于受惊，就是由于爬上从来没有爬过的高楼。有一名患者因不能爬上十层楼回家而心脏病发作死亡。一间医院的手术室里，灯光熄灭时，一次头盖骨手术才刚刚开始，病人的头盖骨正在被打开。护士们神速地找来干电池灯，居然成功地完成了为时5个小时的手术。值得一提的是：那天夜里至少有60个婴儿在蜡烛光下呱呱坠地，成为纽约市民。

大街上，志愿服务人员用手电筒和手帕指挥交通，警察们和消防队员们被从不同的地方召集到岗位上，波士顿一个小分队的全体警察，那天晚上是穿着漂亮的礼服在街上巡逻的——他们刚从警察局的舞会上赶到。一名教堂司事在沿街向人们分发蜡烛——甚至连上帝也损失了钱财。

漫长的黑暗中，整个纽约只有一处依然在夜空里散发出灼灼的光华，这就是高举火炬的自由女神像，它的电源来自新泽西州。

空中——

往日灯光辉煌的曼哈顿，此刻漆黑一片。一座座摩天大楼也黯然无光，完全失去了诱人的魅力。

曼哈顿一座摩天楼里，一个黑人女清洁工带领一名惊慌失措的姑娘摸着黑一步步从一楼爬上了十楼，然后将她引到自己的房间里，还给了她两支蜡烛。当姑娘感激地掏出5块钱小费递给她时，她谢绝道："不用，宝贝，今天晚上每个人应该互相帮助。"

数以万计的人被困在摩天大楼里。数以千计的人被困在电梯里。数以百计的电梯被吊在半空中。停电的受害者从地下到地面，从地面到空中筑起了一个立体空间大舞台。

一名被困在空中的受害者事后回忆说："那天晚上的气氛令我想到了德国投降和对日战争胜利的日子，那时人人相爱。当时的狂欢气氛和一场大暴风雪后的气氛差不多。"

一名当时被困在32层楼上的律师说："开始我们只是围着桌子各喝各的酒，而断电后，大家兴高采烈地聊了起来。我们本来可以下楼去，但是有600多级台阶，所以就待着没动，大家慢慢地相互认识了。"

这名律师讲述的情况很具有代表性。纽约帝国大厦86层瞭望顶楼上的一群被困者，是来自法国和美国南方的观光者，他们在黑暗中兴高采烈地互相轮流齐声唱《马赛曲》和《美国南方各州》这两首歌；美国无线电公司大楼的一架电梯里，几个人像模像样地坐在地上，正在跟一位先生练习瑜伽术——一种印度的气功。

当长夜过去，阳光照亮整个纽约，电力供应也恢复了。汽车又开始如蝗虫一样拥挤着前进，电梯又开始忙碌地在摩天大楼里上下运行。

纽约人从黑暗中睁开眼睛，像往常一样匆忙地各就各位。虽然恢复供电结束了停电时的不便，但许多纽约人都或多或少地觉得心中惘然若失。

美国许多报刊经过访问发现：实际上很多人享受了断电的乐趣。停电期间在街上有饮酒的，有唱歌的，有接吻的，好像过节一样。一方面，断电这一偶然事件给常规性的沉闷生活带来意外的变化；另一方面，这一偶然的黑暗也使人们潜在的优良品质得以闪亮。在停电过去后的很长一段日子里，人们仍兴致很高地谈论着当时如何勇敢救人，如何亲切待人以及如何富于冒险精神。一位妇女说：在断电时，她受到如此多的彬彬有礼的对待，致使她恢复了“对人类的信心”。

《纽约大停电》从地下、地上、空中等几个侧面，形象而立体地展现了纽约人在意外停电中的种种表现。显然，作者有意识地侧重反映意外事故中人与人之间的关心和互助。

三、场面特写

场面特写侧重展现某些新闻事件中的重要场面，使人产生如临其境的效果。如：《横锁长江之战——葛洲坝截流纪实》（《人民日报》1981 年 1 月 6 日）生动描绘了葛洲坝合龙的壮观场面：

2200 多米的宽阔江面，左岸被由泄水闸、电站、冲沙闸和两座船闸构筑成的巍峨建筑群横拦去三分之二，大江河道被挤在一边。紧连大坝的两岸戗堤拦住了大江咽喉，210 米的“龙口”里激流飞溅，通向“龙口”的堤上大道，满载石料的 20 吨、30 吨、45 吨自卸卡车一字长蛇阵摆开，看不清头尾。两岸山峦似的截流料场上，大型的装载机、吊车静立着，电铲伸开巨臂。人们像冲锋前的战士一样屏住气息，等待着一个庄严的时刻。

7 点 30 分，一声截流令下。顿时，四五百辆巨型机械的轰鸣声震撼大江两岸，自卸卡车的洪流运载着石料以每分钟三四车的速度朝着江心猛泻。截流开始的头半天，车流像一条钢铁传送带，平均每 18 秒钟就有一车 8 立方米的石料投进龙口。这样大的抛投强度在我国水利建设上还是第一次。长江像惊呆了的巨龙，在开工的头 13 个小时里，不得不以每小时 6 米的速度把河道退让出来。戗堤迅速向江心伸展。

3日晚11时，龙口压缩到只剩100米左右。按照设计，截流开始进入最艰险的阶段。龙口激流如箭，石料入江，踉跄翻滚。按照截流计划，龙口进占到这里将暂停施工，转占二江，设法增大二江分流的流量，以减轻大江截流的难度。但是，斗志更酣的截流大军，谁都不肯暂时休战。

……

《横锁长江之战》的难度在于场面浩大，难以驾驭。记者始终坚持在现场观察，抓住大江截流前惊心动魄的壮观场景，生动地再现了这一难以忘怀的历史瞬间。

四、风貌特写

风貌特写要求形象再现有特点、有意义的风光景物。通过记者亲临现场的所见、所闻、所感，给人立体的印象和强烈的感受。如《奥斯威辛没有新闻可写》（《纽约时报》1958年8月31日）就是一篇深沉感人的风貌特写。

奥斯威辛没有新闻可写

波兰布热津卡——不知为什么，最可怕的事情竟是布热津卡那明媚和温煦的阳光，一行行令人赏心悦目的白杨和在大门口附近的茵茵碧草上玩耍的孩子们。

这好像不正常得令人吃惊，如同一场噩梦一样。在布热津卡，应该永远有阳光照耀，或者说，那里应该是光明的，那里应该是一片碧绿，应该有年轻人的笑声。但是，如果说布热津卡从来不见阳光，草地枯萎衰败了，这才是恰如其分的，因为这是一个无法用语言来形容的恐怖地方。

然而，现在每天都有来自世界各地的旅游者到布热津卡来，这地方很可能是世界上最令人心惊胆战的旅游点。他们这点恐怖感，永远也不会忘记。某些人看见在奥斯威辛重建的一个毒气室，人们告诉他们这还是个小的毒气室。其他人竟看到这样的事实，在布热津卡，在几个毒气室的废墟上，在德国人撤退时炸毁的焚尸炉上，竟盛开着雏菊。

有些旅游者呆呆地盯着毒气室和焚尸炉，他们简直不能接受这些。目睹钢玻璃窗后边像小山堆似的人头发，一堆堆死去的婴儿留下的鞋，或者在进毒气室之前用来关押犯人的砖瓦结构的监狱，他们站在那里浑身发抖，毛骨悚然。

一位参观者惊叫了一声，因为他看见女牢房竟是三排大木头箱子，这些木头箱子约有6英尺宽、3英尺高，每晚有5到10个人在木头箱子里过夜。导游带着旅客很快走过了牢房。在这里没有更多的东西要看了。

有一座砖瓦结构的建筑用来对女囚犯进行使之失去生育能力的试验。导游想把门打开，但门却是锁着的。游客们暗自庆幸他们没有去看，不然就羞得脸红了。

在一条长长的走廊里，一排排面孔从墙壁上向人们凝视着。那是几千张囚犯的照片。现在，这些人都已经死去了。男女囚犯们站在照相机前面心里都明白他们将走向死亡。

从这些死者的照片上看他（她）们脸上木无表情，但是在众多的照片中间，有一张照片吸引了游客的注意，令人不忍率睹。这是一张22岁女孩的照片，她体态丰满、金发碧眼、容貌漂亮，她温柔地微笑着，好像头脑里掠过什么甜蜜的、值得珍爱的事情。当时在她年轻的头脑里想些什么呢？现在在奥斯威辛的死亡纪念墙上她又想些什么呢？

在进入令人窒息的地牢时，一位旅游者被带出来休息了一会儿，因为他感到憋得喘不上气来。另外一位旅游者进去了，又跌跌撞撞地出来了，她画起十字来。在奥斯威辛没有什么可祈祷的地方。

旅游者们相互恳求地对望着，他们对导游说："够了。"

奥斯威辛没有什么新鲜事可以报道。那里还是阳光明媚一片碧绿，孩子们在大门口玩耍。

奥斯威辛集中营是第二次世界大战期间德国法西斯在波兰领土上设立的杀人工厂。据报道：大战期间近600万人在这个集中营里被杀害。记者没有泛泛报道这座杀人工厂的种种暴行，而是选择了几个触目惊心的镜头，通过参观者和记者的感受，有力地揭露和控诉了德国法西斯的暴行。人们犹如来到了一座人间地狱，在阳光明媚的景象中开头和结尾，强烈的反差，给人留下诸多回味。

第三节　特写的写作要求

一、选材集中——写横断面

狄德罗在《论绘画》中说："一个画家要抓住一瞬间，这个瞬间既要表现前前后后许多时间，而这个瞬间又必须是独特的，富有个性化的一瞬间。”特写要求再现生活中富有个性的瞬间，即通过有特色的典型场景，生动地展现主题。

《别了，“不列颠尼亚”》记录了香港回归祖国之时，末代港督和英国王储乘“不列颠尼亚”号皇家游轮撤离香港的最后时刻，记者以简洁的笔法，勾勒出这一具历史意义的瞬间。

别了，“不列颠尼亚”

周婷　杨兴

在香港飘扬了一百五十多年的英国米字旗最后一次在这里降落后，接载查尔斯王子和离任港督彭定康回国的英国皇家游轮“不列颠尼亚”号驶离维多利亚港湾——这是英国撤离香港的最后时刻。

英国的告别仪式是30日下午在港岛半山上的港督府拉开序幕的。在蒙蒙细雨中，末任港督告别了这个曾居住过25任港督的庭院。

4点30分，面色凝重的彭定康注视着港督旗帜在《日落余音》的号角声中降下旗杆。根据传统，每一位港督离任时，都举行降旗仪式。但这一次不同：永远都不会有另一面港督旗帜从这里升起。4时40分，代表英国女王统治了香港五年的彭定康登上带有皇家标记的黑色“劳斯莱斯”，最后一次离开了港督府。

掩映在绿树丛中的港督府于1885年建成，在以后的近一个半世纪中，包括彭定康在内的许多港督曾对其进行过大规模改建、扩建和装修。随着末代港督的离去，这座古典风格的白色建筑成为历史的陈迹。

晚6时15分，象征英国管治结束的告别仪式在距离驻港英军总部不远的添马舰东面举行。停泊在港湾中的皇家游轮“不列颠尼亚”号和邻近大厦上悬挂的巨幅紫荆花图案，恰好构成这个“日落仪式”的背景。

此时，雨越下越大。查尔斯王子在雨中宣读英国女王赠言说：“英国国旗就要降下，中国国旗将飘扬于香港上空。一百五十多年的英国管治即将告终。”

7点45分，广场上灯光渐暗，开始了当天港岛上的第二次降旗仪式。一百五十六年前，是一个叫爱德华·贝尔彻的英国舰长带领士兵占领了港岛，在这里升起了英国国旗；今天，另一名英国海军士兵在“威尔士亲王”军营旁的这个地方降下了米字旗。

当然，最为世人瞩目的是子夜时分中英香港交接仪式上的易帜。在

1997年6月30日的最后一分钟，米字旗在香港最后一次降下，英国对香港长达一个半世纪的殖民统治宣告终结。

在新的一天来临的第一分钟，五星红旗伴着《义勇军进行曲》冉冉升起，中国从此恢复对香港行使主权。与此同时，五星红旗在英军添马舰营区升起，两分钟前，“威尔士亲王”军营移交给中国人民解放军，解放军开始接管香港防务。

零点40分，刚刚参加了交接仪式的查尔斯王子和第28任港督彭定康登上“不列颠尼亚”号的甲板。在英国军舰“速成”号及悬挂中国国旗和香港特别行政区区旗的香港水警汽艇护卫下，将于1997年年底退役的“不列颠尼亚”号很快消失在南海的夜幕中。

从1841年1月26日英国远征军第一次将米字旗插上港岛，至1997年7月1日五星红旗在香港升起，一共过去了156年5个月零4天。大英帝国从海上来，又从海上去。

（新华社香港1997年7月1日电）

这篇别具一格的特写虽然只写了香港回归当天发生的事情，却包含着相当大的历史跨度，文字平实，在含蓄中包含着“言外之音”，体现了记者成熟驾驭重大历史题材的文字功底。

二、真切再现特定情景

高尔基说：“应该追溯一下‘画’和‘描’这些动词，只要考虑到这个简短定义的实质，在您面前就会展现出特写与其他文体的特点。”“画”和“描”就是用形象说话，用逼真的画面说话，也就是“再现”手法。画面当然不是抽象的概念，也不等于具体事例。事例可以很具体，但不一定都能构成“画面”，“画面”要有事态的实态，有形可感，有物可托。特写往往表现的是活动的“画面”，各种精彩的、难以描述的场面。从一个人的细微动作到千百人的广阔画面，这种特定场景的再现难度相当大。记者应当是事件的参加者、目击者，这样，不仅能够细心观察，还可以切身体验，可以调动视觉、听觉、嗅觉、味觉、触觉等多种感官，多侧面、多角度地把特定事物加以真切再现。

如：1979年6月27日《参考消息》转载香港《大公报》的一篇报道。记者采用了再现手法生动再现了上海京剧团到西德访问演出受到热烈欢迎的场景。

德国人的保守和一本正经是世界闻名的，尤其是在戏院更可以看得清楚。汉堡话剧院是一个相当古老的戏院，现在已是座无虚席，等待着来自东方的中国艺术家的表演。

晚上8时，演出开始了。第一出戏是《三岔口》，随着紧密的锣鼓声，台幕拉开了，一个画着黑白脸谱的大花脸和两个衙门解差一亮相，就引起了满堂的掌声，这个打扮太新颖了，动作也太奇妙了。随着剧情的发展、卓越的打斗，在明亮的舞台上两个武生表演摸黑格斗，惊险、紧张，形象逼真，妙趣横生，把观众从一个高潮引向另一个高潮。幕还没落下，剧场里的观众已控制不住内心的激动，雷鸣般的掌声，夹杂着叫好声、欢呼声振荡着整个大厅。

第二场是《火凤凰》。扮演美丽白凤凰的女演员齐淑芳用她的唱、做、舞、打的高超技艺，竟能在舞台连续打斗十几分钟而不停止。她用手、脚、枪击回几乎同时从不同方向飞来的兵器，把观众带入到一种半疯狂的状态中，那些斯文、严肃的观众忘记了自己是穿大礼服来的。开始时眼睛瞪的滚圆，嘴半张开看，然后发出赞叹声，继而疯狂鼓掌，忽然一个观众再也不能忍耐地叫了一声好，接着全场都叫了起来。这还不能满足他们的内心激动，竟情不自禁地跺起楼板来，演员不知谢了多少次幕，观众方才罢休……

第四出压轴戏是《雁荡山》，全部武打。起义军从平地打到高山，从高山又打到水中，在这一个小小的舞台上，个个演员都能够演出各种绝技，把观众看得眼花缭乱，心花怒放，再加上热闹的音乐锣鼓声，把整个气氛烘托得格外热烈。在整个戏的演出过程中，我有意识地做了一个小统计：观众鼓掌14次，鼓掌兼喊叫9次，鼓掌、叫好并跺脚5次，等到演出结束，观众们再也不能控制自己了，鼓掌、跺脚长达十几分钟，竟没有一个站起来离去的。台上的演员一再谢幕，也收不了场，弄得大有不知所措之感，只好再拉上城墙布景，重演众士兵翻斤斗越城墙的片段，每一个斤斗都换来了台下的叫好声。照理，重演一次，观众们应该满足了吧，可是事与愿违，观众情绪更热烈了，继续鼓掌、跺地板，似有不让演员下台之势。在无可奈何的情况下，机智的演员们开始把人们献给他们的鲜花掷向观众，这时场上场下融成一片，给人们一种感觉，中国和西德虽然相隔万里，但是两国人民的心是连在一起的。

这位记者不仅要看台上演戏，要观察周围的观众的表情，要看时间，还要数数……上下左右尽收眼底，多侧面地展现了西德观众发自内心的热烈状态，从中展现了中国古老京剧艺术的魅力。

三、构思精巧

特写不要求写来龙去脉，要求抓住事件的焦点进行描绘，因此，记者要精心构思。特写往往篇幅不长，要在不长的篇幅中把精粹的内容完美地展现出来，构思要强调“精巧”二字。

20 世纪 80 年代，新华社记者写了一篇特写《巴黎的狗坟》（载香港《大公报》）。记者没有直接描述灯红酒绿、纸醉金迷的巴黎，而是独辟蹊径，写了巴黎城郊一个僻静的角落——狗坟。

我开着车子，从阿涅尔门出来，下了环城公路，不到五分钟工夫，就到了坟地。大门是用铁栅栏修的，上面写着“狗坟，建于一八九九年”几个醒目的大字，狗坟坐落在塞纳河畔。这是一条狭长地带，长约 500 米，宽约 100 米。坟墓顺着长条地形一字排开，整整齐齐，约莫有十几行。坟墓都用大理石砌成。有的一米见方，有的半米见方，大小不等，形状不一，有的方棺横卧，有的如假山竖立，有的似剑刺青天。坟上都刻有编号、狗名、生死日月，多数都有狗的烧瓷照片，有的还有狗塑像。坟墓周围，一般都栽种青松翠柏，鲜花异草。墓地上这里那里稀疏地种着一些高大的梧桐，光秃秃却修剪得整整齐齐的枝干像张开的臂膀，伸向天空。

冬季，巴黎的天空总是灰蒙蒙的。这天，云黑且低，稀稀拉拉地飘着细雨，冰凉的雨点落在污浊的塞纳河里，落在黑粗光秃的树干上，落在坟地的花草上，也落在扫墓人的心田里。也许是因为星期天的缘故，前来坟地的人特别多。除了一部分和我一样的游客外，大部分是扫墓的。他们手提喷壶，捧着花盆，将坟墓扫得干干净净，将花草修得整整齐齐，带着无限的哀思而来，怀着无限的惋惜而去。

在一进门的地方，我看到一位妇女，领着两个孩子，每人手里一束鲜花，恭恭敬敬地奉献给一个狗墓。这座坟足有五米高，坟顶雕有楼房模型，坟中央雕着一条大狗，它的长耳下垂，狗尾翘起，两眼炯炯有神，四腿矫健，做扬腿前跑姿态，背上站着一个男孩。碑文上写道：它曾救了 40 个人的生命。坟周围是个小广场，里面栽满了松树，在凄风苦雨里显得异常清秀挺拔。我继续往里走，看见个老太太，白发苍苍，骨瘦如柴，颤抖的手里拿着一条绣花手帕，正弯腰拂去一个大理石坟墓上的土和灰尘，她眼里含着泪，口里讷讷自语："你不是邪恶的，是的，你是不干坏事的。"坟墓上刻着这样的话："在我孤独和痛楚的一生中，你是我忠诚的伴侣和唯一的朋友。"

我再往前走，发现一对青年夫妻，正在一个小巧雅致的墓前浇花拔草，男的拿下一盆已凋谢了的花，扔在坟地边上专设的垃圾桶内，女的又放上了一个新花盆，里面的土是油黑油黑的，花株尚含苞未放，不用说，他们下次再来时，定是花开正盛时，墓上刻着："公主，你永远活在我们心中。"

我一边走着，一边思忖，大概前来扫墓的多半是脆弱的女性，所以常见伤感的场面，不足为奇，不料一转头，看见一个彪形大汉，头戴黑礼帽，身穿灰大衣，两手握于胸前，正垂头默哀。他站得笔挺笔挺的，猛一看，几乎将他和身边的几株秃树枝干混在一起。从他的身边悄悄溜过，向坟上溜了一眼，看到刻着一首诗："它爱人，它惹人爱。我漂亮的小狗，我永远为你悲哀。"

雨越下越大，我加快了脚步，最后停在一座新坟前。这坟修饰得非常讲究，坟上有一狗雕刻，全身白色，头上顶着绿草，颈上系着紫白相间的腰带，看上去精神抖擞、性情温顺。狗的后面有一松枝编织的屏风，显然是为了给狗遮风挡雨，坟墓的屏障前点缀着几棵雪松，显得十分肃穆，坟地周围则繁花似锦，红绿黄白，花色讲究，排列艺术，看得出主人的一片倾心。大理石墓碑上刻着两行字。

"人不断地使我失望，它永远地给我温存；

忠诚的心肝。1962—1979"

雨一直下个不停，我再也看不下去了，于是，大步离去，驱车往返。

记者并非只写巴黎人爱狗，而是通过巴黎人对狗特殊亲密的感情，反衬出人际关系的复杂与失落。结尾大理石墓面上的字："人不断地使我失望，它永远给我温存"——主题在最后清晰地展现出来，使人感到在物质生活高度发达的西方社会，人与人关系的冷漠和心理失衡。作者没有直接议论巴黎的人情冷暖社会，其中结论留给人们自己去分析、去思索。报道不仅生动有情趣，而且有深度。

四、小巧玲珑，活泼风趣

特写短小精粹、生动活泼，要求记者具有熟练驾驭语言的能力。有人主张特写可以借用文学艺术的多种表现方法：可以借鉴绘画的手法，选择有特征的画面；可借鉴文艺创作手法，有情节、有细节、有悬念；可借鉴散文写作手法，讲究意境、讲究立意，令人回味，引人深思；还可借鉴电影的蒙太奇手法等。总之，可调动多种表现手法，把受众带入特定现场中，给人留下立体的、形象的印象。

西方记者的体会是："最好不要把太多的东西告诉读者，否则你将会失去他们。把小范围内的具体事例告诉他，让他去发现大范围内带有普遍性的东西。"这种小中见大，以少胜多的效果正是特写的优势。

瑞典记者阿马斯顿在周总理逝世后写了一篇特写，题目是《在北京饭店里的半分钟》，文中这样写：

> 1973 年 10 月某一天的上午，我正在北京饭店富丽堂皇的前厅里等候电梯，突然，从侧厅里走出一些中国人，他们从我面前匆匆而过，走向在门前等候他们的汽车。走在前面的是一个身材不高、消瘦、迈着矫健的步伐、腰板挺直的人。
>
> 当人群走过后——已经晚了——我才醒悟到，我刚刚见到了世界上最有力、最杰出的政治家：周恩来。
>
> 这时候，他和他的同事已走出了饭店，乘上汽车，很快消失在通往天安门广场的大路上——去出席另一次会议。他可能刚刚结束了一次有关最近蓬皮杜总统访华的讨论；也可能马上出席有关北京大学新兴起大批判的会议——几个月后，将开始反对孔夫子、反对林彪的巨大运动。
>
> 这一瞬间的见面，使我强烈感到，某一事物正在发展。那急促、充满着信心的步伐，那严肃的面孔——一刹那感到气氛严重——说明巨大的、重要的事情正在发生。
>
> 这一短暂的见面，实际上给我留下了周恩来的典型形象：时刻活跃、勤奋工作、不得空闲的人。他是日理万机的行政管理家、谈判家、策略家和外交家。他是毛主席身边的实践、执行的力量。他工作能力非常巨大，接近到不可想象的程度。他每天上午 10 点开始工作，经常是第二天早上 5 点钟还不停止。
>
> 他就这样送去一年，又迎来一年，度过了四分之一个世纪。他在 1 月

8日逝世了，终年78岁。但以他的工作来衡量，周恩来却度过了漫长的一生。以他的影响和意义而论，他将在许多个世纪里活在世上。

在这半分钟里，我目睹了他那非凡勤奋工作的一生。在这短短的一瞬间，在北京饭店的前厅里，中国历史从我眼前一闪而过。

记者抓住了北京饭店里的半分钟，联系当时国际、国内的特定环境，融进了他对周总理的认识和感受，字里行间饱蘸感情。当然，严格来讲这篇报道不完全像特写，现场情景不多，更多的是记者的感受，可能由于当时种种条件所限。记者抓住了“半分钟”这个历史性的小镜头，升发开来，采取了类似散文的笔法，文字不多，颇有感染力。

有人说，新闻不是一种从容不迫的体裁，而是要让连跑着走路的人都能看完的体裁。随着社会生活节奏的加快，人们时间观念更强，人们的价值观念也在朝着现代化的方向改变，时间、效率将愈来愈成为人们判断事物的一个重要的标准。从发展上说，特写适应了这种趋势，穆青说：“我们的时代应是新闻、速写、特写比较发达的时代。”过去我们对特写的优势注意不够，在我们的新闻报道中特写可以说是“凤毛麟角”。这其中还有个习惯问题。新闻界一些人总不大情愿搞短小精悍的东西，觉得“小豆腐块”登不了大雅之堂，广播、电视、报纸长风刹不住，和新闻界对特写这一体裁的认识不足有直接关系。新闻报道要向短而精方向发展。从这个角度上讲，特写将是一种受群众欢迎的文体，当代新闻人应该有这样的眼光。

思考题：

1. 什么是特写？特写的写作特点是什么？
2. 为什么说特写是一种有发展优势的新闻体裁？

第十二章 广 播 专 稿

第一节 专稿与广播专稿

广播专稿是专稿体裁中的一种。它同专稿一样，不仅能够传播信息，而且能够绘声绘色地描述新闻事件，再现人物活动，反映社会风貌，给人以栩栩如生、历历在目的形象感受。必要时，它还能揭示事物本质、阐明事物意义，表明人们对事物的看法和态度，起某种评论的作用。广播专稿在自己的长期发展过程中，又形成了不同于其他传播媒介的专稿体裁的特点。因此不能简单地在广播专稿与专稿之间画等号。

一、广播专稿是专稿移植于广播的产物

广播专稿是专稿体裁演进的产物。专稿从新闻报道中分化出来并不是体裁发展的终点。随着广播这一传播工具的出现，专稿被应用于新闻广播，专稿体裁又开始了新的分化和发展。在这以前，专稿只是作为报刊体裁存在，是供读的新闻体裁，即使是通讯社播发的专稿，也是供报刊登载，供读者阅读的。在这以后，专稿同时朝着适应广播的传播特点、为听而采写制作的方向发展；紧接着又与电视结合起来，力求满足视听的需要。这一新的分化，标志着体裁为适应多种传播工具的传播特点，走上了个性多样化的演进历程。

广播专稿的发展过程是体裁适应传播工具、适应听知规律的过程。正如鲁迅译文集中的一篇文章所说的那样：“诉于耳的方法和诉于目的时候，是全然两样的。所谓听众者，凡事都没有读者似的留心。简洁的文字有着穿透读者心胸的力量，然而在听众头里，却毫不相干地过去了。听众者，是从赘辩之中拾取兴趣和理解的。”前苏联早期的政治家、教育家加里宁也说：“广播记者工作的特点在于他们写的短评、随笔和文章等等不是被人家阅读，而是被人家收听的。”而“很多的时候，对于收听的东西和对于阅读的东西需要采取完全不同的方法”。

这些情况有力地说明，广播稿适应广播传播特点、适应听知规律的过程，是广播专稿个性发展的过程。如果没有广播新闻工作者适应听知需要的不断努力，就没有名副其实的广播专稿。从这个意义上说，广播专稿的个性化过程，决不是专稿的简单搬用，不是专稿+广播，而是专稿体裁适应广播的传播特点的结果。

二、广播专稿的一般特点

广播专稿既然是专稿体裁移植于新闻广播的产物，那么，它的特点就必须既能体现专稿的体裁特征，又能适应广播的独特传播方式。

专稿是一种融新闻性、倾向性和形象性于一体的新闻体裁。而新闻广播运用有声语言和音响叙事、状物、描绘人物，借以传播信息、表达思想感情；它除了诉之于说和听，别无其他传输渠道。有的学者把广播的传播特点概括为三个看不见：看不见说话的人；看不见所讲的话；看不见所讲的事物。在这种情况下，广播专稿要收到预期的听觉传播效果，就必须按照广播的传播规律，从而实现专稿体裁的基本特征。因此，广播专稿无论在新闻性还是倾向性、形象性方面，都有不同于报刊专稿的独特的表现。

广播专稿是从广播新闻呈现的听觉文本特征，从更生动更丰富，更深刻的信息层次，通过听觉形象引发听觉联想来展示主题。

为了说明广播专稿的特点，我们特地选择了同一题材的报纸专稿和广播专稿进行对比。

《青岛日报》(2003年4月22日发表)的新闻专稿《振超效率：赶超世界第一——记青岛港明港公司桥吊队队长许振超》是新闻界最早推出许振超这一人物典型的报道。该作品获2003年中国新闻奖一等奖。

振超效率：赶超世界第一

——记青岛港明港公司桥吊队队长许振超

辛 梅

青岛港明港公司桥吊队有个劳模队长，叫许振超。

他只是个初中毕业生，却主持了前湾码头两台国内最大桥吊的安装。

他只是个基层队长，却参与了青岛港创国优管理金奖的申报，编写了整个明港公司质量管理体系。

他的桥吊队才组建一年多，就刷新了中国大陆沿海港口集装箱作业最高纪录。青岛港特地以他名字命名了集装箱服务品牌——“振超效率”……

青岛港推选市劳模候选人，他从1.6万名职工中脱颖而出，得票高居榜首。工人们说：他刻苦钻研、勇于创新、事事争一流，是我们的“工人专家”，是新时代工人的优秀代表。

只有不断地学习，才能跟得上这个时代

第一次见识“专家”的“功夫”是在明港5号桥吊上。3月24日晚，五六个维修主管围在桥吊前伸距上愁眉不展。主管高吉凯说：“桥吊张紧液压装置坏了。修了一下午还是不行。”一上来许振超就问：“你们拿出方案没有?”问清后他开始排查，这儿摸摸那儿看看。过了十几分钟，他在张紧液压站跟前站住了，反复摸了摸里面的两个溢流阀和前后四根油管，招呼道：“老高，你来试试。”高主管摸了摸说：“好像一个温度稍稍高一点。”许振超说：“就是右边这个阀，换掉它试试。”十几分钟后，换上新溢流阀的机器一切恢复正常。工人们赞道：“神了!”

事后追问，许振超说：“没什么神的。1975年我开门机时，就遇到过类似的毛病。连技术员都没办法。我不死心，买下本《液压技术》，边学边修，到底给捣鼓好了。”

许振超的经历就是青岛港生产方式从劳动密集型向技术密集型转变的缩影。他1967年从青岛二中初中毕业参加工作。1974年进港当电工，没多久开上了当时青岛港最大的机械设备——价值60多万元的门机。1984年，青岛港组建集装箱公司，他成了第一批桥吊司机。2001年，青岛港决定实施外贸集装箱航线西移，在前湾港组建明港公司，他成了前湾这个中国最大集装箱码头的第一代桥吊队长，管理着价值4亿多元的现代化桥吊群。

谈起这些，许振超感慨地说：“这些年港口发生了这么巨大的变化。作为一个工人，只有不断地学习，才能跟得上这个时代。”

让他感触最深的一件事是在1986年。他开的青岛港唯一一台桥吊坏了，码头被迫停产。他主动配合技术员查了两天两夜，最后查明只是一般故障。如果技术过硬，本来可以很快解决。这对他触动很大。从此他给自己提了一个要求：做一个好司机，不仅要会抓“把子”，还要做到一般故障自行处理。

这说起来简单，做起来却难。原来门机的构造简单，桥吊就大不一样了。一台几千万元的设备，控制系统都是引进的，连工程师要想完全掌握也得花上半年多的时间。

为此，许振超自学起了英语。当时桥吊电控系统是瑞典BBC的，整个程序语言都是英文的，基本的单词要知道。当时桥吊上的可控硅直流调速系统是国内最先进的，他买了清华大学的教材《可控硅整流技术》，从原理上学起。后来，青岛港在国内港口中最先使用了美国GE的可编程序逻辑控制器，一套英文资料有两尺厚，他一有空就拉着技术人员陪他上桥吊，把程序一一记下来，过后仔细琢磨……

从此，许振超的身边总有“两件宝”，一本翻烂的英语字典，一本笔记本。他就是这样学到哪儿，记到哪儿。

做一个优秀的工人，还要勇于创新

老许开车一直是队里技术最好的，但他不满足。有一次他发现桥吊起升的励磁电源装置每两三周就烧坏一组可控硅。他为此大胆地提出改进设想。这可是瑞典BBC电力拖动公司生产的，系统功能世界一流。他找到技术主管一起反复研究，自行设计改造了电路，并用国产可控硅替代了进口件，既解决了问题又降低了成本。

他由此认识到：做一个优秀的工人，不仅要善于学习新知识新技术，还要勇于创新。

这种创新的精神使他取得了一个又一个佳绩。这些年，他先后获得集团技术创新奖十余项。

最让人叹服的是他大胆推翻了既定方案，创造性地主持了前湾明港桥吊的安装工程。2001年，刚组建的明港公司从上海订购了两台国内最大的桥吊，其中一台必须在年底前完成安装。由于种种原因，一直到11月底，前期工作还没到位。关键时刻，集团总裁常德传点名让许振超任桥吊安装总指挥。许振超做梦也没想到，领导会让他当总指挥。这放在过去可是富有经验的高级工程师才能干的活儿。

他反复研究安装工艺，发现厂家制订的320吨浮吊吊装方案根本行不通。他重新制订吊装方案，一改传统做法，尽可能在地面拼装零件，减少高空吊装环节，改用1000吨大浮吊吊装作业，大大缩短了安装时间。2001年12月31日晚6时，新桥吊如期矗立在码头上。这一天对于明港有特别的意义：有了第一台桥吊的安装经验，后面的安装就有路可循了。

他不仅创新技术，还创新管理。这两年他发现国内多数港口在基层管理上较简单，没有完善的管理条例。

他就找来国家和交通部相关条例，参照制定了队里的条例，细到连夜间维修取个扳手都有规矩。再如，在设备维修上多数港口实行机电分离，不利于设备养护。他就改变这一惯例，建立了机电一体的维修体系，要求维修主管既要懂电又要懂机械。日前，国内最大的桥吊生产厂上海振化港机厂厂长特地带着外国客户来青岛港参观桥吊队的设备管理，盛赞明港的桥吊管理是国内最好的。

“振超效率”就是要赶超世界第一

港口西移以来，前湾港大码头、深泊位的优势凸现，这给许振超提供了一个超越自我的大舞台。

在明港公司，桥吊队被列为公司“第一岗位”。作为队长的许振超深知责任重大。他说，船期是船公司的“生命线”，效率就是港口实力的标志。他鼓励队里的职工：“在世界一流的码头上，就要干出世界一流的活儿来。作为桥吊队，就是要创世界一流的装卸效率。”

装卸效率是集体协作的结果。桥吊队刚组建，新手占八成。为了提高效率，他加班加点搞培训，还专门编制了青岛港第一本桥吊作业手册，把自己和其他优秀司机的经验汇集成册。这本册子从正常操作规程，一直到大风、雨、雪、雾天气时作业注意事项及故障应急方案一应俱全。靠这本手册，许振超硬是创造了用三个月带出桥吊司机的纪录。按惯例培养一个桥吊司机至少要一年时间……

今年1月6日，常德传到明港调研，当得知桥吊队连创佳绩时，他鼓励许振超：“就用你的名字命名集装箱服务品牌吧。”他还问明港公司总经理朱广太：上海港最快12小时完船，你们敢不敢保证不论多大的船10小时完船。这才能称得上“振超效率”。

为此，许振超更加勤奋了。

为提高效率，他每天从早到晚泡在码头上，反复琢磨不同船型、箱量和潮水情况下桥吊运行的最佳轨迹。他还在全队建立了严格的学习制度，要把桥吊队打造成学习型团队……

今年3月4日，桥吊队在接卸“阿莱西亚轮”中一举创造出了每小时装卸299.7自然箱的中国大陆沿海港口最高纪录，世界第二大船公司地中海航运专门寄来感谢信，盛赞明港作业效率已与世界一流大港相当。

许振超仍没有满足。他说：现在世界第一的纪录是香港现代货柜码头创造的每小时作业336自然箱。我们的码头工人并不比别人差，香港码头能干出来的水平，我们也能干出来，而且会干得更好。“振超效率”就是要赶超“世界第一”。

（《青岛日报》2003年4月2日）

中央人民广播电台“中国之声”于2004年4月12日至15日连续三天播出《好工人许振超》系列报道，该作品获2004年中国广播电视新闻奖一等奖。

好工人许振超

上集：干一行　干好一行

新的时代，好工人该是什么样儿？青岛港一位叫许振超的工人给了人们生动的答案。

港口装卸过去靠的是大吊车，现在靠一种叫“桥吊”的新设备。许振超从前是开“桥吊”的司机，后来当“桥吊队”的领头人。他带领工人们两次打破“桥吊”装卸的世界纪录，改写了中国港口的实力。

从今天开始，中央台播出系列报道《好工人许振超》，今天播出上集《干一行 干好一行》。

认识许振超的人都说，老许有两个孩子，一个是女儿小雪，另一个就是码头上那一排高大的桥吊。

1991年7月的一天，青岛港仅有的两台桥吊被12级台风刮倒了。

那天晚上，许振超回到家，妻子发现他铁黑着脸。

【出录音

许妻：哎哟，我说脸色怎么这么不好？他就跟我说，昨天晚上刮飓风，把桥吊给刮倒了。他就这样愣愣地看着我，那个眼泪哗哗哗就下来了。他心疼啊。最后也没吃饭，他说我得走。“我叫它怎么倒下去就得怎么站起来。”一下就走了，两天两夜都没回来。】

（出音响：机器运转声、压混）

温：各位听众，我是记者温秋阳。在青岛港前湾集装箱码头，红色的桥吊、红色的集装箱旁，我见到了身穿红色工作服的许振超。今年54岁的许振超中等身材，脸上深深的皱纹很有些码头工人饱经风霜的特点，而眉宇间又有几分书卷气。我们乘电梯登上50多米高的桥吊。

【出录音：电梯音响、开电梯门

温：这风真大呀，现在有几级风？

许：5级。】

（压混）

温：走进高空中的桥吊驾驶室，前方是大海，脚下是巨大的轮船和一排排集装箱。桥吊司机正一次次把摞在码头上的集装箱吊起，运到货船上。

【出录音

许：你看，我们一下子拿两个。

温：这两个集装箱有多重啊？

许：这两个集装箱最少六十吨。

温：这也是轻轻的一抓啊。

许：就是轻轻的一抓。你看它，装啊，一停，停住了。看着没？一下。

温：一下就放准了。】

（压混）

桥吊也叫装卸桥，是用来装卸集装箱的，形状像桥一样的起重机。桥吊装卸速度的快慢直接影响港口的货物通过能力，标志着一个港口的实力。

对青岛港的桥吊司机们来说，能开上世界一流的桥吊是件很自豪的事。可从前，他们也有一个不太好听的外号叫“铁匠”。吊具是铁的、集装箱是铁的、卡车是铁的，一装一卸，铁碰铁叮当响。在震耳欲聋的噪声里，许振超听出了安全隐患，他提出要“无声响操作”。工友蒋刚说，当时，他们觉得老许的想法简直是天方夜谭。

【出录音

蒋刚：都觉得不可思议，冷嘲热讽地说，要不你自己去试吧。哎，他真去试。】

许振超平时爱说的一个反问句就是“怎么不行”。

【出录音

许：就是啊，怎么不行？你说哪里不行，我给你解答。都不能干不是？不能干我干，我看能不能行。】

许振超通过控制小车水平运行速度和吊具垂直升降之间的角度，天天琢磨、天天练，还真的做到了“举重若轻”。

【出录音

蒋刚：他干了以后还真不错，一下，刷，就进去了。不是说绝对的没有声音，但是那个声音相当、相当小了。】

开桥吊，怎么算开得好？许振超用了一个很诗意的比喻——行云流水！

2003年4月28号晚上，许振超指挥8台桥吊在一艘外籍货轮边一字排开，做了一次集体的行云流水的亮相。六小时四十分钟，装卸3400个集装箱，刷新了桥吊装卸世界纪录。青岛港集团总裁常德传当场以许振超的名字命名“振超效率”。一家国际权威杂志盛赞：一流的工人成就了一流的青岛港。

（出汽笛声）

如今的青岛港大型货轮往来穿梭。和世界纪录挂钩的“振超效率”让海内外许多大航运公司都主动寻求与青岛港合作。

【出录音

许：实现中华民族的伟大复兴，怎么做？具体地讲怎么做，工人，就是要把自己的本职工作干好。也不用唱高调，什么赶超一流，是啊，要超，但是你连最基础的基本工作都干不好，还谈什么赶超一流？】

干一行，就要干好一行，许振超的职业理念很简单。不是靠说，而是靠做，把小事做好，积累起来就是大事。

【出录音

许：我觉得人这一辈子，踏踏实实地干好每一件小事，这些小事最后摞起来，就成了大事吧。我还是那句话：我只是干了我应该做的。】

中集：从学徒到专家

“振超效率”让国际船运界折服。但他们不知道，许振超这位赶超一流的世界冠军，只有初中学历，只是学徒工出身。

许振超说得好，咱可以没文凭但不能没知识；咱当不了科学家但可以学成能工巧匠。

【出录音

许：以前的老码头工人，你只要能扛包，你就是先进。但现在有几个去扛的？没有。现在是现代化设备，你需要掌握先进技术。现在需要你用心、用脑干活。】

许振超他们开的桥吊是当今世界上最先进的，零件数以万计，其中涉及数字控制、工业计算机、光通讯等很多学科。要都学通，对只有初中文凭的许振超来说，很难。但许振超硬是学通了，成了桥吊大拿，人称“许大拿”！所有人都服他。

70年代和许振超一起当吊车司机的秦嗣俊：【出录音

秦：如果出了故障，停车之后，我们就干别的去了。而许振超呢，就一直在车上，在那琢磨、在那看。修理工怎么修的，他全把它记下来。】

90年代和许振超共事的王军：【出录音

王：他没服的事，在学习上。比如说，有个故障出问题的话，他肯定要研究，肯定要想尽一切办法解决这个故障。】

1990年，一台桥吊的控制系统发生故障，外国专家来了12天挣走了4万多，而当时许振超他们，全队上百人忙活一天一夜也不过挣个三四万。许振超不服气，想跟老外学。

【出录音

许：他在里面工作的时候就不让你进。你不跟他说话，在旁边看一看都不行。我通过翻译和他交流，他连说话都不说。这个东西我不能忍受。】

为了争这口气，许振超着了魔似的琢磨。他发现，桥吊的所有技术难点都集中在一块块控制系统模板上。没有图纸，许振超又做了一件没有任何人做过的事——从模板倒推出电路图。

一块书本大的模板，密密麻麻镶嵌着上千个电子元件，为了分辨细如发丝若隐若现的线路，许振超用玻璃板做了个支架，把模板放在玻璃上，下面安上个100瓦灯泡，通过强光使模板上的线路清楚地显现出来，然后再一笔一笔绘制草图。四年间，许振超倒推了12块不同型号的电路模板，绘制的图纸有两尺多高，成为后来桥吊排查故障的重要依据。

【出录音

温：许队，总结从工作开始到现在，您如果重新来过的话，还这么过吗？

许：如果还在青岛港这么个环境，我还会那么做。现在时代发展得太快，科学技术发展得太快，你要想干好了，想立足，你就得不断地学习，不断地拼命。因为现在是竞争社会，竞争非常残酷激烈。你不学习、不坚持、不拼命，你干不到最好。】

学徒工的许振超，硬是学成了专家。如同经验老到的老中医，凡是桥吊的疑难杂症，在许振超这儿都能手到病除。有些时候，许振超一搭眼、一听声就能说出毛病出在哪儿。当然还有很多时候，为了排除故障许振超在桥吊上一待就是几天几夜。

【出录音

许：特别是工作遇到困难的时候，遇到阻力的时候，多种工作一起压来的时候，确实压得你直不起腰来，确实有时候累得你，唉，说句不好听的，跳楼的心都有。都50多岁了，还遭这个罪。也就瞬间吧，有时候好像一种很无奈，但我对自己曾经说过一句话，“你要是个男人就挺住了。”

温：有没有那种快顶不住的时候？

许：有啊，但咬咬牙就过去了。所以我说，有时候困难是喊出来的。都在那喊困难、困难，最后不都解决了吗?!】

对困难说不，许振超有勇气更有实力。40岁学日语，50岁学英语，凡是工作需要的，许振超都学。正是靠这股劲头，许振超成长为新一代知识型产业工人，一次次打破桥吊作业的世界纪录。

【出录音

温：破了纪录之后，说说真实的想法。

许：那是非常自豪的。在码头上来讲，集装箱装卸是最先进的方法，可以说是港口的标志，港口的实力。在中国的青岛港创出来的，你说我是什么体会？当然高兴了，高兴得不得了，这高兴。

温：您高兴是什么方式？

许：高兴的方法就是再破自己的纪录。】

下集：海一样情怀

许振超习惯把家里所有的表，都拨快10分钟。女儿小雪也学她爸爸，把她在大学宿舍里的表，拨快10分钟。小雪说，她很多地方都受爸爸的影响，爸爸就是她的偶像。尽管这个偶像经常不在家。

许振超在青岛港前湾集装箱码头上班，家在青岛市中心。按许振超的作息，他现在每周回家一次。

【出录音

许：哎呀，还是回家的感觉好啊。(笑)

温：那你还不常回来？

许：工作需要。应该说大家小家是一样，我可能是多顾了点大家，把这个小家慢怠了一些。】

被慢怠，妻子、女儿却都不怪他。

妻子说：他干的都是正事、大事。

女儿说：男人就该风风火火干事业。

风风火火干事业的许振超，常常几个星期不回家。不在家的日子，他最大的心愿就是老人、爱人、孩子，一切都好。

【出录音

许：你说哪一样不重要？哪一样都非常重要。孩子有病，一旦我知道了，我还是千方百计地想办法赶回来，必须我得回来看一看。不看，我干活都没心了，而且，我有过那个教训了。我不能再有第二次了。】

许振超说的教训，是指去年他二弟去世的事。那天晚上，他接到电话说二弟突然发病已经不行了。尽管同在青岛，兄弟俩已经一年多没见面了，而此番医院再见，竟是最后一面！

【出录音

许：哎呀，当时我自己那个悔恨呀，特别痛心。用手扶着二弟的头，整整守了他24小时。盼望着奇迹发生。（哭）想想这几年，我自己确实工作是忙，这一块我确实疏忽了。对家人的愧，对老人的愧，对兄弟的愧，我号啕大哭一场。不过，在我心里，我总觉得我二弟还没走。有时候，我和我对象说，老二可能出去了，不行，咱退休吧，出去找他去……】

从此，许振超对家人倾注了更多的爱。他的父母如今住在80平米的大房子里，那是单位分给许振超的。许振超说，好房子当然紧着老人住。

【出录音

许：后来，对老人，我抽不出时间来，就让我媳妇去，让我的女儿去。现在，我弟弟，我就时常打电话，每个月，我就找个机会把他们叫到我眼前，聚一聚，看一看，问一问。我不能再留这种遗憾了。】

（出音响海浪海鸥声）

与大海相伴也领略着海的胸襟，许振超对事业的执著、对家人的热爱、对生活的领悟，像海一样深厚而博大。

在桥吊队，每个司机手里都有两张许振超发的卡，一张是“安全卡”，记录着一些不安全隐患，提醒职工注意；另一张是爱心卡，上面写着“有事找振超”，还写着许振超的手机号码。

妻子许金文至今还保留着30年前照的几张照片，照片背后是许振超写的打油诗。

【出录音

许妻：他把每一张小照片上，按照这个景吧，都写上这种小诗、打油诗，给我。哎呦，我简直幸福死了，当时感觉。“海城生来海岛长，海边姑娘爱大海，今朝又得海边坐，浪花拍岸笑开怀。”多有意思，这么浪漫的小诗。】

许振超说他最喜欢在忙完了工作之后，站在码头上看夕阳染红大海，那个时候，他会不自觉地哼唱起电影《铁道游击队》的插曲。

【出录音

许：特别体现了一种浪漫啊。这种革命浪漫主义的曲调确实深深打动了我。

温：您刚才说浪漫，您觉得您是个浪漫的人吗？

许：哎呀，浪漫这两个字，我可不敢往上挂。怎么说，我是个热爱生活的人吧。我喜欢优美的东西。

（许振超弹钢琴）

有时候回到家里，许振超还会在女儿的钢琴上弹上一曲，演绎他的革命浪漫主义。

（琴声、笑声渐隐）

（中央电台 2004 年 4 月 12 日首播）

我们将《青岛日报》的文字专稿《振超效率：赶超世界第一》与中央电台的《好工人许振超》略加对照，从中似能体现了文字专稿文本与广播专稿听觉文本的不同特点，也体现了两组报道不同的视角和风格。

（一）独家报道与独家视角

文字专稿《振超效率：赶超世界第一》贵在它是全国第一篇报道许振超的新闻专稿，当青岛港以许振超的名字命名了集装箱服务品牌——“振超效率”之后，报社立即意识到这一典型的时代意义，从“中国产业工人优秀代表”为主线，对许振超和周围人群进行深入采访，发现了许多鲜为人知的材料，并数易其稿，《青岛日报》成为国内媒体首先发现并推出许振超这一人物典型，从中反映了作者和编辑部强烈的新闻敏感。

中央电台的《好工人许振超》为了能在早间黄金时段《报摘》节目播出，选择了分集播出的形式。从报道的生动形象，丰富深刻的信息层次来讲，《好工人许振超》具备了广播专稿的信息内涵特征：用形象谈话，通过鲜明个性化的听觉形象和听觉联想展示主题。该报道播出时间是《振超效率》刊登一年后播出。中央媒体是为了深入报道许振超这一典型人物组成采访团对许振超进行了“集团式”的采访。

中央电台记者突破全人全貌的写作模式，力求从“平视”的人本视角，展示真实质朴的人物形象。

（二）第三人称的客观呈现与第一人称的“我”在现场

文字专稿《振超效率》采用了常用的第三人称笔法，第三人称写法较为客观，简洁，时空变化自如。记者在采访体会中提到在一个月的时间，围绕许振超做了反复深入地采访，其中不乏感人的细节和场面。但是，第三人称使记者自始自终“隐形”，一定程度使读者感到陌生。

广播系列报道《好工人许振超》报道组，在“大部队”采访活动中，努力创造单独采访的机会；记者与许振超一起上“桥吊”、看码头、谈生活、谈亲人。记者和采访对象像朋友一样谈心、交心。由于记者“我”的出现，把听众带入许振超的工作现场，进入许振超的家庭，使听众仿佛“看”到一位爱工作、爱生活、爱家庭的好人许振超。一位活生生的可亲、可信的典型人物。

（三）文字思想层次与听觉逻辑层次的不同侧重

文字专稿《振超效率》侧重从工作和专业视角展示许振超当代工人阶级的主人翁精神。阅读文字读者主动，选择性大，思想层次逻辑性较强，文字也偏严谨与理性。

广播系列报道《好工人许振超》大量选用记者和许振超的同事，家人的访谈，充分发挥广播的传真、传情、传神的听觉感染力。分别从上、中、下三集展示了“振超效率”的职业理念；新一代知识型产业工人的学习精神以及许振超对家庭和亲人的爱。从而形成个性化的听觉逻辑层次，不仅展示了真实可信的好工人许振超的事迹和情怀，也使听众从中对许振超的家人、同事乃至记者产生丰富的听觉联想。

通过以上对比说明：广播专稿是从广播的传播方式出发体现专稿的体裁特征的。无论是新闻性、倾向性或形象性，都有自己的独特表现或要求。这些独特表现或要求的总和，也就是广播专稿区别于其他专稿的特点所在。

第二节　广播专稿的分类

广播专稿可按两种标准分类。一种按照是否应用音响分为两大类，即录音专稿和口播专稿；另一种根据内容性质，分为人物专稿、事件专稿、风貌专稿和研究性专稿等类型。下面侧重录音专稿和口播专稿：

一、录音专稿（也称录音通讯）

录音专稿是与口播专稿相对应的广播专稿形式。它除了描述语言以外，还把音响作为表现新闻事实、表达思想情感的重要手段。《生命的最强音——访二胡演奏家闵惠芬》是20世纪80年代上海电台记者蒋孙万的代表作①。

生命的最强音

男：听众朋友，您好呀！

女：今天这个时间里，给您介绍一位上海的音乐家，她叫闵惠芬。

男：闵惠芬是一位二胡演奏家。文艺评论家说她“手拉二胡，心在歌唱”。她是位有个性、有追求的艺术家。一位第三世界的国家元首听过她演奏的《江河水》以后，激动地对闵惠芬说：“你的二胡，把我迷住了。”

[乐曲《江河水》起头，混播。

女：听众朋友，现在您听到的，就是闵惠芬演奏的《江河水》。

[扬起乐曲，再混播

悠悠的琴声，像那缓缓流过的江水，它仿佛在呜咽，在哭泣——

闵惠芬用她手中的二胡，倾诉了旧社会被压迫人民的悲愤，歌颂了古今仁人志士敢于反抗，勇于斗争的英雄气概；她讴歌新社会的幸福生活，颂扬共产主义的高尚风格。

男：听众朋友，闵惠芬演奏的许多曲子，大部分都在我们电台广播过。如果你是音乐爱好者的话，兴许你们神交已久了吧?!

女：我们告诉您一个关于她的最新讯息，不久前，闵惠芬同志光荣地加入了中国共产党。

男：这位人到中年的艺术家，对党有着坚定的信仰；对共产主义理想有着强烈的追求。尽管她过去走的道路坎坷不平，这几年正当步入顺境的时候，她又遭到癌症的侵袭。但是她始终没有动摇过。在去年，闵惠芬第五次动手术以后，她再次提出了入党申请。今年春天，她又住进了医院。

---

① 蒋孙万：（1927－1990）上海电台高级记者。从1953年起做广播记者，四十年一直在采访报道第一线，采访制作大量优秀的录音报道和广播特写，多次在国内和国际获奖。他提出录音报道要以“现场音响实况”为主，广播人的“文思”主要围绕选好的音响实况进行。在构思时音响的气氛、人物讲话的情绪都应考虑进去，蒋孙万的业务思想和创造性实践为中国广播新闻界在录音报道广播特写方面作出开拓性的重要贡献。

躺在病床上。她强忍着病痛，认认真真地填写了入党志愿书。

女："我是一个由党一手培养起来的艺术工作者，人民的乳汁哺育了我，祖国的土壤使我成长。我从三十七岁起，身患重病，是党和人民千方百计挽救了我，从死神魔爪中，一次次把我夺回来——"

男：如今，闵惠芬多年的愿望实现了，就在她入党后不久，我们去医院探望她。乍一照面，她全不像重病缠身的人，亮晶晶的大眼睛，闪烁着智慧的光芒；红彤彤的圆脸，堆满了欢快的笑容。

[实况：记者"你的脸色还好！"闵："对，前几天有点吓人，现在已经转红了。"爽朗的笑声。"我觉得，在我大病中，我们党一直关心着我，我从小喜爱音乐，八岁开始拉二胡，在红旗下，使我艺术一天天趋于成熟。我对党的感情是根深蒂固的。比如说，我拉一些曲子，演奏的激情完全发自内心。这激情来自我对党的热爱，对祖国的热爱。现在躺在病床上，一想到这些旋律，就不能自已——"

……

[接《长城随想曲》乐曲，混播

男：这就是闵惠芬当时演奏《长城随想曲》的录音，听众朋友，这首乐曲经过闵惠芬首演以后，在全国引起了广泛影响。去年被评为我国三十年来优秀器乐作品一等奖，还被认定为今年全国二胡比赛必拉的曲目。

女：《长城随想曲》，这是一首颂扬中华儿女英雄气概的乐章，这也是闵惠芬战胜病魔的凯歌！

[扬乐曲、结束。

这篇专稿应用了三种音响材料，即与新闻事实共存的实况音响：癌症缠身仍然为"上海之春"音乐会演奏《长城随想》的录音；手术后出院的第二天就"边哼边唱"指导学生练琴的实况；人物谈话录音：闵惠芬在病床上与记者的谈话。

过去的录音资料即背景音响，如开头的那首曾经"迷住"外国元首的乐曲《江河水》，它虽然是历史资料，但与叙述语言混播却绘声绘色地再现了闵惠芬精湛的艺术造诣。这些音响不仅同描述语言一样，成为表达内容的不可缺少的手段，而且由于本身有血有肉，还具有语言不可取代的表现效果。从这一意义上说，录音专稿是应用语言和音响再现事实、表情达意的专稿形式，也是广播独有的、富于表现力的专稿形式。

录音专稿的表现特点可概括为以下三点：

（一）利用音响自身的表现力，增强专稿的现场感和形象性

音响和描述语言虽然都是声音符号，性质却有所不同。音响是客观存在的，它或者与客观事物共存，或者伴随采访过程产生；描述语言则带有个人的色彩，因此描述同一事物的语言往往因作者而异。在专稿中应用音响，其实就是利用客观音响自身的表现力，借以增强现场感和形象性。

正因为与音响关系这么密切，录音专稿对音响的素质也有特殊的要求。除了音响的客观性、真实性和清晰度外，还要求音响具有一定的典型性，即能够在某种程度上反映主体事实或主要人物的本质特征，成为专稿内容的不可分割的组成部分，而不是可有可无的点缀材料；一定的贴近性，也就是听众比较熟悉并喜闻乐听的，而不是生僻、刺耳的奇音怪调；一定的情节性，即比较有特点、有个性的声音，而不是俯拾皆是的东西。

（二）发挥记者的主体作用，增加报道的直接性和亲切感

在录音专稿中，记者往往以现场的观察者、采访者的身份，直接出现在听众面前，或者向听众描述自己的所见所闻，或者以录音再现与新闻人物的谈话。这是录音专稿的另一个特点。它既有利于按记者的行踪和观察点的变化，或者思想感情的发展，逐步展开情节，深化主题；也有利于以记者直接感受为中介，缩短听众与新闻事实、新闻人物之间的距离，唤起如同亲历其事、亲闻其言的亲切感。

（三）以记者对事物的态度影响听众，增强专稿的交流感

录音专稿以音响和描述语言再现事物，并不等于没有记者自己的主观感受或自己的爱憎好恶、喜怒哀乐；恰恰相反，记者往往在客观再现的同时，不知不觉的注入思想情感，借以引起听众的共鸣，形成对于事物的共同认识和情感。

录音专稿也同其他形式一样，它的特点和优势是相对的。首先，它受新闻题材的直接制约，只适用于主体事实含有音响的专稿题材，而不是在任何情况下都能应用的。其次，它的特点和优势，是以恰当的采录、编播、制作为基础的，只有每一个环节都精益求精，才能收到预期的表现效果。第三，它的具体特点与其他体裁、其他专稿形式往往相互渗透。而不是独有的或排他的。所以对于录音专稿也必须坚持“量体裁衣”的原则，从新闻题材的实际出发，灵活地、创造性运用，而不能生搬硬套，更不能因此而否认其他专稿形式的价值。

二、口播专稿（也称口播通讯）

口播专稿指单纯运用语言反映现实社会生活的广播专稿形式。

口播专稿除了不应用音响以外，体现了上面所说的广播专稿的所有特点。也就

是说，口播专稿虽然以文字稿为基础，但不是文字专稿的简单搬用，而是文字专稿在广播传播条件下的具体运用。同是文稿，口播专稿是为听而写的，与为读而写的文字专稿有着明显的区别。这种区别，是由报刊与广播的传播方式——文字传播与声音传播的不同决定的。它们的传播过程，大致如下：

对于报刊专稿来说，记者或通讯员写的是文字专稿，读者读到的是专稿文字。而广播专稿的传播过程，则要复杂得多。它的程序大致是：记者或通讯员把从客观实际中采访得来的材料写成文字稿，然后由播音员或记者通过电台播讲，变为有声语言供听众收听。如果把这个过程分成两段，前一段就是把所见所闻写成文字稿，这是第一次转化；后一段，则把文字稿变为有声语言，这是第二次转化。第一次转化是第二次转化的基础，是影响传播效果的关键。它要求我们在用文字表达的时候，就充分考虑到转化成声音后的听觉效果，自觉地坚持“为说而写”、“为听而写”的写作原则。

因此，写作广播专稿时，要按照有声语言表情达意的要求，把记者的所见所闻写成可以口说耳听的文字，为播讲创造条件，即为把记者的“采写形象”转化为听众可以感受得到的“听觉形象”创造条件。语言大师老舍先生曾说：“我写文章，不仅要考虑每一个字的意义，还要考虑到每个字的声音。不仅写文章是这样，写报告也是这样。我总希望我的报告可以一字不改地拿来念，大家都能听明白……好文章让大家愿意念，也愿意听。”①

口播专稿是录音专稿的对应形式，但不是它的对立形式。尽管录音专稿既拥有语言手段，又拥有音响手段，在新闻传播中显示出很强的表现优势。可是，有些新闻事实本身并不含有音响；有些新闻题材（如突发性事件、牺牲了的英雄模范人物）虽然当时伴有音响，但限于条件，不便或不能采录。在这种情况下，录音专稿也就无用武之地。有些场合，如机器轰鸣的车间、工地，音响不清晰、不典型，有些人物方言太浓或口齿不清，在诸如此类的情况下，与其勉强应用录音专稿，不如干脆采用口播专稿的形式。广播新闻实践证明，只要我们注意发挥有声语言的特点，口播专稿照样可以收到良好的播出效果，是有它存在的价值与独特的魅力的。

上述这两类广播专稿，如果与它们所表现的内容结合起来，还可以相应地分为人物专稿、事件专稿、概貌专稿和研究性专稿。因此无论是录音专稿还是口播专稿，除了要注意它们由于手段的不同而形成的特点外，还要重视体现同它所表现的内容相关的基本要求。

---

① 老舍：《关于文学的语文问题》转引自《写作通论》，北京出版社 1983 年版。

第三节　广播专稿的要求

广播专稿要充分体现自己的个性特点，除了遵循专稿写作的基本要求以外，还必须在写作、播音和制作过程中，着重注意以下几个问题：

一、按听知规律提炼和表现主题

专稿的主题，就是贯穿于一篇专稿始终的中心思想。它既是无形的，又是无处不在的；既是把各种具体材料联结为有机整体的灵魂或纽带，又体现在专稿所展现的一切事实之中。广播专稿的主题如同报刊专稿一样，要求能够正确地反映客观实际、经得起实践的检验，能够鲜明地体现时代精神的主旋律、社会发展的必然趋势，能够深刻地发掘事物的深层意义，揭示事物的本质和内部规律。除了这些共同要求以外，还必须力求更加集中、单纯和显赫。

广播专稿靠声音传播。声音是一维空间，是不具形态的线性传播。为了便于听众理解和接受，广播专稿的主题必须高度集中、单纯，不能分散、游离。就像凸透镜一样，只有集中在一个焦点上，才能达到“燃点”。

广播的传播方式和听众的广泛性，要求作品尽可能照顾不同层次的听众的理解和接受能力。广播专稿要让多数听众听得清楚明白，它的主题就要单纯、明朗，有时甚至要直接点出来，决不能复杂、隐晦。

二、精心选择和组织材料

广播专稿要在有限的播出时间表现更丰富的内容，适应听众“听”的需要，尤其需要精选和精用材料。

（一）着力发掘最能代表事物现状的材料

广播专稿除坚持围绕主题选材的原则，力求材料真实、准确、典型、新颖、生动外，还应着力发掘那些最新的、最能代表事物现状的材料。因为听众最关心的，还是人物、事物今天的状况。而且广播的时间容量有限，不能多讲过去的事情，而应集中笔墨，提供尽可能多的最典型和鲜活的材料。辽宁电台的录音专稿《吃饭财政　豪华建楼》记者进入现场以目击和亲历的手法，采集大量鲜活的录音素材，深刻揭示了一个重大主题：某些政府部门大搞“政绩工程”，不惜伤害基层农民的切身利益，其背后是脱离群众、败坏党风、滋生腐败。

这一主题不仅形成有力的舆论监督，引起强烈社会反响，有关方面对当事人进行了严肃处理，对全国某些地方大上“政绩工程”的不正之风具强烈的警示作用。

（二）精选最能触动听众心灵的情节、细节

情节对于专稿有着重要的作用。在人物专稿里，如果没有情节，那就可能把专稿写成人物鉴定书，只能给人一些概念，如姓名、性别、年龄、职务、表现、事迹以及干干巴巴的几句评语，而不可能揭示人物的精神境界和思想品质，写出一个丰满感人的人物形象。在事件专稿中，情节也是具体揭示事件的本质、表现时代的精神所不可缺少的。风貌专稿、工作专稿虽然不一定非有情节不可，但适当地穿插情节，却可以使专稿为之生色，甚至有助于更深刻地反映面貌的变化或深化主题思想。

情节对于广播专稿有着特殊的作用。用情节来说明问题，不仅生动引人，而且便于记忆。人们听广播，有些抽象的概念可能过耳即忘，但只要记住事实，就不难从中领悟到道理。而且由于情节是若干具体材料的组合，不仅有一定的故事性，而且往往蕴含着矛盾冲突，一般比片断的事实包含更丰富的思想内容。

广播记者不仅要善于发掘富有情节性的事实，而且还要善于组织，对材料进行情节化的处理。情节所蕴含的思想内涵，听众也许不能一下子就领悟到，但由于具体生动，却可以诱发听众的联想，从而逐渐体会到其中的真谛。

细节，是构成一个完整事实或情节的微小部分。它可以是一句话，也可以是一个动作、一丝表情。对于广播专稿来说，细节具体、形象，既有助于再现事物，也能使听众通过具体感受更深刻的理解专稿的内容。《吃饭财政　豪华建楼》中，豪华工程负责人麻县长醉酒后的自我剖白，看似“坦率直白”，实则是对腐败干部丑恶嘴脸的无情曝光。

吃饭财政　豪华建楼

在台安县城西北十公里郊外的大地上，最近新起了一幢豪华办公楼，这就是台安县政府大楼，有多豪华？您就看这楼前的台阶和广场就可见一斑了：

大楼连广场总占地面积达46万多平方米，比天安门广场还大一万多平方米，比沈阳、大连、鞍山、抚顺、本溪五个市政府广场面积总和都大得多。在主题雕塑广场上，还建有人工湖、金水桥、升旗台和一尊价值280万元被誉为“九龙在天”的主题雕塑。县政府大楼长120米，高40米，共10层，单就规模来看，台安县政府大楼比我省各市市政府的办公楼都要大。

楼建得豪华，建楼的人也觉得体面。这不，负责这项工程的麻国明县长刚刚送走外宾，回味着外宾的赞誉，心中充满了自豪：

［出录音——

[伴随着敲桌子咚咚咚……]

麻：你说尼日利亚那个，那个商人来看，他说你这个比咱那尼日利亚首都强啊。——录音完]

说起这楼，麻县长有着说不完的话：为了改变城市形象，吸引更多的外资，台安县政府就得盖上档次的办公楼。为了吉祥顺利，建楼方案进行了精心的设计：政府广场前升旗台寓意独树一帜；修建“金水桥”叫遇难呈祥；从地面到大厅正门有三十六级台阶，门前是八根硕大的立柱擎起的长约三十米的四方形雨搭，立意为步步高升、四平八稳；大厅正门东西各自排列着八扇高近四米的不锈钢大门，加上中间的转门不管从左还是从右数到中间都是九扇，这叫做九九归一；进了正门挑空高达十米的政府大厅两侧分列着四部电梯，通向十楼，大楼内外表面全都用大理石罩面，意为十全十美。

麻县长说，在这么多细节上抓得仔细，县里还觉得工作不够，令几位县领导颇费思量的还是大楼落成的日子，最后他们选定了中国载人航天飞船发射的日子——十月十五号。

[出录音——

麻：咱们这个搞庆典，选日子，十五号，那么这个日子比较好，定就十五号，同时我定了几条，第一条，十月十五号九点钟给我鸣礼炮，贵宾入席。第二条，十月十五号九点把我的办公台面落到桌子腿上，我法人哪，这大楼算是搬家。整好庆典那天是十月十五号，太阳和月亮同时在天上，日月同辉。到九点多钟，炮一响，桌面一落，贵宾一入席，那边杨力伟上天了。杨力伟上天了，哈哈……那日子怎么选的，你怎么选的，这点你怎么赶的。——录音完]

有投入才有产出，今天的体面可是台安县政府投资近一亿元换来的，采访中记者了解到：这些钱是县政府以经营城市为理由，将原有的政府办公大楼以及各部委办局的资产通过出售、转让和资产置换取得的，即使这样，仍欠外债两千多万。

县财政局长梁飞告诉记者，县政府出售国有资产后，将其中的四千多万元所得分两次进入财政，然后再如数支出用于大楼建设，这同时也创造了台安县连续两年财政收入高增长的纪录，而去年台安县财政实际收入只有7000 多万元：

[出录音——

局长：现在咱们的财政，一年的工资性的支出大约在一亿一千万元左右，咱们人均收入是三千一百块钱，人均财政收入就低了，是二百来块钱，可以说是吃饭财政。——录音完]

台安县政府办公大楼作为台安县的重点工程项目，连续多年被写入政府工作报告。台安县政府为此投入了大量的人力、物力和财力。而台安县财政工资支出却多年没有进行过调整，工资拖欠成为台安县上上下下反映强烈的问题。台安县高级中学教师李顺志感触颇深：

[出录音——

李：工资老鼻子年没有长了。还年年涨呢，今年多少年了，今年都有六七年没涨了。

——录音完]

据麻县长介绍，台安县建政府大楼，最大的困难不仅仅是来自财政，还有各方面的反对意见，但大楼最终还是建成了：

[出录音——

麻：开始时候我和你讲，包括高层县级干部在内，真正同意支持的，连5%都没有，这5%我都说多了。他理解不了这个事。一个是理解不了，第二个简直是天方夜谭，简直是做梦的事。干成了，干完这个事我倒有些后怕，这些事我是怎么干出来的呢，哈哈，回头来一看，我胆子怎么这么大，我怎么就能干起来呢！我自个都怀疑！我自己都怀疑啊！——录音完]

记者在大楼里走了一圈，确实觉得眼前敞亮，但记者发现，大楼里部门工作人员的工作条件差了不少，县领导的办公区域占据了六楼的东半部，办公室都有五十多平方米，而各局的普通工作人员办公室则被间隔成一个个不到一平方米的办公区，对于现在的办公条件，工作人员都不愿评价什么，有人私下里告诉记者，搬到这以后，他们的办公条件还不如从前。

采访时记者还发现了一个怪现象，在台安县的政府工作报告中，台安县政府办公大楼被奇怪地叫做“梅园写字楼”工程项目。明明是政府办公大楼，为什么起了个词不达意的名字呢？麻县长的回答是：

[出录音——

麻：这你就不了解你上边的政策情况了，一个是这么叫比较好听，再一个我们也规避一些矛盾，办公大楼立项审批都不好批。（哈哈笑）审批立项都不好批，再晚半年，（敲桌子声）就盖不成。再晚半年，“两个务必”啊，讲话了，楼堂馆所一律停止啊。——录音完]

台安县政府办公大楼是在梅园村农民的土地上建成的，一百多户农民为此失去房屋，七百多亩良田被占用。由于资金短缺，县政府占用农民土地后，农民得不到相应补偿，动迁村民的宅基地也没有落实。很多村民不得不住进在田间地头、村前房后搭建的，外面用塑料蒙着的简易平房里。这些白花花的简易平房距离政府办公大楼只有几百米，从村民房前向政府大楼望去，四十多米高的大楼就像悬挂在了这些百姓的头上一样，村民气愤地向记者反映说：

[出录音——

村：实际就是个人闹个名，人家又是开发新区这么好那么好，实际把老百姓坑了，没有地种啊。

村：没啥好印象，有意见，因为啥，老百姓没有看到经济条件有啥改善，老百姓收入没有啥提高，可能是上报的收入逐年在提高，老百姓负担是逐年提高。——录音完]

按照台安县政府领导的期望，通过县政府办公大楼的建设能够在城北新建一个台安县，同时拉动当地的招商引资工作。大楼落成当天，台安县请来了不少投资方，并做好了可能签约各项准备工作，但是到现在半个多月过去了，连一项协议都没达成。一位投资方代表告诉记者：

[出录音——

投资方：我们投资主要考虑一个是当地的经济发展环境和发展潜力，另外一个就是看当地政府是不是求真、务实，能不能为投资方真正地创造一个公平发展的环境。如果单纯地从搞一个大项目就可以完成经济发展和让我们投资，同样不切合实际，甚至有些担忧。——录音完]

（王晓革、刘险峰等　辽宁电台　2003 年 11 月 8 日播出）

麻县长如小品台词般的酒后真言：“再晚半年，就盖不成了。‘两个务必’啊，讲话了，楼堂馆所一律停止啊。”这一细节对腐败分子顶风作案嚣张气焰给予入木三分的揭露。

（三）删枝刈蔓，集中笔墨表现主体事实和骨干材料

广播专稿首先应集中笔墨写好骨干材料，即那些构成专稿的基本事实。如果缺乏基本事实或基本事实不完整，专稿就很难写好。同时由于篇幅短小、线索单一，骨干材料是否精粹、丰满，更是决定成败的重要因素。《吃饭财政　豪华建楼》中记者并没有直接出面对“政绩工程”进行批评，而是选用了麻县长酒后坦言“官场

厚黑学”，还选择了农民群众，投资方代表等对政绩工程的批评，形成鲜明对比，从中反映了记者的典型音响鲜明的爱憎。

三、结构适应听知习惯

如果说主题是专稿的灵魂，材料是专稿的血肉，那么结构就是专稿的骨架。有了坚实的骨架，血肉与灵魂才有所依托，也才能成为有机整体。所以当材料、主题等内容方面的问题解决以后，结构自然就成为表现形式方面的重要问题。

听众是经由广播——即通过收听接受专稿内容的。这里包含着三个影响结构的具体因素：一是说、听的线性方式，二是听觉印象的特点，三是听众的状态。正是这些因素的综合作用，决定了广播专稿的结构，除了坚持从题材的实际出发以外，还必须尽量适应听知规律，满足听众需求，并在这个基础上形成自己的结构特点。

（一）力求脉络单纯清晰、层次井然有序

人们听广播专稿不同于读报刊专稿，只能一句一句地听，只能一听而过，不能反复听、反复琢磨。因此，为了让听众听得清楚明白，广播专稿一般以单线结构为基础，讲究顺序而进。所谓顺序，包括顺时间发展之序，顺空间位置变化之序，顺情节来龙去脉之序，顺事物间的逻辑联系之序。这样安排材料，叙述事实，顺乎人们的思路，比较容易听得入耳，也利于人们听前想后，边听边想，更好地理解事情的来龙去脉，前因后果，弄清楚人、事、物之间的关系。如：《生命之歌的最后乐章》。

《生命之歌的最后乐章》是严格按时间顺序安排材料的。这篇专稿集中写雷雨顺同志生命历程中的最后 5 天，从农历除夕写到正月初四。初四这天又分别写了“下午 3 点 10 分”、“下午 4 点 40 分”、“4 点 57 分”、“5 点 20 分”，作者有意强调时间概念，加快时间节奏，突出雷雨顺病情发展这一脉络，将听众的注意力吸引过去，把听众的感情逐步推向高潮。随着时间的推移，人们越来越强烈地感受到雷雨顺生命不息、奋斗不止的精神，感受到他对党、对人民、对事业的忠诚和热爱。

（二）过渡要顺乎思路

过渡是段落、层次间逻辑联系的反映，能使广播专稿更加完整、和谐、畅通、缜密，形成顺当、连贯的听觉效果。广播专稿有多种多样的过渡手段，如有时可以应用关联词、语气词，有时可以应用过渡名、过渡段。只要自然、顺乎思路、顺理成章，任何方式的过渡都无不可。

（三）精心剪裁，繁简得当

广播节目时间有限。要在有限的时间里让听众收听到更多实在的内容，广播专稿就不能不分主次地罗列所有事实，而必须精心剪裁，力求繁简得当、疏密有致，才能收到预期的表现效果。

四、按照口语的要求锤炼语言

广播专稿的语言，除了广播语言准确性、鲜明性、生动性的共同要求以外，还有既不同于广播消息，也不同于报刊专稿的特殊要求。与广播消息比较，它的语言更具体、更富于色彩和形象性，而且可以同时运用叙述、描写、抒情、议论等表现手法。与报刊专稿比较，它的语言则更加讲究通俗化、口语化，不仅读来上口、听来顺耳，而且易懂易记。

广播专稿是讲究形象性的广播新闻体裁。为了达到叙事状物形象化，人物语言个性化，就不能不讲究语言的分寸感、立体感、动态感和节奏感，为播讲提供再创作的条件。

分寸感是语言准确性的具体表现，要求语言既能准确地表现事物质的区别，也能表现量的差异；既能准确表现事物的外部形态，也能表现蕴藏在事物内部的本质特征。

而立体感则与形象性、生动性紧密地联系在一起。语言的立体感以词汇的形象、色彩、情感的表现力为基础，与句子、段落也有密切关系。

讲究音调、节奏，是广播专稿需要特别注意，也是大有可为的语言特点。汉语有四声和平仄的变化，用好了读起来抑扬顿挫，会产生特殊的声音美。老舍说："我写散文看起来好像非常随便，但是我并不是随便写的。比如我写散文上一句是用'了'字结尾，因'了'是仄声，第二句我就要用个平声。这样的白话文念起来就好听。"① 老舍的文章是供人读的，尚且有这个讲究，我们的广播稿是供人听的，当然就更应该注意这一点。

五、恰当处理叙述语言与音响的关系

音响并不是所有广播专稿不可缺少的构成因素。是否运用音响，取决于专稿的内容和主题的需要，取决于题材本身是否伴随着音响，以及音响的素质（如清晰度、表现力）如何。假如运用音响，那就要使音响成为表现内容的必要手段，成为

---

① 老舍：《关于文学的语文问题》转引自《写作通论》，北京出版社1983年版。

专稿作品的不可分割的组成部分。

如：天津电台采制的录音专稿《忠骨撒江河》[①] 中的这一片段：

（实况，哀乐混入）

邓颖超同志的遗像由一位穿着军服的秘书高振普捧着，后面是邓颖超的骨灰盒由跟随大姐工作近30年的秘书赵玮双手捧在胸前。

（实况：赵说：今天用的骨灰盒是周恩来总理去世时用的骨灰盒，当时邓大姐就交代我们："这个骨灰盒好好保存，等我死了还用这个骨灰盒装我的骨灰。这样节约。"）

前面记者只是叙述当时的情况，但它也有"潜台词"，那就是周总理、邓大姐为革命辛劳一生，没有亲生子女，所以为邓大姐送终的、捧遗像和骨灰盒的，是在她身边工作多年的秘书。音响部分则突出了骨灰盒，那原本是16年前周总理用过的，现在按着邓大姐的嘱咐，用的还是这个骨灰盒。"这样节约。"邓大姐的话真是掷地有声，从这件小事透视出伟人的风范。

由上面事实例子可以看出，音响和叙述语言相互配合、相互补充，像是链条上相互衔接的环节，以至于抽掉其中任何一环，事实就不完整，就会成为不可理解的东西。

恰当处理叙述语言和音响的关系，需要充分了解二者的特点和作用，研究它们的组合方式和表现效果。

以上所讲的写作要求，侧重于广播专稿的特殊要求。它们都以专稿写作的一般原理为基础，与报刊专稿的写作要求虽有区别，但并不存在不可逾越的鸿沟。为了正确理解这些特殊要求，防止忽视或夸大特殊性，希望学习时注意与专稿写作的基本原理结合起来。

思考题：

1. 结合具体作品说明广播专稿的表现特点。
2. 在录音专稿中如何处理音响与叙述语言的关系？

作业：分析广播专稿《生命之树》（231～235）的主题和表达特色。

---

① 中央台1992年7月19日播出，《中国广播节目奖获奖节目选评（1992年）》（上），广播电视出版社1993年版。

第十三章 电视新闻专题

电视以声画同步、影音结合的方式传播信息，具有直观性、传播符号的多元性和与受众更强的接近性，在新闻传播中具有独特的优势。随着社会进步和媒介竞争的加剧，媒介之间的新闻竞争向纵深发展，电视新闻在注重迅速及时的动态信息发布同时，也逐步转向提供重大新闻事件的深层解读。电视新闻专题节目是新闻专稿体裁在电视新闻节目中的基本形态，随着电视新闻改革的深入，电视新闻专题已成为当前电视新闻节目中重要的报道形态。

第一节 电视新闻专题特点

一、电视新闻专题的定义

新闻专题节目往往以某一重大新闻事件为由头，围绕新闻事件展开比较详细、全面和深入的分析报道，它比消息新闻更详细、更具体、更透彻，是消息新闻的延伸和拓展。不仅提供新闻事实，还提供相关背景，不仅展现事实发展的脉络，还提供对事实发展的分析与评价，并最终形成符合现阶段社会普遍价值规范的认识。它与新闻消息类节目互为补充，是新闻类节目中的重要节目类型。其定义可以概括为：综合运用各种电视表现手段与播出方式，就重要新闻事件或公众普遍关心的话题制作的深度报道类型的电视新闻报道。

二、电视新闻专题的特点

从概念的角度来看，电视新闻专题由“电视”、“新闻”、“专题”三个关键词组成：“电视”规定了它的外延，即它的表现与传播形式是电视，与报纸、广播等其他媒介形式相区别；“新闻”则规定了它的内容性质与社会功能，与社教、体育、文艺等其他类型专题节目相区别；“专题”规定了它的内容构成与结构方式，与消息类新闻和杂志型新闻相区别。

电视新闻专题以其电视特色、新闻内涵、专题属性构成其主要特征，以提供具有一定内容取向的深度报道为存在形态，其主要特征有以下几点：

（一）强烈的针对性

电视新闻专题主要关注那些具有广泛影响并具有深刻现实意义的题材，针对那些普通公众所关心的热点话题、问题和疑惑，通过对新闻时事进行详细的调查、展示和剖析给出符合社会发展趋势的答案，帮助人们认清事实真相、解除疑问。因此，新闻专题节目无论是树立正确认识还是批驳错误观念，都具有强烈的针对性。例如《焦点访谈》栏目2004年播出的《解读中国GDP重估》节目，就是针对当时普通百姓对于中国经济总量两次不一致的报道所产生的疑惑进行的详尽解读。节目通过访问中国国家统计局局长李德水，详细解释了中国的经济总量到底有多少，两次计算发生了多少变化，到底为什么会发生了这些变化等一系列存在于社会公众中的疑问。

（二）鲜明的倾向性

作为电视新闻深度报道的一种节目形式，新闻专题节目承担着追求事实真相、揭露丑恶、弘扬美好、普及社会主流价值观的社会功能。因此新闻专题在客观分析事实的基础上，往往采用述评结合的方式推进节目，传达鲜明的立场和观点，形成正向的舆论氛围，对社会公众起到教育和警示作用。例如《焦点访谈》栏目播出的《直击考研作弊》节目，就是针对当前研究生考试当中利用高科技作弊的现象进行了暗访，用暗访的形式全程展示了作弊过程。在节目最后，主持人很鲜明地表明了节目的立场：

> “考试作弊已经成为公众反映很强烈的焦点问题。这种行为是对考试秩序的破坏，是对公平原则的践踏，也是对社会诚信的极大亵渎。如果这种现象得不到有效遏制，受到伤害的就不仅仅是考试和考生了。”

（三）内容的启发性

作为以深度和广度见长的报道形式，电视新闻专题不仅要求内容重大、具有强烈的现实意义，而且必须具有一定的深刻性，从对事实的解读和分析中发现事物背后带有普遍性和规律性的东西。

（四）呈现手段的多样性

电视是视听综合的媒体，为了表现和深化主题，电视新闻专题节目应该综合利用电视的多种表达元素和手段。记者可以综合采用各种采访手段、例如现场采访、现场主持、演播室访谈等等。除了现场摄录的画面和声音，还可以有效运用图片、字幕、特技、动画以及配乐，增强节目的感染力和深度。

（五）结构的专题性

从内容构成与结构方式来说，电视新闻专题是以“专题”的形式存在的，对新闻事件的展示和解读是多侧面、多视角、多维度的，这就使得报道在横向和纵向两个方面进行必要的延伸。横向上，要求报道不仅具有丰富的事实本身层面的内容，还要有相关事实和背景材料以及适当的分析与评价，说明新闻事件、社会现象发生、发展的来龙去脉、前因后果；纵向上，必然会涉及到一定的时间跨度，以便在节目中集中更为丰富的事实材料和深层次分析。

第二节　电视新闻专题类型

当前，电视新闻专题一般以节目或者栏目的形态存在于各级电视台的新闻播出系统中，就内容来说，新闻专题一般一次只报道一个新闻主题，多数情况下是围绕某一重大新闻事件来展开事实的深度挖掘，有的情况下是多个性质相同的新闻事件的集合，但都归属于某个新闻主题的统领之下，为表现主题提供全方位多角度的事实依据。就其形态来说，依据不同的角度，电视新闻专题可以分为不同类型，从实践来看，目前主要有三种形态：

一、纪实性新闻专题

这是一种选取社会生活中的真人真事作为表现对象，从现实生活中选取典型，提炼主题，直接反映现实生活的电视新闻专题。其题材取向主要有两类：

（一）新闻性题材

这类题材是电视新闻专题的主要内容，现实社会生活中发生在各个领域的重大新闻事件和重要发展变化都是其选题范围。例如焦点访谈《中国传销第一大案告破》、《直击考研作弊》，新闻调查播出的《虎照疑云》、《一只猫的非常死亡》、《被开除的女大学生》、《厦门远华特大走私案》都是纪实性新闻性题材。

（二）文献性题材

即从重大历史事件或阶段性历史发展进行中发掘出来的题材，例如《毛泽东》、《让历史告诉未来》、《军国的背影》等。与新闻性题材不同，文献性题材向“过去”取材，讲究契合当前的形势需要进行报道，因此尤其重视报道的时宜性。

二、分析性专题

这类新闻专题针对人们普遍关心的新闻事件、社会热点问题或新出现的重要社会现象进行分析和解读，通过展示事件之间的联系寻找其背后的发展动力与原因，并从中得出规律性的认识，以引导社会公众舆论的专题类型。例如央视焦点访谈《煤监大楼何处来》、《原始森林在哭泣》，新闻调查《长大未成人》、《谁动了我的隐私》。由于是在事实基础上能够进行分析和论断，多数具有述评的成分，因此它与电视新闻评论存在某些共同之处。这种特点赋予了分析性新闻专题解疑释惑、厘清是非、指明走向的舆论功能。

三、调查性专题

调查性新闻专题是当前运用最为广泛的一类新闻专题，也是电视深度报道的主要形式。是对当前的新闻热点和广大观众所关注的重大事件，社会现象进行全面深入的调查分析，为观众提供详细、客观、系统、权威的信息，引导观众对新闻事件作出客观理性认识的报道类型。分析性专题都力求在题材的新闻性、社会性、分析性上形成特色，而调查性新闻专题则强调调查的过程、对关键事实的挖掘和展示、对疑惑的不懈追问等特色。《新闻调查》所做的大量报道中，调查性专题是主要内容，例如《天价医药费》和《范李之死》，后者通过调查一个在派出所意外死亡的事件，追查在派出所内究竟发生了什么？为什么会发生这样的意外？谁该对死亡事件负责？记者的调查本身就是节目构成的主要部分，通过一系列疑问的提出并寻找答案的过程来展示事件背后隐藏的不为人知的内容，给观众直观的证据，带来理性的思考。

四、电视新闻专题的报道形态

就具体的报道形式而言，电视新闻专题又包含四种形态：典型报道、重大新闻事件的详尽报道、重大新闻事件的综述报道和调查报道。

（一）典型报道

所谓新闻典型，是记者对当前社会生活中发生的同类事件中具有代表性和鲜明特点的突出的人和事的报道。通过对具有典型意义的人和事的报道，为人们指引方向、树立榜样、提供经验或敲响警钟，对实际工作能起到推动作用。

典型报道又可以分为正面典型和负面典型两类。正面典型是指那些符合时代潮流，反映事物发展趋向，反映时代精神的代表性人物和事迹。电视新闻专题的正面典型报道向大众传播先进人物、集体的精神风貌，宣传他们的先进经验，给人以启迪和感化，是电视新闻工作者的重要职责之一。例如中央电视台焦点访谈播出的《任长霞》，反映河南登封市公安局局长任长霞在任期间打黑除恶、保护人民群众利益的感人事迹；《道德观察》播出的《爱心编织的谎言》讲述了普通人田世国瞒着母亲“捐肾救母”的事迹，节目播出后感动了无数观众，在社会上形成了一种感恩、敬老的热潮。新闻调查播出的《信访干部张云泉》也是正面典型报道。

负面典型是指那些在社会生活中出现的违反法律法规和社会道德的人物和现象，通过客观、公正、深入的报道和分析可以对社会公众起到教育作用，对类似现象起到警示作用，是电视媒体舆论监督的一种有效形式。例如焦点访谈播出的《煤监大楼何处来》、《真假培训》。

典型报道的特点可以总结为三个方面：

1. 追求还原真实，切忌拔高夸大

典型报道无论是正面报道还是负面报道，首先必须要保证绝对的真实。只有真实的事实才是说服观众的基础，离开了真实的事实，典型报道不仅不能起到应有的激励或者警示作用，还会引起人们的逆反心理。比如在正面典型报道中，一味地拔高人物夸大事实，“高、大、全”式的典型不仅脱离实际情况，也最终失去人们的信任。对负面典型不加分析的一概而论，不仅不能说服观众，还容易引起新闻官司。

2. 突出个性化，克服模式化

作为电视典型报道，最重要的是用个性化的人物来吸引和感染观众，切忌“千人一面”。实际工作中有不少典型报道或者因为没有抓住事件或者人物的个性，或者出于宣传的目的主观拔高，“典型人物不是人”而是“神”，结果造成“写谁谁看”、“谁写谁看”，但是“观众不看”的尴尬境况。主观拔高、粉饰，会让观众产生怀疑心理，起不到应有的作用。

电视新闻专题的典型报道，要善于攫取典型人物的日常生活中的典型细节、真实的语言和行动，表现人物在生活中的困惑、快乐、悲伤、欲望和理想等真情实感。只有活在观众身边的真实可信的人物，才能让观众产生共鸣。

3. 典型报道要突出共性与个性

新闻典型报道虽然报道的是某个新闻人物或者事件，但反映出来的是具有代表性的事件和人物，是新闻人物背后所体现出来的人们共同关注的东西，比如爱、善良、忠诚等品质，或者对事业的执著、对信念的坚持等等。总之，新闻典型报道必须具有普遍的社会共性意义，才能让人们受到感染，并进而产生效仿的作用。山东电视台制作的新闻专题《徐本禹们的故事》，讲述了山东青年徐本禹在贵州山区支教的感人事迹。与徐本禹类似的，还有很多人也在为山区支教而默默奉献，徐本禹只是他们中间的一个典型代表。这样的典型报道不仅表现了一个人，还表现了一个群体，对于普通观众具有极大的感染力，许多人因为看到报道而加入了义务支教的行列。

（二）重大新闻事件的详尽报道

重大的新闻事件，是指突发性、灾难性，有重大影响力且与人们生活息息相关的事件。一般来说，重大新闻事件是新闻媒体关注和报道的重点。这类事件发生时，电视新闻一般会以消息的形式做最快速的报道，以使公众知晓。但是在有限的时间内，消息类新闻一般只能包含一些比较简单的最新信息，对于观众深层次的信息需求，只能通过综合各类消息来源给出解释。观众需要知道事件发生的来龙去脉、前因后果以及发展趋势和影响，这些都需要通过以新闻专题的形式进行深入而详尽的报道，并对新闻事件进行深层次、多角度的剖析，对事件发展趋势做出预测和展望。

重大新闻事件的发生一般具有一定的时间持续性和空间跨度。对于这类新闻事件，电视新闻专题往往大量采用记者现场报道与演播室主持报道相结合的方法，以“亲临其境”的现场画面、现场记者对各方的采访与主持人在演播室与各方嘉宾的访谈有机连接，交错出现，生动直观地让观众感受现场、接受评价，同时结合大量背景材料，纵横对比，深刻地分析新闻事件的来龙去脉、因果关系、背景影响等方方面面，具体而深刻地传递新闻事件的深层信息。

对重大新闻事件进行详尽的报道，已经成为电视新闻专题报道中的一个重要类型，它以极强的时效性、现场感和较高的深度和广度而受到观众重视。比如2003年席卷中国的“非典”事件，2003年美国对伊拉克战争，俄罗斯别斯兰人质事件，2004年的台湾大选，2007年新劳动法实施、2008年北京奥运会火炬传递等新闻事件，都受到电视媒体高度关注。

（三）重大新闻事件的综述报道

综述报道是对某一新闻事件、问题或某一领域的情况作比较全面、系统的反映和总结。重大新闻事件发生以后，电视新闻都会及时予以报道事件的最新发展态势。在新闻事件结束后，由于事件具有非常大的影响，观众关注度非常高，往往要求电视台再以专题的形式对事件内容进行汇总报道。

综述报道也是一种对重大新闻事件详尽报道的方式。所不同的是，对新闻事件的详尽报道是在新闻事件发生、发展过程中作现场同步的详尽报道，事件过程的时空相对集中；而综述报道是综合回顾新闻事件，报道时空则相对延伸和扩展。

进行综述报道是建立在对新闻材料有了全局了解的基础上，最常用的方法是点面结合。通过对某一事件的分析，阐述事件在全局中的影响，所起到的作用，总结经验和教训。在综述报道中既有宏观形势的概括介绍，又有典型事件的叙述、剖析，还有必要的客观点评，重视对背景资料的运用。如中央电视台焦点访谈节目《从非典到抗击冰雪，政府应急工作五年发展历程》等节目。

（四）调查报道

实际上，无论是典型报道或者重大事件的详尽报道，都包含着记者的调查成分，与以上三类报道类型不同的是，调查报道尤其强调调查的过程、对关键事实的挖掘和展示、对疑惑的不懈追问等特色。正如前面所说的《新闻调查》所做的《天价医药费》和《范李之死》那样，记者的调查本身就是节目构成的主要内容，通过一步一步解答疑问，深入事件内部寻找答案，揭示事件背后隐藏的秘密，并最终形成理性的思考。

第三节　电视新闻专题的题材与主题

一、选题的原则

对于电视专题新闻来说，题材的选择是专题新闻成功最重要的要素，其选材特点与报纸深度报道以及广播专题既有共同之处，又有自己的特点。

（一）新闻性

作为新闻类电视节目，电视新闻专题首先具有新闻性。电视专题新闻是围绕某一新闻事件、新闻人物或新闻典型展开的，报道的选题必须具有新闻价值，具有构成新闻的必要价值要素。具有较强的时效性，或是新近发生的事情，或是新出现的社会问题、社会现象、社会热点。这是电视专题新闻区别于社教类、服务类等专题节目的主要特点。

对有重大新闻价值的题材，及时地深入采访、挖掘，以思想内容和表现形式都达到一定高度的完整节目呈现给观众，这是新闻专题的重要特征。《焦点访谈》栏目的选题基本上是紧跟新闻事件来选材，《解读中国 GDP 重估》、《〈劳动合同法〉开立法之门》都是当时对社会影响最重要的新闻事件。

（二）重大性

与提供新鲜信息的消息类新闻报道不同，电视新闻专题所选择的题材一定是对社会产生重大影响的新闻事件、新闻人物或者新闻典型，对这类新闻事件的传播与解读能够对社会公众产生巨大的影响，或者与社会公众的切身利益密切相关。专题新闻要选择那些新近发生、发现的、具有深刻社会意义、带有某种规律性的事件、问题和社会现象作为深入挖掘的题材。

重大题材，不仅是指有重大新闻价值的突发性的新闻事件，还包括人们日常所关心的热门话题以及人们实际生活中迫切需要解决的难题。例如《新闻调查》栏目《丢失的孩子》、《长大未成人》、《焦点访谈》栏目《矿难频发的背后》等。对于电视新闻专题的题材，需要记者具有较高的新闻业务水平和思想深度，能从平常的事物发现具有规律性、深刻性、普遍性的认识。

（三）时宜性

电视新闻以极强的时效性获得了与报纸的竞争优势，追求时效一直是电视新闻的主要目标。在电视新闻类节目中，动态的消息类新闻是时效性最强的，相对于消息而言，电视新闻专题的时效性要求就没那么严格。为了更加深入地展现新闻事件的内在价值，电视新闻专题往往在时效性与深刻性之间取得一个平衡，加之电视新闻专题的采制相比报纸更加复杂，因此电视新闻专题在报道中更突出时宜性，即在保证新闻的时效价值前提下，选择合适的时机进行报道。例如《焦点访谈》栏目的《突发事件应对法今日实施》、《从非典到抗击冰雪，政府应急管理五年发展历程》，是在新闻发生之后所作的进一步的深入解析。《新闻调查》栏目《走近“香港倒移民”十年变迁》，是针对回归前离开香港的移民返回香港这种新变化作的深入报道，选择在香港回归祖国十年后这一特殊时间点进行报道，虽然并不是最新的，但却选择了合适的报道时机。

（四）深刻性

电视新闻专题是电视媒体对新闻进行深度报道的一种形式。消息类新闻以快、新取胜，专题新闻强调的是深、广。所以专题新闻与以提供即时最新信息的消息类新闻节目互为补充，满足观众对信息数量和质量的不同需求。

实际上，无论从选题还是表现手段，电视新闻专题无不体现一个“深”字。电视新闻专题的“深”不仅仅指比消息类新闻提供更加丰富的事实、更加透彻的分析和评价，更重要的在于通过对事实的纵横联系凸显新闻事件在整个社会环境中的趋向和意义。新闻专题不是事实简单的累积和叠加，而是帮助公众从一个个独立的新闻事件中看到其内在联系与规律，看到新闻事件背后隐藏的促成事件发展的原因、动力以及未来方向。《新闻调查》播出的《丢失的孩子》，从买卖儿童这一社会现象中看到了我们社会的传统文化当中缺乏的对生命价值的尊重这一问题，提出“生命是不应该被买卖的，因为它的价值和尊严至高无上”的主题。另一篇报道《虎照疑云》，从对一幅华南虎照片的真假质疑的新闻事件提升到社会对诚信的呼唤，这些都使报道的深度和思想性得到极大的升华。

（五）故事性

故事性是当前电视新闻专题关注的重点，重大、新颖、深刻的题材必须要有好看的故事作为载体。一波三折的故事对电视观众具有强大的吸引力，通过完整的、具有高潮和悬念的故事来传达节目主题是电视新闻专题节目永恒的追求。从实践来看，这不仅能够保证节目具有比较好的收视水平，也是节目理念得以传播的保证。新闻调查的要求之一就是“内容上突出故事性……形式上创造一种电视调查文体”。因此在保证选题的重大和针对性之外，还要讲求故事的好看，比如《网瘾少年》、《虎照疑云》、《一只猫的非常死亡》都给观众展示了具有悬念和高低起伏的故事情节。

在选题上，除了以上必要的原则之外，适应电视新闻专题的特点，选题还要注意与报道形式相适应，针对不同的报道风格和形式选取相应的题材，做到形式与内容相得益彰。对于正在发生发展的新闻事件，适宜采用纪实性报道或者调查性报道，对于已经结束的新闻事件的回溯，宜采用分析性报道或调查性报道的方式。

二、主题的发掘

电视新闻专题承载了社会教育功能，对主题的提炼就显得尤其重要。主题是在通过占有详细真实的素材的基础上对节目所要传达的中心思想的提炼和升华，是透过现象看本质的过程，而不是对事实材料简单的总结，主题必须具有一定的思想深度和普遍性。对于主题的发掘，应从以下几个方面入手。

（一）从事实出发提炼主题

作为一种深度报道的新闻类型，电视新闻专题的主题提炼必须从实际出发，从记者搜集到的素材和调查得来的事实出发，在采访和分析材料的过程中形成主题，而不是定好了“主题”去寻找事实依据。这是两种完全不同的思维方式，也是新闻专题客观性、真实性的体现。新闻调查《丢失的孩子》在采访调查了大量丢失孩子的父母和买卖儿童的人之后，发现驱使买卖儿童事件发生过的，是中国传统文化中根深蒂固的传宗接代观念，报道的主题进而形成：“生命是不应该被买卖的，因为它的价值和尊严至高无上。”

（二）根据主题需要选择素材

电视新闻专题的制作必然涉及材料的取舍问题，在节目中播出的一定是最能体现节目主题的情节和细节，因此前期掌握大量的事实材料是形成主题的基础，而主题一旦形成，在表现主题时就要充分运用能够表现主题的素材，运用能够突出节目个性的材料。

焦点访谈栏目播出的《煤监大楼何处来》，对山西忻州市煤炭监管局豪华办公大楼的建设款来源进行了详细的调查。这个只有10个工作人员的单位却拥有一幢豪华气派的办公大楼。对建楼的资金来源记者进行了调查：忻州煤监局负责人先是说办公楼是租来的，但是却没有租赁协议和支付租金的证据，就又改口说是买的，而买楼的资金是省局给的。随着调查的深入，这些谎言被一步步揭穿，最后证明建楼款是向它的监管对象——各个煤矿索要的。节目的选材首先是针对别的媒体报道与记者了解的事实的出入作了说明，然后逐步揭开了巨额资金的真正来源。提出了监管部门向自己的监管对象索要巨额款项建设豪华办公楼，又怎么能做好监管工作这样的沉重话题。

第四节　电视新闻专题的采访和制作

电视是一种以影音组合传播为特色的媒体，也是一种线性传播的媒体，对内容丰富庞杂的新闻专题节目来说，为了优化主题的传达，提高观众对新闻事件的认知和理解，必须讲究叙事技巧。这就面临多方面的问题：大量的事实材料如何取舍？采用什么样的叙事结构？运用什么样的表现方法来传达主题？这是每一期节目都必须思考的问题。丰富的表现手段和良好的叙事结构可以将节目理念和主题巧妙地传达出来，生动具体而不僵硬空泛。

讲究叙事技巧贯穿在节目采访和制作的整个流程。只有做好选题的把握、精心拍摄，巧妙构思，才能在后期的编辑中讲出好看的故事，传达深刻的内涵。

一、精心拍摄

电视新闻专题主要的表达手段是现场画面与现场音响的组合，对前期拍摄过程做好充分准备是节目成功的关键因素。虽然新闻事件随时都在变化之中，记者无法预知现场的真实情况和发展态势，但是从专题报道的目标出发，仍然有一些规律可循。

（一）熟悉题材，了解报道意图

在得到线索之后，记者需要对采访内容作初步的分析，熟悉题材并提出问题，确定大致的报道意图。在广西“南丹矿难”报道中，广西电视台于7月25日接到群众来信，信中反映在南丹“7·17”事故中有重大人员伤亡。这与当地有关部门通报的情况不符。为了查清真相，7月26日编辑部派出三位记者前往南丹实地调查采访。三位记者在南丹克服了重重困难，终于掌握了事故中有人员伤亡的证据，并最终揭开了矿难真相。

（二）制订切实可行的拍摄预案

新闻专题涉及的事实千头万绪，新闻现场的情况复杂多变，制订拍摄方案要考虑到多种可能性，制订备选方案。拍摄方案应该包括采访哪些人，需要解决的主要问题是什么，采用什么样的拍摄方式等。拍摄方案的制订要充分考虑到后期用到的表现形式，根据事件性质和报道意图采用不同的采访和拍摄方式，例如现场采访选择什么样的场景，采用隐性采访还是公开采访，用隐性采访的话要准备好必要的设备，采用跟拍还是抓拍的方法等，要尽可能详细周全地考虑到现场情况。

（三）注意发现和捕捉细节

电视媒介最富有表现力的是典型的细节。电视新闻专题必须注意发现和捕捉能够表现事物特点的细节画面。人物真情实感的自然流露、下意识的动作都可以为我们提供丰富的信息。新闻调查《丢失的孩子》节目中，记者在采访一个被拐卖的小男孩时，小男孩一直用手捂着自己的脸，不肯面对记者。这个细节深深体现了这个小男孩内心深处的痛苦，也打动了记者和观众的心，在节目最后，主持人又再次把这个细节作了描述和阐释，不仅增强了节目感染力，还深化了对主题的认知。

在电视新闻专题的拍摄过程中，要树立前期剪辑观念，在拍摄中就考虑到素材在节目中的构成和地位。着重捕捉那些富于特点的情节、细节和现场声音。来自现场的画面和声音不仅能够增强节目的直观性和表现力，还可以对深化主题起到事半功倍的作用。例如新闻调查在《虎照疑云》节目中有一个细节：记者在采访所谓陕西华南虎的照片拍摄者周正龙时，提到拍摄老虎的距离，周正龙指着远处的一棵小树说大概有那么远，摄像机的镜头随即就转向了那棵小树。记者现场大概估摸了一下当时的距离大约是500米。周正龙说他看到老虎的耳朵马上竖起来了，记者马上追问，隔了500米能看到老虎的耳朵竖起来吗？周正龙说那就讲不清楚了。这一组采访配合摄像机镜头及时地转向远处的小树，非常直观地告诉观众采访对象的描述具有自相矛盾的成分。

电视拍摄是向未知取材的艺术，事件变化的未知性往往是节目最出彩、最富有吸引力的部分，记者必须随时跟踪新闻现场的千变万化，并从中找出最有价值的内容。这是电视新闻专题最为重要的拍摄理念。

二、巧妙安排结构

电视新闻专题报道内容是社会生活中发生的各种各样的新闻事件，这些事件本身充满了无穷的变化和生动精彩的故事，新闻专题不仅要把事实完整、准确、清晰地表现出来，还要通过适合老百姓观赏口味和心理期待的讲述方式。好的电视新闻专题就像一部构思精巧的故事片，牢牢抓住观众的眼睛和心理，在陈述事实、传达思想的同时，为观众呈现跌宕起伏的精彩故事。

（一）展示冲突，设置悬念

电视是线性传播媒体，观众只能按部就班地按照时间流程来了解事件发生、发展的走向和结果，而新闻事件最具有冲突性和故事性的情节往往并不是一开始就出现的。因此，将新闻事件中最精彩、最具有戏剧性的情节在尽可能短的时间内展示出来，往往具有极强的冲击力和吸引力，可以让观众在极短的时间内建立对后续内容的收视期待。业内人士认为，电视新闻专题应该在节目开始的前10秒之内就要将电视新闻专题的最有冲击力的冲突和悬念展示出来，引起观众的好奇心和收看欲望。北京电视台《法治进行时》栏目播出的《惊心动魄22小时》节目就是一个带有强烈悬念和冲突性的开头：

> "2004年2月3日，是农历甲申年的正月十三，再过两天就是元宵佳节了，北京的街头洋溢着浓浓的喜气。然而，就在这一天的凌晨，一场正义与邪恶的较量，在夜幕中惊心动魄地展开了……"

某些情节性强的题材在安排结构时，经常会将精彩的冲突和情节前置，采用倒叙的方法组织材料。《新闻调查》栏目制作的《被开除的女大学生》就是将女大学生写给栏目的求助信放在开头，诉说她的无助和彷徨，引入对事件的调查。

（二）合理展开故事情节和高潮

新闻事件有开端、发展、高潮等若干部分组成，如何合理展现事件的情节，使得新闻事件的讲述摆脱时间流程的限制，既符合真实性原则，又显得跌宕起伏、错落有致，需要记者具有驾驭事实材料的高超水平和较高的叙事技巧。新闻专题节目一般选取重大的新闻事件或者热点问题，其题材本身具有高度的受关注性，但这并不排斥利用叙事技巧将故事讲述得引人入胜。记者需要将掌握的事实材料根据表现主题的需要和故事进展的曲折性结合起来，合理安排叙事结构。做到这一点，这可以从两个方面入手。

第一，明确节目主线。记者本身的调查过程和事件主人公的遭遇都可以作为节目进展的主线。在节目主线上附加记者或者新闻当事人的曲折经历，通过他们遇到障碍并解决障碍的过程，不仅使得节目既逻辑清晰，而且情节饱满。

第二，设置主体任务。将记者或者主人公所要实现的目标作为电视新闻专题所要完成的主体任务，记者的调查或者事件当事人的所有活动都围绕着实现这一目标而展开，其间加入主体任务分化出来的次要任务。比如，记者调查的目标是什么，遇到哪些挫折，怎样解决的，最后有没有达到目的？事件当事人遭遇了什么事件，他想如何解决？他有哪些难题，如何解决？解决的结果如何？这样也可以实现与设置节目主线同样的效果。

在实际操作中，设置主线和主体任务的方式经常结合起来运用，例如《焦点访谈》栏目《煤监大楼何处来》，节目的主线是记者的调查过程，主体任务是弄清楚到底山西忻州市煤监局豪华办公大楼的建设款是从何而来。记者在调查中首先要解决的第一个次要任务是证明办公楼不是租赁的，第二个次要任务是证明办公楼不是省局买的，第三个次要任务是证明建楼款不是省局拨付的，第四个次要任务是证明建楼款不是借的。这些次要任务的解决，使得主体任务的目标变得越来越清晰：建楼款是向煤矿索要来的，从而把调查推向高潮。

电视新闻专题不是剧情片，不能为了结构的需要虚构情节，一切情节都来源于记者调查得来的事实，记者在组织材料安排结构时，如果能够运用合理的叙事技巧，可以使得新闻事件的讲述避免沉闷死板。

（三）妥善运用背景资料

背景资料是构成深度报道的重要成分，它的恰当运用可使电视新闻报道的深度进一步提高，说服力和表现力进一步加强，使观众对新闻事件或是新闻人物的了解更深入，更全面。类似事实的对比，可以增强事实证据的说服力，使节目变得视野开阔、大气；对人物、事件背景的历史追溯可以展示新闻事件背后的动因，帮助观众把事物置于特定环境、条件中去理解、分析，从而引出深层次的思考。而在节目的叙事过程中，恰当穿插背景材料，不仅能调整节奏，还能起到过渡和转折的作用。

在电视新闻专题中，背景资料大致有两类，一类是在新闻报道的现场，通过对被采访者的提问引出的背景材料，称为叙述式背景材料；一类是在后期编辑时由记者加入的一些录像、影片、图片、图表、字幕等背景资料，称为插入式背景材料。在实践中记者需要根据情况灵活运用。在《新闻调查》播出的节目《虎照疑云》中，记者运用一段影视资料介绍了华南虎在中国的分布和灭绝情况，使观众对新闻事实本身的理解加深，而在《被开除的女大学生》中，女大学生因在校期间结婚生子而被开除六个月后，法律出台了大学生在校期间可以申请结婚的规定，记者通过对这一背景的叙述，使观众对女大学生被开除的原因有了更加理性的思考。在叙事结构上，背景材料的运用也使得新闻事件的发展方向产生了偏移。

三、综合运用电视表现手段

一个电视新闻专题，从片头、标题、字幕、画面、解说词、同期声、音乐、特技以及片花等，都是节目构成的有机部分，综合运用这些电视表现手段，可以更好地为表现客观事实、传达节目服务理念。

（一）标题

标题是提示电视新闻专题内容、体现主题的最简要的部分，好的标题不仅能一目了然地让观众了解节目的主要内容，还能透过标题看出节目所要传达的倾向性和观点。例如：《虎照疑云》，标题的“疑”字暗含着对华南虎照片真假的质疑，暗示人们节目要通过调查证据来说明虎照的真相；而《煤监大楼从何来》，反映出记者强烈的质疑态度，告诉观众在这种质疑的背后，还隐藏着更深的内幕。

新闻专题的标题应该突出主要事实，从标题上就能判断属于哪种类型的专题节目，并且还要具有一定的视觉和心理冲击性，或突出悬念，或突出质疑，或突出内容的重要，或突出人情味，总之，要使人们通过标题对节目产生收视的期待心理，吸引人们锁定节目。

（二）片头

片头是对电视新闻专题整体的简要介绍，通过简洁的语言提示主要内容，提出主要问题和报道意图，它比标题更为具体，通常采用节目主体中具有代表性典型的画面和同期声来表现。例如2004年深圳电视台的《解读民工荒》的片头：

【解说】15年的“民工潮”不见了，“民工荒”却接踵而来
【同期】要缺3000个工
【同期】我们的普通工人大约缺1/4
【解说】生活权益难以保障农民工“用脚投票”
【同期】我们的收入是非常低的那我就可能要回家种田
【同期】外面的世界可能比我这里要好，但是我这里有保障啊
【解说】如何留住农民工，让经济协调发展
【同期】一批民工能成为深圳长久的居民
【解说】讲述“用工难”背后的故事，解读“民工荒”深层的原因

这个片头在开始罗列现象：“民工潮”不见了，取而代之的是“民工荒”，用同

期声再稍作说明。然后点引出造成民工荒的基本原因：基本权益难以保障，民工用脚“投票”选择离开。最后提出节目的主题：怎样才能保护民工权益，留住民工，实现经济协调发展的重大问题。片头以明快的节奏、精练的语言、叙述和议论相结合的方式为观众提示了主要内容，奠定了节目的分析性专题的风格。

（三）同期声

同期声是来自新闻现场的声音，包括了采访对象和记者的语言、现场声响。同期声是增强节目真实感的有力手段，有现场特点的同期声配合现场画面是电视叙事语言的最主要手段，也是表达情感和议论的主要渠道。例如《南丹矿难初探》的同期声：

解说：在拉甲坡矿的办公室，矿长黎家西和事发当晚的管理员韦庆帅对“7·17”事故是这样说的。

[同期声：

拉甲坡矿矿长黎家西：7月17日凌晨3点，（窿井里）有水涨，但是没有人员伤亡。

记者：在当天晚上的透水事故中，有人员伤亡吗？

矿上管理员韦庆帅：没有。

记者：一个都没有？

韦庆帅：没有。

解说词：但是，记者在矿上碰到了一位刚刚收工的矿工，他反映的情况却令人震惊。

[同期声：

记者：有没有人死呢？

矿工：死了。

记者：那些尸体现在在哪呢？

矿工：尸体在窿井底下。

记者：现在还在窿井里面？

矿工：你不要讲，讲了我挨打，我挨打过。

通过和煤矿管理人员和矿工的对话，两种完全相反的答案揭示出了矛盾所在。而在现场环境中的对话使事实具有无可辩驳的真实性。

（四）精心写作解说词

电视新闻专题的解说词一般分为现场解说和演播室解说两种，按照播出方式，还可以分为出境记者的现场解说和画外音解说。解说词用来叙述主体事实，对画面内容进行补充和解释，也在节目行进过程中起到转场和过渡的作用，是电视新闻专题不可或缺的构成内容。

针对不同类型的新闻专题，解说词的风格也互有差异。纪实性新闻专题新闻性强，解说词主要体现纪实的风格，尽量做到平时、客观、冷静，寓倾向性于纪实性之中。分析性新闻专题旨在透视社会现象，揭示问题背后的原因。因此要求解说词客观理性，语言严谨，逻辑清晰，同时观点鲜明，毫不含混。调查性新闻专题是对某一重大事件或社会问题的追踪调查。解说词要求翔实、准确、具体，既能解释问题实质，又能反映调查过程。

电视主要通过画面语言来传达主题内容，解说词对于画面起到补充和解释的作用，而不是简单地对画面内容的重复，因此解说词必须能够揭示画面的深层内涵。记者对事件的总结解说通常都具有点明主题的作用，例如《解读民工荒》的最后一段的解说词：

> 农民工们用“脚”发出的抗争，虽然无言，但却那么的强烈。虽然无助，但却充满了渴望。它给我们留下的是深深的思索和默默的等待……

这段解说虽然简短，却点明了民工荒背后的深层背景，还提出了民工的无奈和希望，为问题的解决指出了方向，深化了节目内涵。

（五）巧妙利用字幕，增加表现形式

在电视新闻专题中，字幕可以起到画龙点睛的作用，还可以配合解说词起到强调和补充的作用。例如《新闻调查》播出的《长大未成人》中，利用字幕突出了未成年少女堕胎的严重性，并用红色强调了数字的庞大。

> 字幕：
>
> 中国每年有1000万人堕胎，其中18岁以下的未成年人达250万，占堕胎人数的1/4……

字幕还可以补充重要信息，对节目的结果进行交代，成为节目的一种表现形式，为观众留下更多思考。《解读民工荒》片尾字幕就起到了这样的作用：

【画黑＋音乐＋片尾字幕】

在本片即将播出时获悉：

深圳市政府已开始酝酿大幅提高外来工的最低工资标准。

深圳市宝安区政府拟定将一批优秀农民工的户口迁入深圳。

（六）合理利用音乐

在电视新闻专题中，音乐也是一种不容忽视的表达手段。音乐大致可分为叙事性音乐和情绪性音乐两种，叙事性音乐表现客观事实的表述，配合画面和解说词，起到加强节奏感的作用。同时，叙事性音乐的存在避免了某些场景和画面的单一性，在场景转换中起到过渡作用，对陈述内容也是一种形式上的调剂。

情绪性音乐是另一类重要的音乐类型，在电视新闻专题节目中起着渲染气氛、表达情感、增强节目感染力的重要作用。目前，新闻性专题在叙事结构上越来越多向故事化靠拢，除了客观真实地传达事实，还要追求故事的好看，合理安排情节。在故事化的表述中，情绪性音乐对于强化故事情节的情感具有重要作用。在调查性新闻专题中，记者充满未知和刺激的调查过程配合快节奏紧张感的音乐，可以突出现场的紧张和压力。而抒情性音乐对于人物的情感表达也有强化作用。《丢失的孩子》节目中有一段记者柴静和被拐卖儿童的一段对话，对话过程中贯穿了忧郁低沉的音乐，表达了一种孤独和无助的情绪，令观众深受感染，强化了对被拐卖儿童身世的同情。同样在新闻调查的节目《一只猫的非常死亡》中，记者在采访中发现当事人郭某爱听的音乐，这首曲子因此成为后面段落的主题音乐延续到节目结束，记者柴静在音乐中对节目主题作出新的阐释，人们开始从一个全新的角度去认识这次“虐猫”事件，从更加理性的角度去看待当事人，带领观众从一个批判阵营向一个充满人性关怀的群体转变。

（七）恰当运用动画特技

电视新闻专题涉及的新闻事实比较复杂，对事实的说明和解释需要动用多种表现手段，恰当使用动画特技可以使一些难以拍摄到的画面和不容易解释的内容形象直观地表现出来。《新闻调查》栏目拍摄的《谁动了我的隐私》节目中采用了一段动画，说明现代社会个人信息被通过电脑、互联网等渠道泄漏的状况。不仅形象直观，而且增添了节目的表现元素和感染力。

电脑动画还可以对一些特殊场景、特殊事件进行展示和演示，例如对犯罪现场的回溯和演示，描画路线示意图、对复杂的人物关系的解释等等。总之，恰当运用动画特技不仅是清晰表达事件的需要，也是电视多元化表现元素的需要。

四、电视新闻专题的发展趋势

电视新闻专题从诞生之日起，就在随着社会和媒介环境的变迁一直处于变化之中。从媒体自身角度说，电视媒体对自身社会功能的认识已日渐理性，从单纯的宣传和教育功能走向信息保障和提供公共话语空间的功能。从观众角度说，当今的电视观众日趋成熟和理智，对于媒介内容不再盲从和轻信，他们更多是借助获取的信息作出自己的思考。因此，电视媒体改变了居高临下的说教者的角色，电视新闻专题也发生一定变化。

（一）定位：从揭露批评到理性建设

作为一种深度报道形式和电视媒体舆论监督的主要手段，电视新闻专题在相当长的时期内以揭露性、批评性报道内容为主。虽然这类报道开创了舆论监督的新形式，在某种程度上发挥了媒体监督社会的重要功能，但由于停留在就事论事的批评层面上，难免缺乏理性思考和建设性，也就因此缺乏持久的生命力和吸引力。揭露和批评的最终目标是促进问题的解决，进而促进社会和谐发展。因此，当前的电视新闻专题开始从揭露批评向理性、建设性转变，在对问题进行披露的同时，更加看重找出对问题的妥善解决方式。在《焦点访谈》、《新闻调查》为代表的栏目中，这种转变非常明显。以新闻调查为例，其分析性选题增加，并且节目结尾处的总结和点评，开始脱离就事论事的层面，着重突出对问题的深层认识和解决。

（二）视角：从俯视到平视

电视新闻专题曾一度将自己扮演成凌驾于事实之上、高于观众理解水平的权威角色，在与新闻事件的关系上，以社会正义的捍卫者、丑恶现象的鞭挞者的姿态出现，这是一种自上而下的俯视视角。因此，在处理新闻时，难免带有一种“法官侠士”心态，对事件的判断显得感性有余。目前，电视新闻专题的视角开始转移，以社会事件的忠实记录者和思考者的姿态，根据事实而不是情感来处理新闻，作出判断。

思考题：

1. 电视新闻专题节目如何提炼和升华主题。
2. 谈谈目前你对电视新闻专题的转变趋势的理解。

后　记

新闻是时代的镜子。新闻业务教材应吸纳改革开放时代的新闻理念变革与新闻业务实践的丰硕成果，这是本书修订出版的动因。

《新闻专稿教程》第一版于1995年出版。2001年完成《新闻出版教程》第一次修订出版。时隔八年之后，今天完成了《新闻专稿教程》的第二次修订出版。

《新闻专稿教程》第二次修订的主要思路：

1. 适应新闻传播的媒介生态变革，将新闻专稿规律性探讨置于媒介融合的背景下，在有关章节中新增了媒介变革理念和实务创新的有关内容。

2. 适应宽口径新闻人才的培养需求，从文字专稿为主拓展至电子传媒。广播专稿部分新增了第十三章电视新闻专题，该章由于忠广博士撰写。

3. 重视收纳改革开放以来新闻专稿精品的采写实践，并努力上升至规律性认识。本次修订增加了中国新闻奖和中国广播电视新闻奖中新闻专稿获奖作品。同时也选择了部分外国新闻专稿优秀作品以供借鉴。

本书的修订出版是在我的同事、学生和朋友们的热情参与和支持下完成的。博士生于忠广、谢飞参加了全书的修订工作。我所在单位的领导和博士生团队也给予我多方面的支持与帮助，在此表示诚挚感谢。中国广播电视出版社编辑贺明促成了本书的修订出版，在此感谢她多年来为新闻学系列教材出版所做的努力。由于作者水平和时间的局限，本书存在诸多不足之处，敬请批评指正。

作者

2008年4月22日于中国传媒大学